驴产业化生产新技术

李 伟 王艳菲 姚美玲 朱元芳 主编

黑龙江科学技术出版社

HEILONGJIANG SCIENCE AND TECHNOLOGY PRESS

图书在版编目（CIP）数据

驴产业化生产新技术 / 李伟等主编. -- 哈尔滨 ：黑龙江科学技术出版社，2024. 7. -- ISBN 978-7-5719-2444-7

Ⅰ．F326.3

中国国家版本馆 CIP 数据核字第 2024SM3450 号

驴产业化生产新技术

LÜ CHANYEHUA SHENGCHAN XINJISHU

李　伟　王艳菲　姚美玲　朱元芳　主编

责任编辑	梁祥崇　蔡　頔
封面设计	徐　洋
出　版	黑龙江科学技术出版社
	地址：哈尔滨市南岗区公安街 70-2 号　邮编：150007
	电话：（0451）53642106　传真：（0451）53642143
	网址：www.lkcbs.cn
发　行	全国新华书店
印　刷	哈尔滨翰翔印务有限公司
开　本	787 mm×1 092 mm　1/16
印　张	19
字　数	500 千字
版　次	2024 年 7 月第 1 版
印　次	2024 年 7 月第 1 次印刷
书　号	ISBN 978-7-5719-2444-7
定　价	98.00 元

《驴产业化生产新技术》

编委会

前　言

驴属奇蹄目、马科、马属，对草料利用率高，不易得病，易饲养。比牛省草、比马省料，所以俗话说"穷养驴、富养马"。驴富有耐力，善爬山越岭，是偏远农村、山区、半山区、丘陵地区短途运输、驮货、耕地、推磨的好帮手，很适宜山区役用，深受农民喜爱。驴以役用为主，多为一家一户饲养，规模化程度不高。近年来，由于国内驴数量减少，致使驴的价格不断上升，从而给养驴业带来了新的活力。

驴业是传统畜牧业的一个组成部分，它正由为农业提供辅助动力向产肉、产皮的方向转化，正从小规模低利润向中等规模高利润迅速发展，有着广阔的发展前景。驴有很高的经济价值，具有药用、肉用、乳用（代乳）价值，可打造皮、肉、奶精深加工产业，为工业增值产业。驴皮是制作阿胶的主要原料、驴肉是美味营养的食品、驴奶富含营养物质，深受广大消费者青睐。

本书从驴的生物学特性、驴的品种、驴的繁殖技术、驴场建设、驴的饲养管理、驴饲料的选择与配制、驴防治、驴产品加工等方面进行了阐述，旨在为科学化养驴、健康发展驴产业提供借鉴。

感谢黑龙江省三头驴科技有限公司、东阿阿胶敖汉旗良种繁育示范基地、太吉河窑村肉驴养殖小区、黑龙江省农业科学院畜牧兽医分院等单位提供的材料支持。

本书第一、二章由王艳菲编写，第三、四章由林秀蔚编写，第五、六章由李青莹编写，第七、八章由姚美玲编写，第九、十章由朱元芳编写。本书图片由李伟、马珊珊、吴宪等提供。

目 录

第一章　国外驴产业的发展概况...1

　　第一节　国外驴的品种概况..1

　　第二节　国外驴的饲养情况..5

　　参考文献..11

第二章　我国驴产业的现状及发展趋势..13

　　第一节　驴产业发展...13

　　第二节　我国驴产业的现状...14

　　第三节　我国驴产业的发展趋势..19

　　参考文献..20

第三章　驴的生物学特性...22

　　第一节　驴的一般习性...22

　　第二节　驴的消化生理特点...35

　　第三节　驴的解剖学特性...38

　　参考文献..47

第四章　驴的品种...49

　　第一节　驴品种分类...49

　　第二节　我国主要驴品种...52

第五章　驴的繁殖技术..63

　　第一节　驴的选育..63

　　第二节　驴的繁殖..66

　　第三节　妊娠诊断..77

　　第四节　提高驴繁殖力的措施...79

　　第五节　驴的后代繁殖技术...81

参考文献...83

第六章 规模化驴场建设..84

第一节 驴场设计思路..85

第二节 场址的选择..88

第三节 驴场的总体布局..90

第四节 驴舍设计..91

第五节 驴舍功能要求..94

第六节 驴舍内设备..96

第七节 兽医室的建设..100

第八节 人工授精室..101

第九节 智能化养驴场管理平台建设................................103

参考文献...106

第七章 驴的饲养管理...107

第一节 驴驹的培育..107

第二节 母驴的饲养管理..114

第三节 种公驴的饲养管理..118

第四节 肉驴快速肥育..120

第五节 驴场药品的贮存与管理..135

第六节 肉驴养殖福利..137

参考文献...142

第八章 驴饲料...143

第一节 驴的消化生理及其对饲料利用............................143

第二节 驴的营养需要和饲养标准....................................145

第三节 驴常用饲料的种类及营养特性............................151

第四节 驴饲料的调制..154

第五节 驴的日粮配合技术..168

参考文献...172

第九章 驴病及防治技术...173

第一节 驴场及圈舍的卫生防疫..173

第二节 驴病的特点及诊断..177

第三节 常见的驴病及防治..178

参考文献..194

第十章　驴产品开发..196

第一节　驴的屠宰和驴肉的营养价值............................201

第二节　驴的新产品..206

第三节　驴产品精细分割..209

参考文献..218

附　录..220

阿胶中驴皮源性成分鉴定方法气相色谱法............................222

脂肪酸甲酯混合标准品色谱图..225

阿胶与驴皮中脂肪酸气相色谱指纹图谱............................227

规模化驴场卫生防疫技术规程..230

淮北灰驴饲养管理技术规程..235

幼驹、育成驴、空怀母驴、妊娠母驴、哺乳母驴和种公驴饲料营养标准........239

健康肉全链条质量管理规范　驴肉..242

绿色农产品肉驴饲养操作规范..255

规模化驴场生物安全技术规范..264

第一章 国外驴产业的发展概况

第一节 国外驴的品种概况

全世界认可的驴有 180 多个品种。现分布在世界各地的家驴，都是由野驴驯化而来的。驴起源于非洲，驯化驴公认来源于 8000 年前的努比亚的非洲野驴亚种，非洲野驴为现代家驴的祖先。早在新石器时代，在非洲已形成驴的亚属，其中就有现代驴。至青铜器时代驴已驯化成家畜。我国的家驴，乃是数千年以前由亚洲野驴驯化而来。亚洲野驴有 2 种，即西藏野驴和蒙古野驴。其中，西藏野驴主要分布在青藏高原；蒙古野驴产于中国新疆维吾尔自治区、蒙古国、俄罗斯贝加尔湖附近、伊朗、阿富汗。亚洲野驴耳壳比非洲野驴短，蹄较大，鸣声似马。通常体长 200 ~ 220 cm，肩高约 130 cm；夏毛鲜棕栗、红棕色，冬毛淡灰色。

世界上养驴较多的国家有中国、埃塞俄比亚、墨西哥、巴基斯坦、伊朗、埃及、土耳其、阿富汗和巴西等。在加拿大和美国，驴是根据它们的大小来分类的，如微型、标准或猛犸驴。联合国粮食和农业组织的国家动物种质资源计划和美国农业部建立了驴三种分类的家畜品种多样性数据库。

一、主要驴品种简介

（一）非洲野驴

非洲野驴，也称为真驴，区别于亚洲驴或半驴，是马科马属的野驴，是驴的祖先。非洲野驴栖息在沙漠和山区，以硬质和软质植物为食。非洲野驴头长约 200 cm，肩高 110 ~ 140 cm，尾长 45 cm，体重 250 ~ 275 kg。与身体相比，头部非常大，长有袋状耳朵，可达 20 cm 以上。皮毛顶部呈灰棕色，在夏天会呈现红色，腹部和腿部通常颜色较浅，几乎呈白色。非洲野驴栖息地包括干旱、丘陵或山区，大部分为岩石地面。在海拔 2 000 m 的埃塞俄比亚可以找到非洲野驴。

（二）安达卢西亚驴

安达卢西亚驴也称为科尔多瓦驴，主要分布在西班牙的安达卢西亚，是西班牙南部安达卢西亚自治区科尔多瓦省的一个地方品种，广泛分布于科尔多瓦省到伊比利亚半岛南部和中部地区，它与产于此地的安达卢西亚马一样出名。产区土地肥沃，农业发达，主要用于农业和骡子生产。因起源于卢塞纳镇，又称卢塞纳驴。安达卢西亚驴是欧洲最古老驴种之一，品种纯正。

安达卢西亚驴体型高大结实，头中等大，略呈兔头，颈部肌肉发达，耆甲棘突高，腰长。通常是栗色与白色相间。公驴体高 145 ~ 158 cm，母驴 135 ~ 150 cm；体重 320 ~ 460 kg。安达卢西亚驴以挽用性能强而知名，作为父本产骡质量好。19 世纪曾出口到北美、南美，对美国、巴西大型驴品种的育成起到关键作用。它抗病力强、耐热、耐粗饲、繁殖力强，精力充沛、安静温顺、步态优雅顺畅。

（三）加泰罗尼亚驴

加泰罗尼亚驴已经被当作加泰罗尼亚的象征，主要分布在西班牙、法国、安道尔和意大利。它的起源可以追溯到索马里。在 20 世纪晚期，加泰罗尼亚驴的数量急剧下降，当地政府的繁殖保种计划的实施使它们免于灭绝。

（四）科唐坦驴

主要分布在法国科唐坦，主要被用来运送货物。由于 20 世纪中期农业现代化，该驴数量急剧减少。在 1997 年，法国创建了一个品种注册中心，保护这种驴的品种。

（五）猛犸驴

猛犸驴原产于美国，是世界

图 1-1 小驴

上最大的驴品种。该驴起源于 18 世纪中期到 18 世纪晚期，由欧洲驴血统组合而成。我们常见的驴肩高在 130 cm 左右，但这种驴肩高在 155 cm 以上，体型要比普通驴大一号，甚至比普通的马匹还高大。体型远超普通马匹和驴，被视为农场动物中的佼佼者。目前，北美已有 3 种注册北美纯种驴，它们均源于此驴。猛犸驴因为拥有和猛犸象类似的长毛和惊人的身高而得名。猛犸驴不但身高高，力气也相当大，非常强壮，用它们培育的骡子更是相当出色，能够承担更大的工作量。猛犸驴皮毛呈深棕色，嘴口和下腹部呈白色，一般体重为 400 ~ 540 kg。

（六）微型地中海驴

微型地中海驴产于地中海的撒丁岛和西西里岛，但现在在当地已基本灭绝，现主要在美国仍有繁育。

成年后的微型地中海驴，体高不超过 90 cm。该驴聪明，性格温顺，易驯养，成本低，挽力佳，尤其在美国市场受欢迎，被视为儿童娱乐和训练的好伙伴。微型地中海驴毛色有斑纹、白色、深棕色、黑色、灰褐色等，其中灰色的各种阴影与背条纹交叉是最常见的颜色。该驴的体重 110 ~ 220 kg，大多数体重都在较低的范围内。头发从平到卷曲到长，蓬松，从光滑到细纹。夏季，皮毛脱落较严重，用来保护驴不受天气和苍蝇的伤害。该驴背部会有一个"十字架"。"十字架"是一种背部的条纹，深色的头发在背部，穿过身体顶部的肩胛骨。大多数微型地中海驴的耳朵、尾巴尖和脚周围都有较深的斑纹。微型地中海驴寿命可达 30 ~ 35 岁，甚至更长。

（七）普瓦图驴

普瓦图驴，俗称长毛驴，原产地在法国普瓦图省，因此得名。普瓦图驴最初是被罗马人引进到法国的波图地区，专门用来与马交配生产骡子。该驴强壮有力，拥有长而厚的棕色毛，有灰色的下腹部和白色的鼻子和眼环，体高 1.35 ~ 1.50 m，体重 350 ~ 420 kg。体型较大，体质结实，头大而长，耳长且宽，颈部强壮；直肩，胸骨突出，肋骨拱圆，背长平直，尻短；四肢有力，关节明显，蹄子宽大；性情温顺，亲和力强。厚重的毛皮是它外观最主要的特征，这种驴因体形较长，被广大地区的人们所熟知和喜爱。目前，这种驴的数量在全球仅剩下不到 1 000 头。

（八）墨西哥驴

墨西哥驴主要分布在墨西哥、尼加拉瓜和美国。墨西哥和美国有家养驴和野生驴两种，一些野生驴在美国西部受到联邦法律的保护。

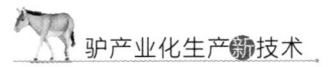

二、驴品种特点

驴、斑马和骡子在某种程度上不同于马的构造。

（一）耳朵

最明显的区别是耳朵。驴的耳朵比马的耳朵长得多，脖子和背部更直，臀部形状也不同，缺少双曲线的肌肉。

（二）鬃毛

驴的鬃毛和尾巴很粗。鬃毛多是直立的，很少下摆，尾巴与牛尾巴相似，长着短短的毛。驴并没有真正的额发，尽管有时鬃毛长得很长。

（三）蹄

驴蹄更小，更圆，更直。普通的驴腿更细长。良好的腿和蹄对于培育骡子来说是必不可少的。

（四）声音

驴的声音是刺耳的，嘶哑的叫声，能发出特有的"咳"的声音。

（五）毛色

虽然许多驴是熟悉的灰色，但也有黑色、红棕色、白色等。大多数驴不论其颜色如何，都有背条纹、肩叉以及"白斑"——白色的口和眼环，腹部和腿内侧呈白色。

（六）体型

从微型地中海驴（90 cm 以下）到大的猛犸驴（140 cm 以上），驴的体型各异。微型地中海驴在成熟期（3 岁以后）时，体高必须在 30 cm 以下。父母双方都必须有 ADMS 的登记。这些动物是在合法的美国或加拿大注册机构注册的。

标准驴指世界上大多数驴。体高在 90 ~ 120 cm。这种大小的驴通常被称为"毛驴"。其中，小标准驴是标准分组的一个细分。小标准驴体高在 90 cm 以上，在 100 cm 以上的通常有一个微型驴背景。

大型标准驴指体高在 120 ~ 137 cm 的雌驴和体高约 142 cm 的雄驴。这些都是很好的骑驴或者可以用来培育马鞍骡子。

猛犸驴是世界上最大的驴品种之一。雄性体高在 142 cm 以上，雌性在 137 cm 以上。这些动物有自己的登记，注册在 ADMS 美国驴骡协会。

（七）用途和经济价值

驴肉被誉为美味食品，具有补血、补气、补虚等功能。驴皮还可以制作阿胶和其他中药材。

（八）行为习性

驴的性格温顺，胆小而执拗，善于行走但不擅长奔跑。它们喜欢温暖干燥的环境，耐饥渴，耐炎热，但对寒冷较为敏感。

（九）其他特性

驴的消化系统特点是采食缓慢但咀嚼细致，这可能与它们强壮的牙齿和灵活的上唇有关。驴的唾液腺发达，有助于消化食物。

第二节　国外驴的饲养情况

历史上驴主要为役用，其对发展长途贸易至关重要。在古埃及，驴被大量饲养。在公元前 2675 ~ 公元前 2565 年的王朝坟墓里，有迹象表明，贵族拥有超过一千头驴。除了用作驮畜，驴还被用来将种子踩进肥沃的尼罗河平原，并将收获的种子打谷。另外，驴奶的含糖量和蛋白质含量都比牛奶高，被用作食品、药品和化妆品的原材料，以促进皮肤白皙。在公元前 2000 年驴被带到欧洲。在希腊神话中，驴与酒神狄俄尼索斯有关，希腊人把藤蔓和驴带到地中海北岸的殖民地，包括意大利、法国和西班牙的殖民地。罗马人后来继续把驴分散到他们帝国的边界。在阿拉伯，马斯喀特和也门也针对性地培育了体格强壮、毛色浅的驴。

1495 年，哥伦布第二次远航的补给船带着第一批驴来到新大陆。4 头公驴和 2 头母驴被送到伊斯帕尼奥拉岛。第一批 12 头母驴和 3 头公驴从古巴来到墨西哥开始配种生产骡子。驴进入美国西部的主要原因是 19 世纪的淘金热。许多勘探者是墨西哥人，而驴是他们最喜欢的动物。孤独的探矿者和他的驴成了老西部的象征。驴在沙漠的采矿作业中也很重要。

它们把水、木材和机械运到矿场，从矿井隧道中拖出大量的矿石和岩石，再把一袋袋的矿石运到磨坊，在那里，其他的驴负责把矿石磨碎。矿业繁荣时代的结束与美国西部铁路的引进，毛驴的时代结束了。当矿井关闭，探矿者离开时，他们的牲畜价值不大，经常被放走。这些顽强的动物最初是在埃及东部的沙漠中进化而来，在美国的沙漠中生存几乎没有什么问题。如今，驴在美国和加拿大越来越受欢迎，因为它可作为休闲动物，也可在野外探险中驮重物或拉车。

一、饲养方式

（一）放牧

驴的适应性很强，多生活在恶劣的、食物稀少（干旱的沙漠地区）的环境中。在这样的环境中，驴不仅吃草，还可以吃木本灌木、阔叶植物等。具体放牧方式可分为：

图1-2　驴放牧

（1）固定放牧：在春季将驴群赶进牧场，直到秋季归牧，一直固定在一个草场。这是一种粗放的管理方式，不利于牧草生长，容易产生过牧，加上驴群践踏，植被很难恢复。因此，本法适用于载畜量小的草场。

（2）划区轮牧：一般和围栏相配合，即用电网、刺篱、铁丝、木条等将草场分为若干个小区（4×7，或1×28），按照21～28 d的间隔周期进行轮牧。对不轮牧的小区进行割草或调制干草（供冬天用）。此法减少了践踏，草地可以得到休息，增加牧草恢复生长的机会，提高了草场的利用率。采用划区轮牧，草场每季可轮牧4～6次，差的可轮牧2次。

（3）条牧：在固定围栏中，用移动式电围栏隔成一个长条状的小区，每天移动电围栏一次，更换下一个小区。条牧比轮牧能更加提高草场利用率，适合较好的草地。

（二）规模化养殖

规模化养殖驴以圈舍饲养为好，圈舍上能挡雨、下可遮风。规模化养殖场选址原则为：

远离村庄、大小公路，上风头、水源不能有污染，丘陵地区要建在朝阳坡、采光好的地方。

1. 规模化饲养过程及目的

建立驴的核心保种母驴群和公驴群，注重驴的生产性能、繁殖性能的测定，结合现代生物基因测定技术开展优良品种选育工作。应用驴的科学饲养技术、疫病综合防控技术和综合开发利用技术，在稳定保种基础母驴群的基础上，引入外来优良的驴品种进行杂交改良，突出驴肉类副产品的综合开发，不断提高驴的综合生产力。

2. 强化饲草料的加工调制

受驴消化特殊性的影响，为保证良好生产性能的发挥，应在饲草料的加工调制上下功夫。饲草料的搭配应多样化，保持新鲜和适宜的水分含量，切忌饲喂露水草或水分含量大的饲草。坚决防止饲草在太阳下暴晒，防止饲草水分降低、变柔，饲草应铡短铡细，控制在 2 cm 以内，注意剔除饲草中的沙粒、塑料等杂物，防止饲喂粗、长、柔的饲草导致驴结症的发生，造成不必要的经济损失。

3. 注重饲养条件的环境控制

驴对于温湿度环境和下雨、刮风、使役等环境条件较为敏感，传统的舍外拴养条件下，驴受风寒影响的因素较多，故在临床上表现为结症、肠扭转等消化道疾病。为此，在规模化养殖条件下，应加强驴舍防寒保温设施和防暑降温设施的建设，从环境因素上减少对驴致病性因素的影响。驴舍长度要根据实际饲养量而定，宽（跨度）3.0 ~ 3.2 m，北墙 1.65 m，南墙 1.80 m，平均每头驴占暖棚面积 2 m²。养殖场、农家院里建舍都一定要正南正北建，门窗朝阳，还要有两个北窗，尺寸根据舍长度而定，最好开在两头偏上，冬天堵死，夏季通风。冬季要用塑料布将窗户封严，驴舍两侧前沿安装两个可以随时开启关闭的天窗（0.5 m×0.5 m），以便冬天适当地调节温度、湿度及通风换气，要根据饲养量留足驴的户外活动面积，驴在舍外要尽量避免剧烈活动。

圈内设有供食用草、饲料的食槽，每头驴应留足 60 ~ 80 cm 的食位。在成年驴之间，按食物的距离设置坚固的栅栏，以阻止驴互相袭扰。驴舍要根据当地的气温变化和驴场生产用途等因素来确定，以坐北朝南或朝东南双坡式驴舍最为常用。驴舍要有一定数量和大小的窗户或通风换气孔，以保证太阳光线充足和空气流通。驴舍大门入口处要设置水泥结构消毒池。驴舍内主要设施有驴床、饲槽、清粪通道、粪尿沟、饮水槽和通风换气孔等。驴圈舍见图1-3至图1-6。

图1-3 驴圈舍

图1-4 驴圈舍

图1-5 圈舍饲养

图1-6　圈舍饲养

二、营养需求

（一）蛋白质

在干旱地区，驴的饲料来源很少，营养价值也很低。因此，驴有许多独特的适应能力，使它们能够在这些地区生存。饲料通过驴的消化系统的速度比马要慢。这可以帮助驴消化和吸收营养，因为饲料与消化酶和后肠细菌有较长时间的接触。但若饲喂大量高质量的饲料，它就成了管理隐患。由于这种适应性，驴对蛋白质和各种纤维饲料的消化率比马高。

（二）水

一般来说，如果水的摄入量受限，马就会减少饲料摄入量。这对驴来说也是一样的，但与马不同，驴对饲料的消化率是增加而不是减少。在脱水期间，驴也可以通过降低它们的静息代谢率来节约用水。

（三）回收氮

另一个关键的适应能力是驴的内部循环能力，这是马不能做的。马通过肾脏排出多余的氮作为尿素。然而，驴可以重新吸收这种尿素并重新利用氮，它们可以根据饮食中蛋白质的水平和需要多少氮来调节这种机制。事实上，当饮食中的蛋白质含量非常低时，驴会从这个循环系统中获得大部分的氮。驴对粗蛋白需求在3.8%～7.4%的饮食范围内，而成熟的马则是8%～12%。

（四）纤维

驴营养成功的关键是找到合适的高营养价值的粗饲料。秸秆类饲料成为驴粗饲料的重要来源，稻草的能量含量比成熟的草低0.73～0.80 Mcal/lb，每磅0.8～1.0 Mcal。麦草纤维较多，不易咀嚼，不适合年轻的驴。谷草和燕麦秸更易消化，可增加体重，饲喂效果很好。放牧驴也可以获得高质量的纤维性饲料，但在春季和夏季许多改良过的草场草质量好，驴不受限制地采食可能会导致肥胖。

参考文献

[1] KIM J G, PARTHASARATHY S.Oxidation and the spermatozoa[J].Seminars in Reproductive Endocrinology,1998(16):235–239.

[2] MILLER J K,BRZEZINSKA S E,MADSEN F C.Oxidative stress,antioidants,and animal function[J].Journal of Dairy Science,1993(76):2812–2823.

[3] MAZUR P,LEIBO S P,CHU E H Y.A two factor hypothesis of freezing injury evidence from Chinese hamster tissue culture cell[J].Experimental Cell Research,1972(71):354–355.

[4] ACKER J P,MCGANN L E.Membrane damage occurs during the formation of intracellularice [J].CryoLetters.2001,22(4):2241–2254.

[5] BOE–HANSEN G B, CHRISTENSEN P, ERSBOLL A K. Increasing storage time of extended boarsemen reduces sperm DNA integrity[J]. Theriogenology, 2005 (63):2006–2019.

[6] DUTY S M, SINGH N P, RYAN L,et al. Reliability of the comet assay in cryopreserved human sperm [J]. Human Reproduction,2002(17):1274–1280.

[7] HU J H, LI Q W, JIANG Z L,et al. Effects of different extenders on DNA integrity of boar spermatozoa following freezing–thawing[J]. Cryobiology, 2008 (57):257–262.

[8] LECHNIAK D, KEDZIERSKI A, STANISLAWSKI D. The use of HOS test to evaluate membrane functionality of boar sperm capacitated in vitro[J]. Reproduction of Domestic Animal,2002

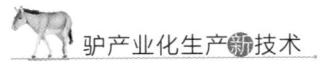

(37):379-380.

[9] WILLER E L, OHMS J I. Measurement of testicular size and its relation to production of spermatozoa by bulls[J]. Journal of Dairy Science, 1957(40):1559-1569.

[10] LEI C Z, CHEN H,YANG G S, et al.Study on mitochondrial DNA D·loop polymorphism in Chinese donkeys[J]. Acta Genetica Sinica,2005,32(5):481-486.

[11] CHUZHAO L ,QINGLAN G ,HUCAI Z , et al.African maternal origin and genetic diversity of Chinese domestic donkeys[J].Asian-Australasian Journal of Animal Sciences,2007,20(5):645-652.

[12] BEJA PEREIRA A P,ENGLAND R,FERRAND N,et al.African origins of the domestic donkey[J].Science,2004,304(5678):1781.

[13] BOESSNEEK J,DRIESCH A.Preliminary analysis of the animal bones from Tell-Hesban [M].Berrien Springs: Andrews University Seminary Studies,1987,16(1):259-287.

[14] HUTCHISON C A,NEWBOLD J E,POTTER S S,et al.Maternal inheritance of mammalian mitochondrial DNA[J].Nature,1974,251:531-538.

[15] WATANABE T,HAYASHI Y,KIMURA J,et al.Pig mitochondrial DNA:polymorphism,restriiction map orientation and sequence data [J].Biochem Genet,1986,24:385-396.

[16] 朱伟铨,王义权,吴孝兵,等.几种鳄分子系统发生的探讨[J].遗传,2001,3(5):435-438.

[17] 彭如枝.驴皮与阿胶[J].明胶科学与技术,1995,15(2):64-67.

第二章　我国驴产业的现状及发展趋势

第一节　驴产业发展

一、养驴的必要性

随着人民生活水平的提高，人们的保健意识进一步增强，消费结构已由"温饱型"向"营养型"转变。驴肉产品作为人们不可缺少的生活食品，无论从营养、药用或保健性等方面都具有不可替代的优越性。驴肉是新型的肉食品，具有瘦肉多、脂肪少等特点，不饱和脂肪酸含量高，可以减轻饱和脂肪酸对人体心血管系统的不利影响，深受广大人民群众喜爱。

随着我国农村机械化程度提高，驴逐渐失去役用作用，驴存栏数量明显下降，养驴的越来越少，导致驴产品短缺，市场缺口大。由于东阿阿胶在国内的市场需求量和国际出口量大幅增长，驴皮需求量日益增加，所以，可多方开拓驴皮原料渠道，从源头做起，在国内兴建养驴基地，带动农民养驴致富。

二、驴的种用价值

20世纪50年代初，驴就用于马的改良，如山丹马场就很重视驴的种用价值，用驴改良马繁殖骡子。从陕西引进关中驴品种作为父本，山丹马作为母本，通过人工授精改良，成功繁育骡子236匹。经培育的骡子体高达140 cm左右，体重达300 kg以上，为军队提供军骡2万匹，为国防建设作出了积极贡献，并出口国外。迄今为止，用驴改良马的工作还在进行，所以，除生产应用外，驴还有很高的种用价值，是不可缺少的畜种。

三、打造肉驴产业

近年来，由于膳食结构的改变及驴经济价值的提高，人们对驴有了进一步认识。通过对驴的资源调查、品种保护、选育改良、繁殖技术、肥育技术、饲养管理、产品开发等方面的研究，推出了新产品，扩大了驴肉消费市场。驴产业是一个新兴产业，近年来，驴及驴产品价格地不断上涨，拉动了驴产业升温，掀起了养驴热。但是，不是所有的驴都可以

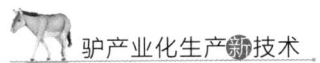
升值，要看驴的品种、大小及品质。要结合草地放牧，降低生产成本，提高驴产品的利用率，提升驴的经济价值，打造肉驴产业发展新局面。

四、重视品种改良

通过科学研究和发展，驴已由单纯役用型转向役肉兼用型。目前，发展肉驴生产的时机已成熟，为提高驴的产肉能力，加快生产转型，一定要重视驴的品种改良。第一，建立优良驴种基地。恢复和建立优良品种群，选种选配，提纯复壮。第二，进行杂交改良，提高杂交优势。用大型驴种改良本地中型驴，减少难产和损失；用中型公驴改良小型母驴。通过改良，提高生长速度和产肉能力。第三，养驴必须高度重视检疫工作。驴要定期防疫和驱虫，加强饲养管理，控制疫病发生，才能保证驴产业顺利发展。

第二节　我国驴产业的现状

驴在我国农业生产中曾占据重要的地位，随着农业机械化取代传统农耕生产与运输，驴最主要的役用功能逐渐退出历史舞台。人们常说驴的全身都是宝，但其肉、皮、奶及其他副产品的功用近几年才受到重视。在驴役使功能淡化，其他功用尚未开发期间，我国驴业生产每况愈下，毛驴存栏数大幅下降，濒临灭绝。我国现存驴种有将近30种，现有驴的品种主要是长期以来以役用方向选育出来的品种，在产肉率、饲料报酬、繁殖力等生产性能方面不够突出，驴优秀品种选育方面亟待加强；驴的饲养以小规模散养户居多，饲养行业发展粗放，饲养管理落后，驴饲养产出效率低下，供给能力不足。

近年来随着社会经济的发展和人们生活水平的提高，国民饮食结构发生了很大的变化，人们不只满足于吃牛、羊、猪、鸡等肉食品，对传统的驴肉及其副产品也特别感兴趣。驴全身都是宝，驴皮可熬制阿胶，驴肉是绿色健康食品，驴奶具有清肺功能，对多种疾病有辅助治疗作用，驴肝、驴鞭、驴肺等也具有较高的营养价值。鉴于驴产品的药用和营养价值，国内普通民众日益增加的消费需求与日渐减少的驴数量之间的矛盾不断加剧，驴似乎有走向灭绝的趋势。因此，养驴业既有无可限量的市场前景，同时也遭遇前所未有的巨大挑战。

一、驴产业概况

（一）简介

目前我国的驴存栏量位居世界第二，是传统的养驴业大国，其总量约占世界驴总量的15%。全国第二次畜禽资源调查数据显示，我国有毛驴品种达到24个，其中有5个品种（德州黑驴、广灵驴、关中驴、新疆驴和泌阳驴)已被列入国家级畜禽遗传资源保护名录。

世界、亚洲和中国驴的存栏数开始下降,到 1997 年分别为 4 331.8 万头、2 102.2 万头和 1 073.3 万头。此外,世界上养驴比较多的国家依次为埃塞俄比亚、墨西哥、巴基斯坦、伊朗、埃及、土耳其、阿富汗和巴西等。根据 *FAO Production Yearbook* 报道,到 1996 年全世界驴存栏数为 4 346.7 万头,其中亚洲有 2 131.6 万头,居世界第一位,中国的存栏数为 1 092.3 万头,占亚洲总存栏数的 51.24%,占世界总存栏数的 25.13%。我国有关中驴、德州驴、佳米驴等优秀品种,主要分布在新疆、陕西、山东、河南、甘肃、辽宁、河北、云南和内蒙古等地区。

(二)存栏量变化

我国毛驴在 1990 年达到 1 119.8 万头的最高存栏量,之后连续 27 年中毛驴存栏以每年 2.7% 的速度下降。2013 年我国驴存栏量 603.4 万头,分别比 2012 和 2011 年下降 5.2% 和 3.9%。2015 年全国驴存栏 542.1 万头。2015 年全国驴存栏量前四的省区分别为甘肃省 102.7 万头、内蒙古 88.5 万头、辽宁 86.3 万头、新疆 80.3 万头,共占全国 14.8%。

2016 年我国驴存栏量 456.9 万头,约占世界总量的 10.68%,比 2015 年下降了 15.7%,创历史新低。从 1990 年以来,我国驴的存栏量连续 27 年呈下降趋势,平均每年约减少 25.5 万头。

驴存栏数连续下滑的原因主要有:一是役用功能被农用机械替代,加之对毛驴肉、皮、奶等开发利用不足导致毛驴在农业生产中的地位逐年下滑;二是毛驴繁殖效率低、繁育速度慢的生物学特性决定了见效时间长,驴存栏数增长非常困难。

(三)饲养周期

母驴生殖道结构特殊,妊娠期为 11 个月左右,通常驴驹 6 月龄后断奶,繁殖周期较其他畜禽慢。庆阳驴公驴以 2 岁半 ~ 3 岁配种,母驴以 2 岁开始配种为宜。同时,驴的肥育周期也相对较长,古人总结谚语"驴年、马月、当下牛"(指牲畜上膘速度),也就是说驴的肥育速度较慢。但是,驴的利用年限较长,"草驴十年买,叫驴十年卖",也就是说十岁的驴正好是买卖的好时节,饲养好的母驴可利用到 20 岁,终生可产 10 胎以上,这有效地弥补了驴繁殖周期长的缺点。

(四)生产肥育潜力

驴体型较小,但体质结实,对于贫瘠环境有很强的适应能力,且抗病力强,易饲养,对草料利用率高,因为驴有坚硬的牙齿和灵活的上下唇,适合粗硬的饲草饲料,虽然采食速度很慢，但咀嚼很仔细。驴比牛省草，比马省料，故有"穷养驴、富养马"之说。肉驴养殖与其他动物养殖相比，其食量仅相当于牛的1/3，养殖成本低。且近年驴肉市场行情好，市场价格普遍比牛、羊肉略高。通过调查测算，肉驴饲养成本明显低于肉牛、羊、奶牛，非常适合农户发展。驴的这些优良特性和用途为农民所喜爱，因此被广为繁殖和利用。

（五）存栏量前10名省区

2023年我国驴存栏量排名前十位的省区分别是辽宁、甘肃、内蒙古、新疆、河北、云南、吉林、河南、山西和陕西。毛驴主要分布在西北部地区。其中，辽宁、甘肃、内蒙古、新疆和河北的毛驴存栏量接近全国的80%。

改革开放以来，我国畜牧业得到长足发展。生猪、奶牛、家禽的养殖规模化、标准化程度不断提高，肉、蛋、奶等畜产品生产持续增长。作为大家畜，驴业发展非常缓慢，数量上一直呈负增长态势。近五年来，随着人们对驴肉、驴奶、驴皮及其他副产品功用的明确与开发利用，养驴产业逐步回暖。尤其是以山东东阿阿胶股份有限公司为代表的制胶企业对驴皮的大量需求进一步刺激了驴业市场。随着驴皮、驴奶、驴肉价格的不断走高，农民养驴的积极性显著提高。

（六）驴产品需求和消费能力增强

除了役用功能，驴的其他经济价值远未充分开发。驴肉是"三高三低"食品：高蛋白、高必需氨基酸、高不饱和脂肪酸、低脂肪、低胆固醇、低热量，能达到减肥和强身健体的功效，是理想的肉类食品；驴皮是我国中医药宝典阿胶的必需原材料，具有美容和补气血的作用；驴奶具有清肺功能，成分接近人乳，可辅助治疗多种疾病；驴汤具有降血脂、软化血管的功能；驴肝、驴鞭、驴肺等也具有较高的营养价值和药用价值。此外，人们还发现孕驴尿和孕驴血清也具有巨大的开发和研究价值。随着人们对驴产品功用的重新认识与自我保健意识的增强，未来对驴产品的需求和消费水平将越来越强劲。

随着养驴业的升温，驴产品生产加工能力不断增强。其中以山东东阿阿胶股份有限公司为代表的一批驴产品加工企业成长迅速。阿胶的主要原料是驴皮，仅东阿阿胶一家公司每年就需要百万张以上驴皮。

因市场缺口巨大，有1/3的驴皮都需从国外（埃及、秘鲁、墨西哥、埃塞俄比亚和巴西等）进口。不仅如此，国内其他的阿胶生产厂家也面临着驴皮原料紧缺的问题。同时，驴肉消费不再局限于民间小吃，商场超市甚至大城市的高端酒店对驴肉的需求也越来越旺盛。

二、存在的问题

（一）养殖方式和饲养水平有待提高

虽然我国农牧民一直有养驴的传统和经验，但主要还是靠天养畜和粗放饲养。目前我国养驴的组织化和规模化程度都较低，散养仍然是主要模式。这种养殖方式也决定了现阶段我国还无法大面积推广标准化养驴。驴的繁殖效率低、繁育速度慢、见效周期长，这从一定程度上制约了驴产业快速发展。此外，长期以来养驴业在现代畜牧业生产中受重视程度不够，驴产业资助项目少，从事驴产业研究的科技力量非常薄弱，驴产业生产过程中科技含量不高，饲养管理粗放，饲养方法落后，导致驴整体生产水平低下，主要表现为营养不均衡、饲料报酬低、增重慢、繁殖力不高、出栏率低和出肉率低等方面。

（二）驴产业地域发展不均，市场有待规范

我国养驴主产区主要在西北地区，并且集中在边远山区、丘陵地带和少数民族聚居地，但驴肉消费却主要在京津冀、山东、河南等东部地区以及南方的大中城市。大多数养驴的地区交通不便，而消费的地区养驴少甚至不养驴，造成驴及其产品运输、销售和交易不畅，饲养和消费呈现西驴东运、北驴南运的特点。此外，我国活驴交易市场少，屠宰加工企业规模小，私屠乱宰是普遍现象。设备简陋、技术含量低、卫生得不到保障使驴肉市场无序化加重，使活驴资源减少、驴产品的市场竞争力降低，并且存在一定的质量安全风险。

2015年1月30日，山东省人大代表、山东东阿阿胶股份有限公司总裁秦玉峰在山东"两会"中提交了《关于将草畜范围由牛羊等扩大至毛驴的议案》，为毛驴争取与牛羊同等的待遇。他指出我国毛驴已濒临灭绝，应使毛驴像牛羊一样享有大型家畜扶持政策，纳入草畜范围，该议案的提出引发了全社会的高度关注。2014年，一批生产阿胶的企业因驴皮资源持续萎缩而连续涨价，驴产品的供应问题已成为制约这些企业发展的最大瓶颈。

（三）驴的屠宰行业发展分散且混乱

分散的驴小型屠宰点为监管带来难题，同时，驴小屠宰点风险管控能力差，遇较大市场波动，生产将难以为继，降低了行业发展稳定性；驴的屠宰技术缺少统一标准，分割技术标准、检验检疫规程等为空白，行业规范无据可依；小规模屠宰点的屠宰从业人员素质参差不齐，屠宰技术随意性大，产品生产不规范，驴产品提质升级缺乏良好的基础。

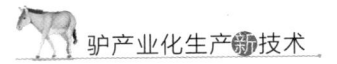

（四）深度开发型龙头屠宰加工企业带动力不足

驴产业发展主要有两方面带动力，一是驴皮等中药制品的开发，如阿胶等。二是驴肉产品的开发。只有"双管齐下"才能保证驴的屠宰企业具有良好的收支循环，这就需要龙头屠宰企业针对市场需求加大驴产品研发投入，而当前驴的龙头屠宰加工企业在驴肉产品的深度开发以及包装宣传方面投入不足，相比其他肉类产品市场占有率和附加值双低，造成屠宰加工企业发展劲头不足，制约驴产业的发展。

三、驴产业保护与发展建议

我国驴品种资源具有动物遗传资源共同的特性：

（1）群体足够大且富有生命力。在不遭受灭绝性的自然危害和人为强制性干涉下能逐代延续下去。

（2）动态可变性。从已有资料可知动物遗传资源的内容是在不断变化的。

（3）不可逆性。一个物种一旦灭绝，就目前而言，绝不可能恢复。

我国驴品种资源还具有自己内在独特的特征：①依附复杂多样的生态地理环境，并对环境变化作出响应。②时代延续性。③广阔的地域来源。我国从西到东，从南到北，古今都有马、驴的分布。④丰富多样的生态类型。由于自然地理和生态类型不同，形成了不同生态类型的驴种。⑤类型多样的生产力。地方马、驴多用于驮乘、奶用、肉用以及药用。⑥多元文化特征。藏族与马、哈萨克族与马、蒙古族与马、维吾尔族与驴都密不可分，各自印记着民族文化的烙印。

驴品种退化严重，种群数量骤减，种群结构不平衡。姜西安 2003 年对庆阳驴进行的调查表明，庆阳驴体尺指标出现下滑趋势。许多近代育成的驴种由于有效保护的规模过小或因缺乏保种场，数量正大幅度下降，我国驴遗传资源的保护和管理迫在眉睫。目前，我国已对驴品种资源采取了一些积极的保护措施，如在部分大型驴品种分布中心已建立起保种场，并颁布了我国驴品种的保护名单。对驴品种资源的管理和保护，首先，要对驴种资源进行全方位的评估，建立驴遗传资源数据库，并研究我国驴种的遗传系统、地域系统、生态系统、经济用途和文化特征。其次，制定并实施各地方驴种的保种方案，保护不同生态类型和不同生产类型的驴种，尤其对种公驴要求毛色纯正、黑白界线分明、体型高大、结构匀称、两睾丸大而对称、富有悍威、四蹄端正、蹄大而圆、叫声洪亮。经过长期的选育，驴品种质量不断提高。最后，建立中国驴种基因库，将养驴业作为农业产业结构调整的重点，使其向肉用、奶用、药用方向发展。

第三节 我国驴产业的发展趋势

一、高度重视发展驴产业

驴产业是畜牧业的重要组成部分，全社会都应该高度关注。阿胶作为中药材，一直被认为是滋补国宝，而且是我国年销售收入超过40亿元的药材单品，其主要原料就是驴皮，其制作技艺已被国务院列入非物质文化遗产名录（东阿阿胶股份有限公司，2014）。除了药用价值，驴肉、驴奶也是丰富居民菜篮子的重要食品。在一些边远的山区，毛驴仍然是重要的生产和交通工具。综上，养驴业的兴衰与存亡不仅事关一个畜种产业的发展和生物多样性，而且事关我国非物质文化遗产的传承，甚至事关边疆地区的民族团结与稳定。只有思想上高度重视发展驴产业，做到政府积极引导和扶持、企业发挥产业龙头带动作用、科研单位做好科技支撑服务，才能促进驴产业持续健康发展。

二、大力推进规模化、标准化养驴

目前我国养驴规模小，饲养方式粗放，养殖效率低。应大力推进规模化、标准化养驴，运用科学的饲养和管理技术进行标准化生产，提高养驴效率。建议尽快制定驴场标准化建设与标准化生产的相关畜牧业行业标准与技术规范；加大政策与资金扶持，在养驴主产区建立规模化、标准化示范驴场，开展统一饲养、统一管理和统一防疫，发挥辐射和带动作用。

三、建立驴良种繁育体系

制订全国驴遗传改良计划，建立我国良种驴繁育体系，主要从以下四方面着手：一是确立优秀驴种，建设一批具有一定规模和数量的种驴场。在驴种的选择上既要注重选择国内外优良品种，也要加强我国地方驴种的资源保护和利用；二是建立品种改良体系，加强种公驴站建设，培育优秀种公驴，推广人工授精技术，使优质驴精液步入批量化、社会化和商品化生产；三是建立种驴管理制度，对优秀种驴进行生产性能测定，作为日后开展选育与经营的依据；四是在驴饲养和管理技术、健康养殖营养保障技术、繁殖技术等方面，将传统育种技术与现代分子育种技术相结合，开展基础性研究。

伴随着全基因组测序技术的发展，牛、马、家猪、山羊等重要家畜的基因组已被陆续解析，大量影响重要经济性状的候选基因被鉴定出来。丹麦科学家在 *Science* 上公布了最新的家驴近染色体级别的参考基因组，为未来驴重要经济性状功能基因的挖掘与鉴定提供了重要条件。利用全基因组关联研究（GWAS）可以定位调控重要经济性状的位点，运用功能基因组数据分析揭示基因功能、表达调控机制和调控网络，进而通过定位、分离、克隆出与驴产肉、产奶、产皮、抗病等相关的功能基因。同时，可以运用其他动物已经鉴定出来的影响重要经济性状的功能基因作为候选基因，在驴基因组上进行验证。

四、加大驴业科技创新投入

发展养驴业，一靠政策，二靠科技，三靠投入。毛驴数量的锐减已经逐渐引起国家的重视，国家发展和改革委员会、财政部、工业和信息化部、农业农村部和国家自然科学基金委员会等部门都先后在驴业养殖相关的项目上给予政策倾斜和资金扶持。2010年，财政部与农业部启动"国家公益性行业马驴产业科研专项"，在驴饲养、繁殖及疫病防治方面开展研究，经过5年的努力，在驴业关键技术体系、技术标准、人才队伍建设及科技成果等方面取得了巨大的成效。建议继续加大对驴业科技创新与产学研结合的投入，启动现代农业产业技术体系驴业专项，鼓励更多的科研工作者从事驴业基础性研究工作，共同推动驴产业的发展。

五、大力发展驴产品加工业

从资金和科技方面积极扶持驴产品加工企业，大力发展驴产品精深加工、屠宰和流通企业，提高驴业产业化经营水平。具体包括：建立驴屠宰企业、屠宰标准体系建设、精深加工技术研发、质量认证体系国际化、品牌文化及包装建设等。此外，要通过各种渠道宣传和引导驴产品的消费，通过完善驴业产业链和刺激民众消费，从而加速驴业的恢复与发展。

参考文献

[1] 肖丽翠.抢奶源 乳品市场又掀波澜[N].四川日报,2008-08-12(C04).

[2] 本刊编辑部.龙年让您发"驴"财——市场篇[N].农村百事通,2012(15):41-45.

[3] 张莉,杜立新.对我国驴产业发展的思考与建议[J].草食家畜,2015(5):1-5.

[4] 刘宪斌.规模化驴场几种主要疾病的研究[D].聊城:聊城大学,2017.

[5] 耿社民,刘小林.中国家畜品种资源纲要[M].北京:中国农业出版社,2003.

[6] 农业部畜牧业司.2017年中国畜牧业统计[M].北京:中国农业出版社,2017.

[7] 张瑞涛,张燕,高运东,等.驴精液采集与冷冻相关技术研究[J].安徽农学通报(上半月刊),2013,19(03):121-124.

[8] 杨社珠.驴资源开发利用方向的探讨[J].畜牧兽医杂志,2011,30(04):39-40,42.

[9] 杨再.生态环境对野驴及家驴影响的比较[J].豫西农专学报,1990(02):28-30.

[10] 贺树清,张生卫,韩英豪,等.佳米驴的营养需要[J].畜牧兽医杂志,2011,30(04):99-101.

[11] 韩涛,努尔拜合提.养驴与驴产业发展[J].新疆畜牧业,2010(01):14-15.

[12] 张孝波.养驴业现状、发展前景及效益分析[J].养殖技术顾问,2012(08):274.

[13] 张攀,马杰,韩冰毅,等.我国养驴业现状及趋势分析[J].中国畜牧兽医文摘,2013,29(01):36-38.

[14] 谢文章,杨德智.庆阳市驴业现状与发展趋势分析[J].畜牧兽医杂志,2014,33(05):27-30.

[15] 齐文聪.防腐剂对卤制驴肉中污染菌的抑菌研究[D].保定:河北农业大学,2017.

[16] 孙丽君.浅谈大同市畜牧业和养驴业的发展前景[J].中国畜牧兽医文摘,2018(6):1.

[17] 赵圣明.浅析安定区养驴的优势及发展建议[J].甘肃畜牧兽医,2018(12):27-28.

[18] 刘敏,王翠兰,杨国荣.发展节粮型草饲畜牧业的优势和建议[J].养殖与饲料,2019(3):106-108.

[19] 张伟,王长法,稽传良.山东:新兴特色养驴业助力新旧动能转换[J].中国农村科技,2018(3):74-77.

[20] 代舜尧.甘孜藏族自治州驴产业发展现状[J].中国畜牧业,2019(1):74-75.

[21] 司占军,金晖.我国驴业生产发展现状及趋势分析[J].新农业,2018(23):47.

[22] 陈建兴.中国四个家驴品种遗传多样性及分子及系统进化研究[D].青岛:青岛农业大学,2009.

[23] 罗玉柱.中国高原型细毛羊种质特性研究——微卫星DNA标记分析[D].兰州:甘肃农业大学,2005.

[24] 姜西安,张建堂.庆阳市养驴业调查[J].中国草食动物,2004,24(5):38-39.

[25] 侯浩宾,李海静,张莉.驴遗传育种现状与发展趋势[J].草食家畜,2018(3):1-8.

[26] 张伟,王长法,胡洪杰.山东特色驴产业发展对策研究[J].中国农村科技,2018(4):76-79.

第三章　驴的生物学特性

第一节　驴的一般习性

按照动物分类学，驴属于脊索动物门的脊椎动物亚门、哺乳纲、奇蹄目、马科、马属。在马属动物中现存的只有马、斑马和驴三个种。它们都属于马科，具有相似的形态和特征。驴的头部相对较大，嘴唇比较厚实。它们具有大而长的耳朵，耳朵尖端常常呈现尖锐的形状。这些特征使得驴在外观上与马和斑马有所区别。相比之下，马和斑马的体形都较大。马通常具有修长而匀称的身躯，肌肉发达，四肢高挑。斑马则具有醒目的黑白条纹花纹，也有类似马的体形特征。

驴主要生活在草原和半干旱地区，是人类最早使用的家畜之一。自古以来，人们就驯化和饲养驴作为劳动力和运输工具。驴具有耐力强的特点，适合承担各种农田劳作和运输任务。它们可以背负重物，耕田和运输货物，是农民和牧民的重要助手。此外，驴的皮毛和肉也被人类利用。它们的皮毛可用于制作皮革制品，如鞍具、皮带等。驴肉在某些地方也被作为食物消费。因为驴对粗糙的植物（图3-1、图3-2）有很好的适应性，并且能够在资源匮乏的环境中生存，所以它们成为人类在草原和半干旱地区重要的伴侣和助手。

图3-1　驴正在吃青草

驴的一个特点是它们与马杂交的后代被称为骡子，骡子具有驴和马的特征。由于它们来源相近，是同属而不同种，有共同的起源及亲缘关系，因此互相交配都能产生异种间的杂种，如公驴配母马或公马配母驴，均可产生其种间杂种马骡或驴骡。

骡子通常比驴更大，但体形较小于马，骡子的身高和体重介于驴和马之间。它的身体结构和外貌也是驴和马的结合，骡子的头部和耳朵类似于驴，而身体的外形和肌肉发达则更接近马。

骡子具有驴和马的一些性格特点。它们继承了驴的耐力、顽强和温和的性格，同时也继承了马的灵敏、勇敢和快速反应的特点。这使得骡子在劳动和运输等方面既能够承担重负，又能够适应不同的环境和任务。此外，骡子也继承了驴的耐缺水和耐饥饿的特点，对于干旱地区和粗糙的植物有更好的适应性。

驴具有热带或亚热带动物共有的特征和特性。驴体型小而结实，适应热带或亚热带地区的环境。它们通常比马矮小，身体结构更加紧凑，腿部相对较短。驴的耳朵通常比较大而长，能够灵敏地感知周围的声音和威胁，对于保护自己具有一定的优势。耳朵的长度和宽度也可以帮助驴调节体温，通过散热来保持身体的稳定。驴的颈部相对细长，与马相比稍显瘦弱。尽管如此，驴的颈部仍然能够发挥支撑头部和保持平衡的作用。驴的四肢比较长，能够帮助它们在崎岖不平的地上行走。驴在山地地区生存能力较强，四肢的长度也适应了这种环境。驴的被毛相对细短，与马的长毛相比有所不同。驴的被毛适应了不同气候条件下的生存需求，既能够保护身体，又能够调节体温。

驴喜欢生活在干燥、温暖的地区。它们对寒冷的环境不太耐受，因为其天然生活环境位于干旱和半干旱气候的地区，如撒哈拉沙漠和中东地区。这些地区通常具有高温和少雨的特点。驴对高温和饥渴相对有较强的适应能力。由于驴是一种草食动物，它们可以通过食用各种植物来满足大部分营养需求。某些品种的驴甚至可以数天不进食，但这并不意味着长期不进食对它们是健康的选择。事实上，良好的饮食习惯对于驴的健康至关重要。

驴的饮水量较少是因为它们具有较强的抗脱水能力，即使失水达到体重的25% ~ 30%，驴仅表现出食欲减退，而摄入一次水即可补充所失去的水分。这种抗脱水能力使得驴能够在水资源较为匮乏的环境中生存。比起马来，驴的食量较小，约比马少30% ~ 40%。然而，驴对粗饲料的耐受能力较强，且对粗纤维的消化能力也比马强，比马高出30%。这意味着驴可以从粗糙的植物材料中获得更多的营养，并且更适应以草为主食。

此外，驴具有较强的抗病能力和神经平衡能力，这使得它们相对不容易患上消化系统疾病。驴的消化系统与马和其他草食性动物有所不同。它们的胃部结构更大、更深，具有较强的食物滞留能力。这使得驴能够更充分地消化纤维素和其他植物材料，减少发生消化障碍的风险。驴的唾液中含有较高浓度的碳酸氢盐，具有抑制细菌生长的作用，从而减少细菌引发的疾病。此外，驴的肠道菌群相对稳定，这有助于保持肠道健康，并增强对抗有害微生物的能力。

图3-2 驴正在吃青草

驴是在严酷和艰苦的环境中生存的动物。它们通常生活在贫瘠的山区或干旱的地区，进食坚硬的植物材料。由于环境的限制，驴经历了长时间的自然选择，发展出更强大的免疫系统和消化功能。驴的饮食习惯使其更容易摄取足够的纤维素。它们喜欢吃草、小树枝和灌木叶子等粗糙的植物材料，这些食物富含纤维素，具有促进消化和排泄的作用。

驴的胎儿生长发育速度相对较快。在母体内，驴胚胎会经历一系列的发育阶段，从受精卵形成到胎儿形成。在这段时间里，驴胎儿会经历快速的生长和发育过程。初生时，驴胎儿的身高可以达到成年驴的62%以上，而体重也能达到成年驴的10% ~ 12%，这表明驴胎儿在母体内迅速增长。驴胎儿的快速生长和发育主要得益于母体提供的养分和氧气，以及母体内的合适环境条件。这些因素促使驴胎儿的器官和组织正常形成并发育，在出生时即具备一定的生存能力。

驴性成熟早，通常在1.5 ~ 2岁时即可达到性成熟，其繁殖率也比马高，一头健康的母驴在其生命周期内可以产下超过10头的驹。驴的繁殖能力相对较强，母驴通常每年或每两年左右可进行一次怀孕和分娩。驴的怀孕周期大约为11个月，即使是在适当的饲养和管理条件下，母驴也可能会有孕育失败或其他生殖问题。母驴在怀孕期间通常会孕育和养育一只幼仔，而不是多个幼仔。驴作为一个较小型的哺乳动物，一次只怀孕并分娩一只幼仔可以确保母驴能够为其提供足够的营养和照顾。这样的繁殖策略也有助于降低母驴在繁殖过程中的风险和负担。

驴是适应力强、耐饥耐寒的动物，能够适应各种恶劣的环境条件。相比之下，马的适应能力相对较弱，对环境的要求更高。因此，在一些恶劣环境下，驴更容易生存和繁殖。在正常情况下，一头母驴通常能够在其生命周期内多次怀孕和分娩。需要注意的是，每头母驴的繁殖能力可能会有所差异，这取决于多种因素，包括遗传、健康状况、营养状况、年龄等。同时，饲养和管理的质量也会对母驴的繁殖能力产生影响。为了提高母驴的繁殖能力和健康状况，应进行合理的饲养、定期的兽医检查，并确保母驴获得充足的营养和适当的运动。此外，合理安排配种时间和选用优质的种公驴也是提高繁殖效果的关键。

驴通常在春季到夏季繁殖。这个季节对于驴的交配和繁殖活动来说是最为理想的时期。在这个时候，天气温暖，环境条件适宜，驴也处于最佳生理状态。母驴在发情期会释放出特定的气味和行为信号来吸引公驴，而公驴在这个时候会表现出求偶行为，包括向母驴咬颈、踢腿等行为。一旦交配成功，母驴通常会怀孕 11 个月左右，即将在春季到来之前产下幼驴。

雄性驴会通过特定的叫声或嘶鸣来传达自己的存在和吸引雌性驴。这种嘶鸣声通常很响亮而持续，能够在较远的距离被其他驴听到。追逐是雄性驴吸引雌性驴注意的常见行为。当一只雄性驴对某只雌性驴产生兴趣时，它会开始追逐雌性驴。这种追逐动作既是一种求偶行为，也是一种展示雄性驴的力量和速度的方式。雄性驴之间也可能发生争斗，以争夺与雌性驴交配的权利。争斗可能包括用蹄子相互踢打、用牙齿互相咬嘴等，以显示自身的优势和强壮。

驴的性格通常被描述为温驯而胆小。它们一般比较驯良，容易与人类建立亲密的关系，并且对于饲主的指令会有较好的反应。由于长期与人类共同生活并进行驯化，驴对人类的指示和指令能够产生积极的反应。然而，驴也常常以执拗的形象出现。它们有时候会表现得顽固和固执，不愿意屈从于人的要求。这可能与其天性中保护自己免受伤害的本能有关。

在声音方面，驴发出的鸣声通常较长而洪亮，尤其在感到不安或孤独时更加明显。这种鸣叫声可能用来与其他驴进行沟通、传达信息或寻找彼此。相比其他动物，驴一般来说缺乏强大的自卫能力。它们并不像大型猛兽那样具备攻击性或具备强大的防御机制。然而，驴具有较高的敏锐度和警觉性，可以通过逃避或踢击等方式来自卫。此外，驴在面对威胁时会采取保护自己或与同伴一起策应的行为，以增加安全感。

驴的腰部短而强固，这使得它们非常适合作为驮载动物和劳动工具使用。驴的身体灵活，能够轻松地适应不同的工作环境。此外，驴擅长侧步行走，这使得它们在不平坦或狭窄的路面上移动更加灵活。相比于其他骑乘动物，骑驴时人体感觉更加舒适。与马相比，驴胫长管短，步幅小，运步快。营养好时，驴的颈脊、前胸、背部、腹部等处可贮积脂肪。驴是群居动物，通常由一只雄性和多只雌性及其后代组成群体。它们之间会进行社交互动，包括相互舔舐、彼此挠痒等行为。驴在寻找食物和水源时会进行短途迁徙。它们也会划定自己的领地，并用声音和姿态来维护领地边界。

驴属于植食性动物，主要以草本植物为食。它们喜欢吃新鲜的草、叶子和低矮的灌木。在自然环境中，驴会选择各种草地或丛林地带觅食。驴的消化系统适应了这种植食性的饮食结构，能够有效地消化纤维素和其他植物营养物质。因此，提供丰富的草料是喂养驴的重要条件。此外，驴还需要适量的水源来保持身体的正常运作。

驴对干旱和恶劣环境有很强的适应能力，能忍受缺水和极端温度。它们的身体结构适应严酷的山地和沙漠环境。驴以其坚韧的体力而闻名，能够长时间地进行劳动和远距离行走。它们拥有强壮的腿部肌肉和超强的耐力，可以背负或拉动重物。当面对危险或威胁时，驴通常会表现出准确的反应。它们会尖叫、踢腿或逃跑来保护自己和群体。总的来说，驴是温顺、勤劳和适应力强的动物，具备较强的社交和生存能力。它们在农耕、运输和旅游等方面都有重要的用途。

一、驴对饲料的利用特性

驴对饲料的利用具有马属家畜的共性。驴和马都属于马科动物，它们在生理结构上相似，对饲料的消化吸收机制也有一定的相似性。驴和马都是草食性动物，主要依靠植物纤维来获得能量和养分。它们的消化系统适应了这种饲料类型，具有特殊的结构和功能。一是对粗纤维的利用率不如反刍家畜，二者相差一倍以上，但驴对粗纤维的消化能力比马高30%，因而相对来说驴较耐粗饲。二是对饲料中脂肪的消化能力差，仅相当于反刍家畜的60%，因而驴应选择脂肪含量较低的饲料。三是对饲料中蛋白质的利用与反刍家畜接近。如对玉米蛋白质，驴可消化76%，牛为75%。对粗饲料中的蛋白质，驴的消化率略低于反刍动物，例如苜蓿蛋白质的消化率，驴为68%，牛为74%。这是因为反刍动物对非蛋白氮的利用率高于驴。日粮中纤维素含量超过30%，则影响蛋白质的消化。与马、骡相比，驴的消化能力要高20% ~ 30%。

驴是一种适应力较强的草食性动物，对饲料的利用特性主要有以下几个方面：

（1）对粗纤维的消化能力强：驴的消化系统相对于其他动物来说更适合消化粗纤维食物。驴的胃分为三个部分：前胃、网状胃和腺胃。前胃是驴消化系统的第一个部分，它类似于其他反刍动物的瘤胃，能够初步处理植物纤维，并将其转化为易于消化的物质。网状胃则起到了过滤作用，帮助驴排出不易消化的物质。其胃肠道长度较长，能够更充分地分解和吸收植物纤维。

长肠道提供了更多的时间和空间来充分消化粗纤维食物。在驴的肠道中，有一种特殊的结构叫作盲肠，它是由大肠与小肠之间的扩张部分组成。盲肠中富含大量的微生物，这些微生物能够帮助驴消化纤维素等难以消化的物质。驴体内的微生物群落非常适应消化粗纤维，能够分解纤维素并产生有益的挥发性脂肪酸供驴直接吸收。

（2）对草料的选择性较高：驴对不同种类的草料具有一定的选择性，可以根据自身需要和环境条件选择不同种类的草料进行食用。首先，驴根据口味偏好选择草料。不同种类的草料可能具有不同的味道和质地，驴可以通过品尝来确定自己喜欢的草料类型。一般来说，驴更倾向于食用柔软、细嫩且口感好的草料，例如嫩草、青草等。

其次，驴还会根据营养需求选择草料。驴需要摄入多种营养物质以维持正常生理功能和身体健康。不同种类的草料含有不同的营养成分，如蛋白质、碳水化合物、纤维素、维生素和矿物质等。驴会根据自身的营养需求选择含有适量营养成分的草料进行食用，以满足其身体的需要。最后，驴还会根据环境条件选择草料。驴生活在不同的地域和环境中，草料的种类和生长情况也会有所不同。驴通常会选择当地容易获取的草料进行食用，以适应当地的环境条件和草料供应情况。

（3）适应性强：驴在食物资源短缺或者环境条件恶劣的情况下，能够适应艰苦的生活条件，对于贫瘠土地上的粗糙植被或废弃农作物等杂草类饲料有较强的利用能力。驴的消化系统相对特殊，它们具有强大的胃肠道适应能力，能够消化纤维素含量高、营养价值低的植物材料。这使得它们能够利用那些其他动物无法消化或不愿意吃的植物作为食物来源。

驴对于杂草类植物也有较强的利用能力。它们善于选择性地摄食，能够根据营养需求选择合适的食物。在环境中，驴会选择那些能够提供所需营养的杂草类植物作为主要食物来源，从而适应贫瘠土地上的生活条件。此外，驴还具备耐受负重和长时间劳动的能力。它们可以承受长时间的劳作，同时具备较高的抵抗疲劳能力，这使得它们在恶劣环境下仍能胜任一些艰苦的工作，如农耕、运输等。

（4）对能量要求较低：相比于其他家畜动物，驴的能量要求相对较低，因此可以以较为简单的饲料为主食，如青草、干草等。青草是指新鲜切碎的草料，可以提供丰富的纤维素、维生素和矿物质。而干草则是指晾晒后的草料，可以作为干燥季节或储存期间的替代品。此外，驴也可以摄取一些粗粮和谷类作为补充，比如燕麦、玉米等。这些食物可以为驴提供额外的能量和营养，同时也可以增加口感的多样性。

需要注意的是，驴的饮食应该合理搭配，并根据驴的年龄、体重、工作强度等因素进行调整。如果驴从事较重体力劳动或处于繁殖期，可能需要更多的能量和营养。

（5）消化过程相对缓慢：驴进食期间，食物在消化道中停留时间较长，有利于更好地吸收养分。驴的口腔有着坚固的牙齿，可以有效地咀嚼纤维素含量高的植物材料。经过咀嚼后，食物进入胃部，在胃中进行初步的消化。接下来，食物会进入小肠，小肠是主要吸收养分的地方。在小肠中，食物被细菌和酶进一步分解，使得养分更容易被吸收。驴的小肠相对较长，这也增加了食物停留的时间，有利于更彻底地消化和吸收养分。然后，未被消化和吸收的残渣进入大肠。大肠主要起到水分的重吸收和粪便形成的作用。驴的大肠比较发达，水分重吸收效率高，因此食物停留时间较长，有利于将水分充分吸收。最后，残留的食物经由直肠排出体外。

总体而言，驴对饲料的利用特性表现为适应性强、能源要求低、对粗纤维饲料的消化能力强等。这使得驴成为一种较为耐饥耐寒、适应力强的动物，适合在贫瘠地区或者资源有限的条件下饲养。

对驴驹和种驴应注意蛋白质的供应：

（1）饲料选择：选择富含优质蛋白质的饲料，如豆粕、鱼粉、麦麸等。避免过分精细的饲料，因为这可能会导致蛋白质含量降低。这是由于在加工过程中，一些细小颗粒和糠层被去除，这些部分通常富含蛋白质。同时，还需根据不同动物的需求合理配比饲料，确保其营养均衡。

（2）蛋白质比例：合理控制蛋白质在总饲料中的比例，以满足驴驹和种驴的需求。通常情况下，驴驹需要更高比例的蛋白质。驴驹在小时候生长迅速，骨骼、肌肉和其他组织的发育都需要大量的蛋白质。因此，在母乳期过后，应当提供足够的蛋白质含量的食物，以满足它们的生长需求。适合驴驹的饲料应具备较高的蛋白质含量，并且需要包含各种必需氨基酸，如赖氨酸、色氨酸等。青贮料、豆粕、鱼粉等都是常用的蛋白质来源。

（3）消化吸收：蛋白质的消化吸收对驴驹和种驴的生长发育至关重要。采取适当的饲喂方式和管理措施，确保蛋白质充分消化吸收，减少浪费。制定科学合理的饲喂时间和频率，确保动物有足够的时间来消化和吸收摄入的蛋白质。

将饲料分成多次饲喂，避免一次性供给过多的饲料。饲喂环境要干净整洁，避免污染和损失。对于一些难以消化的饲料原料，可以采取加工处理的方式，如研磨、碾碎、发酵等，以增加蛋白质的可消化性和吸收率。

（4）补充氨基酸：某些氨基酸对驴驹和种驴的生长发育尤为重要。可以根据饲料中的氨基酸含量，适量补充氨基酸，以保证营养的均衡供给。赖氨酸、苏氨酸和色氨酸是对驴驹和种驴生长发育非常重要的必需氨基酸。

赖氨酸参与蛋白质合成和骨骼发育，对于新陈代谢和生长十分重要。苏氨酸与蛋氨酸共同形成角蛋白，是皮肤、毛发和爪子的主要组成成分，对于皮肤和毛发的健康与发育起着至关重要的作用。色氨酸则是合成血清素和褪黑激素的前体物质，与情绪调节和睡眠有关，对于牲畜的行为和免疫功能具有重要影响。

其他氨基酸如缬氨酸、亮氨酸、赖氨酸、异亮氨酸等也对驴驹和种驴的生长发育至关重要。它们参与蛋白质的合成、代谢和能量供应，对于驴驹和种驴的生长发育、免疫功能和抗病能力的提高起到重要作用。

（5）定期检测：定期检测驴驹和种驴的蛋白质水平，及时调整饲料中的蛋白质供应，确保其满足需求。最好与兽医或专业的驴马营养师合作，根据每只驴驹和种驴的年龄、性别、活动水平和生理状态等特点，制订个体化的饮食计划。这样可以确保驴驹和种驴能够获得适量的蛋白质和其他营养物质。

在进行饲料蛋白质供应调整后，需要密切观察驴驹和种驴的健康状况和生长发育情况。如果出现任何异常反应或不适，应及时调整饲料组成，并再次进行蛋白质水平检测。

总之，对驴驹和种驴来说，合理的蛋白质供应非常关键。通过选择适当的饲料，控制比例，促进消化吸收以及补充必需氨基酸，可以为它们提供良好的蛋白质营养，促进其健康成长和提高繁殖能力。

二、驴的营养需要和饲养标准

目前，对于驴的营养需求，虽然已经积累了一定的研究资料，但还有很多不足之处。现在提出的营养需求仅仅是保持驴体健康和生产所需的最低限度，实际应用时还需要考虑到驴个体间的差异、养分之间的关系，以及驴的营养状况、疾病和环境条件等因素的变化。

驴的蛋白质需求主要与其生长、发育、妊娠和哺乳等生理状态有关。蛋白质是构成机体组织的基本营养物质，对于驴的正常生理功能至关重要。蛋白质的供给量应根据驴的生理状态和工作强度进行调整。

驴的能量需求主要与其体重、性别、年龄、生理状态和工作强度等因素相关。驴的能量需求主要通过碳水化合物和脂肪提供，以满足其正常的生物活动和代谢需求。能量是驴维持正常生命活动所需的主要营养物质，可以由粗饲料（如干草、青草）和浓缩饲料（如谷物）提供。蛋白质是构成驴体组织的重要成分，可以由豆类、豆粕、鱼粉等高蛋白饲料提供。

驴对矿物质的需求主要包括钙、磷、镁、钠、钾和微量元素等。这些矿物质在驴的骨骼形成、细胞代谢和神经传导等方面发挥着重要作用。矿物质的供给应根据驴的生长发育和生理状态进行调整，以维持其健康状态。

生产需要的营养包括生长、繁殖、泌乳和妊娠的营养。生长期的营养需要主要注重驴体重和骨骼发育，可以增加能量和蛋白质的供给。繁殖期的营养需要包括雄性的精子产生和雌性的卵子形成，此时需要充足的蛋白质和维生素等营养物质。泌乳期的营养需要关注乳汁的合成和分泌，需要提供丰富的蛋白质、能量和钙质等。妊娠期的营养需要注重胎儿的生长和发育，需要适当增加蛋白质和能量的供给。

表 3-1 为体重 200 kg 左右的中型驴的营养需要。体重不一，营养需要也随之变化。对营养需要，只可作为参考，不可奉为教条。饲养者必须经常观察饲喂效果，灵活地调整日粮。

三、驴驹的生长发育规律

驴驹从初生到成年，年龄越小，生长发育越快。不同的年龄阶段，各部位的生长发育强度也不一样。如果幼驹早期营养缺乏，则因发育受阻，会成为长肢、短躯、窄胸的

表3-1 体重200 kg成年驴的营养需要

项目	体重/kg	日增重/kg	日采食干物质量/kg	消化能/MJ	可消化粗蛋白质/g	钙/g	磷/g	胡萝卜素/mg
成年驴维持需要	200	—	3.0	27.60	112.0	7.2	4.8	10.0
妊娠末期90天母驴	—	0.27	3.0	30.89	160.0	11.2	7.2	20.0
泌乳前3个月母驴	—		4.2	48.81	432.0	19.2	12.8	26.0
泌乳后3个月母驴	—		4.0	43.49	272.0	16.0	10.4	22.0
哺乳驹3月龄	60	0.70	1.8	24.61	304.0	14.4	8.8	4.8
除母乳外需要	—	—	1.0	12.52	160.0	8.0	5.6	7.6
断奶驴驹（6月龄）	—	0.50	2.3	29.47	248.0	15.2	11.2	11.0
1岁	140	0.20	2.4	27.29	160.0	9.6	7.2	12.4
1.5岁	170	0.10	2.5	27.13	136.0	8.8	5.6	11.0
2岁	185	0.05	2.6	27.13	120.0	8.8	5.6	12.4
成年驴轻役	200	—	3.4	34.95	112.0	7.2	4.8	10.0
成年驴中役	200	—	3.4	44.08	112.0	7.2	4.8	10.0
成年驴重役	200	—	3.4	53.16	112.0	7.2	4.8	10.0

注：每头驴每天给食盐15～30 g。

幼稚型，以后是无法补救的。农谚"一岁不成驴，到老是个驴驹子"，就是这个意思。驴驹生长发育规律大体相同，现以关中驴不同时期生长发育占成年体尺的比例来说明这一问题。

驴驹通常在怀孕期间的11个月左右出生（图3-3）。出生时，驴驹身体柔弱，体重一般在20～30 kg之间。出生后的几个小时内，驴驹会站立并寻找母驴的乳汁。在第一周内，驴驹会逐渐增加体重，并开始探索周围环境。驴驹初生时，体高和管围已分别占成年的62.93%和60.33%，而体长和胸围则分别占成年的45.28%和45.69%，体重为成年的10.34%。由此说明驴驹胎儿期生长发育非常迅速。

随着时间的推移，驴驹的运动能力逐渐增强。大约在出生后两周，驴驹可以开始跑动，并与同伴进行互动。哺乳期的驴驹生长发育从出生到断奶（6月龄）是幼驹生后生长发育最快的阶段，各项体尺占生后生长总量的一半左右。关中驴此时体高占成年的81.89%，体长占成年的72.71%，胸围占成年的68.84%，管围占成年的81.24%。

这一阶段生长发育的好坏，对将来种用、役用、肉用的价值关系很大。驴驹的毛发在出生后几个月内逐渐生长出来。起初，毛发较为稀疏，但随着时间的推移，驴驹的毛发会变得浓密。驴驹的身体逐渐成长，尤其是肌肉和骨骼的发育。驴驹在出生后的几个月内经历快速的身体成长期，体重和身高都会明显增加。

通常在 3 到 4 个月的时候，驴驹逐渐断奶，逐渐转向以固体食物为主。驴驹从断奶到 1 岁，体高和管围相对生长发育最快，1 岁时它们已分别占成年的 86.6% 和 83.81%，而此时体长和胸围也分别占成年的 79.33% 和 75.68%。

断奶后第一年，即 6 月龄至 1.5 岁，为驴驹生长发育的又一高峰。1.5 岁时体高、体长、胸围、管围分别占成年的 93.35%、89.89%、86.13% 和 93.45%，是驴肉用的最好时期之一。

2 岁前后，体长相对生长发育速度加快。2 岁时，体长可占成年的 93.71%，此时体高和管围分别占成年的 96.29% 和 97.25%，胸围占成年的 89.31%。

3 岁时，驴的胸围生长速度增快，胸围占成年的 94.79%，而这时体高、体长和管围也分别占成年的 93.2%、99.32% 和 98.56%。3 岁时，驴的体尺接近成年体尺，体格基本定型，虽胸围和体重以后还有小的增长，但此时驴的性功能已完全成熟，可以投入繁殖配种。

我们把断奶后的驴驹相对生长发育强度的顺序，概括为：1 岁长高，2 岁长长，3 岁长粗。同源关中母驴的生长发育见表 3-2。驴驹的性成熟时间因品种和个体差异而异。一般来说，公驴在 18 个月到 3 岁之间达到性成熟，母驴则稍早一些。

需要注意的是，这些生长发育规律是一般情况下的描述，个体差异和其他环境因素都可能对驴驹的生长发育产生影响。为了确保驴驹的健康成长，提供合适的饮食、良好的生活环境和必要的保健措施是非常重要的。

图3-3　驴驹

表3-2 同源关中母驴不同年龄体尺表

年龄	体高		体长		胸围		管围	
	平均数/cm	占成年/%	平均数/cm	占成年/%	平均数/cm	占成年/%	平均数/cm	占成年/%
3天	89.18	62.93	63.81	45.28	71.25	45.69	10.10	60.33
1月龄	94.00	66.33	74.75	53.05	79.75	51.15	10.83	64.69
6月龄	116.05	81.89	102.45	72.71	107.33	68.84	13.60	81.24
1岁	122.72	86.60	111.79	79.33	118.00	75.68	14.03	83.81
1.5岁	132.29	93.35	126.66	89.89	134.29	86.13	15.66	93.54
2岁	136.45	96.29	132.05	93.71	139.25	89.31	16.28	97.25
2.5岁	138.23	97.55	136.10	96.59	142.04	91.1	16.43	98.14
3岁	140.75	99.32	139.95	99.32	147.79	94.79	16.50	98.56
4岁	141.62	99.94	140.90	100.00	153.91	98.71	16.73	99.94
5岁	141.70	100.00	140.90	100.00	155.91	100.00	16.74	100.00

　　2岁以内关中驴公母驴的生长强度对比。从资料得知，1～6月龄以内，公母驴的体高、体长、胸围的增长值都超过20 cm，管围增长均在2～3 cm，为生后生长强度最快时期，且公母驴差别不大。

　　断奶后，公驹在6～12月龄时生长强度最大，体高、体长、胸围、管围相对生长率分别为7.79%、14.22%、11.17%、8.24%；母驹在12～18月龄时最大，体高、体长、胸围、管围相对生长率分别为8.64%、13.3%、13.8%和11.6%。

四、驴肉的生产性能

　　驴的品种不同，其屠宰性能、肉质理化特征及加工特性有很大差异。在品种方面，德州驴、广灵驴、泌阳驴和疆岳驴可以向肉用方向开发；关中驴和广灵驴肌间脂肪含量较高，可以向高档肉方向开发；云南驴产肉率较低，不适合作为肉用驴开发。

　　在年龄方面，德州驴的屠宰率、净肉率和胴体产肉率均随年龄的增加而逐渐下降，2.5～3.5岁改良德州母驴的屠宰性能最佳，食用品质好，为最适宜屠宰和食用的年龄段。意大利地区的Martina Franca驴在不同屠宰年龄以及不同哺乳方式下驴肉品质具有明显差异，结果表明，18月龄的自然哺乳驴要比12月龄的驴具有更高的肌间脂肪和蛋白质含量。

　　研究者还对不同年龄肥育驴的驴肉进行了营养成分分析，发现随年龄增加，驴肉中干物质、脂肪、能量上升，粗蛋白、灰分下降。在肥育方面，断奶驴不宜作为肥育肉用；成年退役驴以 63 天强度肥育较好；1.5 岁驴可短期（63 天或 83 天）强度肥育生产优质驴肉，或肥育数月生产高中档驴肉。

不同性别的德州驴其生产性能和屠宰性能存在显著差异，母驴比公驴日增重高 9.44%，肥育性也要高于公驴，而出皮率低于公驴。在杂交改良方面，利用新疆驴和关中驴杂交改良，可以提高驴的产肉性能。在体形选择方面，体重和体尺相关性研究表明，疆岳驴的胸围对体重的影响最大，体高次之，体长最小；疆岳驴在选育、提纯复壮和保种时应注意对胸围、体高和体长的选择。

驴的屠宰产量主要取决于其体重和屠宰率。一般来说，成熟驴的屠宰率为 55%～65%。屠宰产量还受到驴身体结构、营养状况和屠宰技术等因素的影响。驴肉富含蛋白质、维生素和矿物质等营养成分，且脂肪含量较低。由于驴的运动量较大，其肉质相对紧实，口感鲜嫩。不同身体部位的驴肉质地和口感也会有所差异。

此外，驴肉还含有丰富的 B 族维生素，包括维生素 B_1、维生素 B_2、维生素 B_6 和维生素 B_{12}，这些维生素对于能量代谢和神经系统功能至关重要。驴肉也富含铁、锌、钾、钠和磷等矿物质，对身体健康起着重要作用。与其他肉类相比，驴肉脂肪含量相对较低。低脂肪含量使其成为一种更为健康的肉类选择，特别适合那些需要控制脂肪摄入的人群。此外，驴肉中的脂肪主要是不饱和脂肪酸，对心血管健康有益。

五、驴的产奶性能

相比于奶牛和山羊等乳制品动物，驴的产奶性能相对较低。驴是一种多产奶动物，但其产奶量远不如奶牛和山羊。根据研究，驴的产奶量通常在 1～2 L 之间，而奶牛可以每天产出 10～20 L 以上的牛奶，山羊的产奶量也在这个范围内。

因此，从产奶量角度来看，驴相对来说产奶性能较低。产奶性能的差异主要是由于生理特点和饲养管理等因素引起的。驴的泌乳器官相对较小且结构简单，乳腺发达程度较低，这导致其乳腺细胞数量和乳汁分泌能力有限，从而限制了其产奶量。此外，饲养管理条件和饲料供给等因素也会对驴的产奶性能产生影响。

与牛、羊相比，驴的产奶特性非常特殊。国外报道了驴奶主要成分的昼夜节律性，观察到体细胞数和 pH 没有昼夜节律性，乳脂和乳糖含量在夜间达到高峰，蛋白质含量在白天达到高峰。国内的疆岳驴在一个泌乳期内，最高挤乳量可达 893 kg，具有选育为乳用型驴品种的潜力。

意大利 Ragusana 驴的日产奶量、泌乳周期和驴奶的特性变化均取决于产驹季节，春天驴的产奶量和质量都是最好的；在泌乳期，驴奶产量持续下降，蛋白质和脂肪含量也呈下降趋势，而乳糖含量呈上升趋势。

以下是关于驴的产奶性能的一些特点：

（1）乳产量较低：一头普通的产奶驴每天产奶量通常在 1 ～ 2 L 之间，驴的产奶期也相对较短，大约为 6 个月。在这个时间段内，驴能够持续产奶。然而，和其他奶制品动物相比，驴的产奶期相对较短。

（2）乳脂含量较高：尽管驴的乳产量较低，但其乳脂含量相对较高。驴乳中的乳脂含量通常在 1.5% ～ 2.9% 之间，相比其他奶制品动物的乳脂含量要高一些。这使得驴乳具有较浓郁的味道和较高的营养价值。乳脂是乳汁的重要组成部分，它含有丰富的脂肪、脂溶性维生素和能量。

驴乳中较高的乳脂含量使其更加适合用于制作奶制品，如奶酪、黄油等。此外，驴乳中的乳脂酸含量也相对较高，这是一种有益的脂肪酸，对人体健康有积极影响。乳脂酸有助于降低胆固醇水平、促进消化吸收、增强免疫力等。

（3）营养丰富：驴奶是一种营养丰富的天然食品，其中蛋白质是重要的组成部分。驴奶中的蛋白质含有乳清蛋白、酪蛋白和血清蛋白等，它们提供必要的氨基酸供身体使用。蛋白质对于人体生长发育、修复组织、合成酶和激素等都非常重要。

驴奶还富含多种维生素，如维生素 A、B 族维生素、维生素 C 和维生素 E 等。这些维生素在身体的各种代谢过程中起着重要的作用，能够促进免疫系统健康、维持皮肤健康、增强抗氧化能力等。驴奶中含有多种人体必需氨基酸，如赖氨酸、苏氨酸、色氨酸等，支持身体正常功能和健康发展。

（4）养殖管理要求高：由于驴的乳产量较低，养殖驴提供稳定的饲料供应、良好的饮水环境和适宜的饲养管理至关重要。养殖者需要掌握专业的养殖知识和技术，以确保驴的乳量和质量。

首先，稳定的饲料供应对于养殖驴非常重要。驴是草食性动物，主要以草类植物为食，因此需要有足够的草料或饲料来满足其营养需求。饲料的选择应该丰富多样，包括干草、青贮料和浓缩饲料等，以确保驴获得足够的蛋白质、碳水化合物和维生素等营养物质。

其次，良好的饮水环境对于驴的健康和乳产量也至关重要。驴每天需要摄取足够的水分以维持身体功能和乳汁分泌。因此，养殖驴的饮水设施应该容易接近，并能够提供清洁新鲜的水源。水源应定期更换和清洁，以防止细菌滋生和水质变差。

最后，适宜的饲养管理对于提高驴的乳产量和健康状况非常重要。养殖者应该了解驴的生理特点和行为习惯，为其提供适宜的饲养环境和生活条件。驴需要有足够的运动空间，避免长时间的束缚和限制。合理的饲喂计划和定期的健康检查也是必不可少的，以确保驴的营养摄入和健康状况良好。

需要注意的是，由于驴的产奶性能较低，目前市场上的驴奶产品相对较少，价格较高。驴奶在某些地区被用于传统药膳或特殊烹饪用途，但并未广泛普及。

第二节 驴的消化生理特点

驴的消化道在一天中能分泌大量的消化液，分泌量为 70～80 L。其中唾液约 40 L，胃液 30 L，胆汁 6 L。因此，给驴充足的饮水十分重要。消化液的分泌量与饲料种类、饮水和饲料的含水量有直接关系。

驴的夜间饲喂很有必要，特别是对于饲养水平低、饲喂粗料多、精料少的驴，夜间饲喂就更必要。对精料饲喂量过大的种驴，夜间仅投给适量的干草或粗饲料，任其自由采食即可。夜间饲喂并不会影响驴的休息和睡眠，因为驴需要睡眠的时间较其他动物短，每天 6～7 h 就足够，且分散在一天的多次休息中，夜间的深睡只有 2～3 h。

一、驴的消化道特点

驴和其他家畜一样，靠不断吸收饲料中的营养物质维持其生命和生产活动。饲料的消化、营养物质的吸收及粪便的排出，都靠消化系统来完成。驴的消化系统由消化道和消化腺两部分组成。消化道是由一条肌质管道和一些附属器官组成的。驴的消化道相对于体形较小，但长度却相当可观。它的消化道包括口腔、食管、胃、小肠、盲肠、结肠和直肠等部分。相比其他家畜，驴的消化道相对较长，这可能是为了更充分地消化植物纤维。

（一）口腔

口腔是消化道的始端，具有采食、咀嚼、味觉、分泌唾液和形成食团的作用。驴有一对坚硬的磨牙，可以帮助它们在进食时充分咀嚼食物。由于植物纤维比较粗糙，所以驴需要通过充分咀嚼来细磨食物，以便更好地消化和吸收。

一般壮年驴吃混合草料时，每分钟咀嚼 50～60 次。每吃进 1 kg 草料要分泌出约 4 倍唾液。唾液具有泡软草料、消化饲料中糖和淀粉的作用。因此，喂养驴既要有充足的采食时间，又要供给充足的饮水。驴的唾液分泌相对较少，与其他反刍动物相比较为贫缺。唾液中缺乏有效的淀粉酶，因此驴的淀粉消化主要发生在小肠中。

（二）咽

咽是消化道和呼吸道的共同通道，位于口腔与鼻腔的后方。驴的咽部具有一种称为软腭的肌肉组织，在正常情况下，它会阻止食物、饮水或其他物质从咽部返回口腔。这种机制确保了食物向下通过食道消化，而不会逆流到口腔。然而，当驴发生食道梗塞或有其他疾病导致食物无法通过食道时，食物通常会从鼻孔流出，而不是从口腔吐出。这是因为在食物无法通过食道时，咽部会打开到鼻腔，使食物借助重力和反流的压力从鼻腔排出。

（三）食道

食道起于咽部，下部与胃的贲门相连，为 1m 的肌质管道。食道肌以向下蠕动的方式将来自口腔的食团和水送入胃。由于食道肌肉无法向上蠕动，再加上贲门的紧缩作用，一旦食物和水进入胃中，就很难倒流回口腔。这种结构和功能使得食物可以从咽部顺利地通过食道进入胃，并防止胃内容物倒流回口腔引起消化道逆流。

（四）胃

胃前部以贲门与食道相连，后以幽门通向十二指肠。驴的胃容积相对较小，大约只相当于同等大小牛的 1/15。这是由于驴属于非啮齿类动物，其消化系统适应了吃草和纤维素食物的特点。驴的胃容积虽然小，但其消化道具有特殊结构使其适应了消化纤维素食物的需要。

驴的胃分几个部分，包括前胃、网膜胃和腺胃，每个部分都有不同的消化功能，以更好地消化不同类型的食物。食物在胃运动和胃液作用下形成食糜后，在胃内停留时间很短。4 h 后，胃内容物可全部转移到肠道。

驴每次采食量不应超过胃容积的 2/3，且饲喂间隔不宜过长。如果一次饲喂量超过驴的胃容积的 2/3，可能会导致驴的消化道负担过重，无法有效地消化和吸收食物。过度填充驴的胃可能引起胃扩张或消化不良等问题。

此外，饲喂间隔也很重要。驴的消化系统需要适当的时间来处理和吸收食物。如果饲喂间隔过长，驴的胃容易变得空虚，可能导致胆汁的积聚和胃酸增加，对胃黏膜造成不良影响。因此，要确保给驴提供足够的饲料，并且在合适的时间间隔内进行饲喂，维持驴的消化系统的健康运作。因此，驴适于定时定量、少喂勤添的饲养原则。

因为驴不能呕吐，采食过多的饲料易造成胃扩张，甚至有胃破裂的危险。要注意选择疏松、易消化、便于转移、不致在胃内形成熟块的饲料，如燕麦、麸皮等精饲料与切短的饲草拌匀喂给，有利于驴咀嚼消化和食物在消化道转移，减少消化道疾病。

另外，先后进入驴胃的食物呈分层状态接受消化，故不宜在采食期间大量饮水，否则会导致胃内的分层状态被破坏。大量的水进入胃内可能冲淡胃液，导致食物不能充分消化。而且，过多的水会增加胃内的压力，可能会将尚未充分消化的食物冲入小肠，从而影响消化过程。

（五）肠

驴的大肠较大且复杂，是其消化道中重要的部分。盲肠和结肠内富含益生菌和微生物，这些微生物能够分解纤维素，并产生有机酸和气体。通过大肠发酵，驴可以进一步消化和吸收食物中的营养物质。

胃以下至肛门的这一段消化道为肠，总长度约 20 m。可分为小肠、大肠。小肠细而长，直径 4 ~ 5 cm，由十二指肠、空肠、回肠三段组成，有分泌消化液促进消化吸收的功能。大肠粗而短，直径 20 多厘米，粗细很不均匀，有的地方粗细可相差 10 倍，由盲肠、大结肠、小结肠和直肠组成。驴饲料的消化吸收主要在肠道进行。

驴的盲肠很大，其功能与反刍动物的瘤胃相似。其中含有大量的微生物，便于分解粗纤维。食糜中易消化物质被小肠吸收，未被消化的物质，特别是纤维素进入大肠。盲肠上与回肠相接的回盲口、下与结肠相通的盲结口均很细，能使从小肠来的食糜和饮水在其中混合、停留，由盲肠中的大量微生物进一步分解。

驴的大结肠位于盲肠和小结肠间，直径 30 cm 左右，容量约 50 L。其中含有的细菌也可分解纤维素。食糜经盲肠和大肠消化吸收后，剩余残渣形成粪便排出体外。驴每天吃进的大量粗饲料，主要在大肠内由微生物分解，成为可吸收的营养物质。但驴盲肠的微生物作用远不如牛瘤胃，被微生物合成的养分吸收率也比牛低。

驴肠道直径的大小极不均匀，如盲肠和大结肠的内径相当粗大，可达 30 cm；但小肠、小结肠内径却只有 4 ~ 5 cm，尤其是在一些肠道入口处如回盲口和盲结口更细。在喂养不适宜、饲料骤变、气候突然变化的情况下，容易产生肠道梗塞，发生便秘症。因此应该正确调制草料，供给充足饮水以防消化道疾病的发生。

舍饲和半舍饲的驴发生便秘的主要原因有以下几点：

（1）使役重，采食粗饲料量过大，肠道负担过重。

（2）饲喂的饲草粗纤维过高，如秸秆饲料多。驴对于饲料的消化能力较弱，如果饲料中纤维素含量过高、缺乏水分或者饲料质量不佳，都可能导致驴的消化系统出现问题，进而引发便秘。

（3）饲料的加工、调制不当，如秸秆饲草应粉碎或铡短，"寸草铡三刀，无料也上膘"，说明了饲草加工的重要作用。青饲料或纤维细致的青干草可以整喂。

（4）饮水不足。特别在缺水或脱水时，易造成肠道消化液量减少，以致秘结。

（5）突然变换饲草，如由青草突然换喂干草，或由喂干草突然变换喂青贮，都容易造成肠道疾病。所以变换饲草时，应有 5 ~ 7 d 的过渡预饲期，使驴逐渐适应新的饲料环境。

（6）肠道问题。驴有可能存在肠道疾病或结构异常，如肠梗阻、肠狭窄等，这些问题可能导致消化物无法顺利通过肠道，引发便秘。

（7）环境变化。驴对于环境的改变相对敏感，如果驴换了新的饲养环境，或者受到

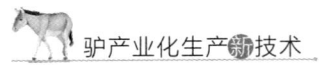

压力、恐惧等情绪因素的影响，也容易导致驴的肠胃功能紊乱，引发便秘。

（8）缺乏充足的运动也是导致驴便秘的一个重要原因。驴通常需要适量的运动来促进肠胃蠕动和消化功能，如果长时间处于不运动的状态，就会增加便秘的风险。

驴的消化道特点使得它们适应以草料为主食，能够有效地消化植物纤维并获得所需营养。这对于饲养者来说，需要提供高质量的草料和粗饲料，并注意适当管理和饲喂，以确保驴的消化系统保持良好状态。

第三节　驴的解剖学特性

驴的解剖学是研究驴有机体形态结构的科学。广义的解剖学包括巨视解剖学和微视解剖学两部分。巨视解剖学又称大体解剖学，是借助于刀、剪、锯等解剖器械，采用切割的方法，通过肉眼观察，来研究驴机体内各器官的形态、构造、位置及相互关系的科学；微视解剖学又称显微解剖学或组织学，是采用组织学技术，借助显微镜研究驴有机体微细结构及其功能关系的科学。肖国亮利用 SAS 软件、R 语言等对驴的体重和体尺进行了关联分析，发现胸围和体长、体高均是影响驴体重的重要指标。

一、耳朵

驴的头部较小，眼睛大而圆。驴的耳朵长而直立，它们通常比马的耳朵要长。这样的耳朵结构让驴能够更好地感知周围的声音。

驴耳朵长，有很多血管，驴的耳朵还能帮助调节体温。当天气炎热时，驴会通过摇动耳朵来增加空气流通，帮助散热；而在寒冷的天气里，驴会将耳朵收缩起来，减少体表散热，保持体温，使驴适应沙漠等干旱气候。驴耳很灵活，可旋转 180°，能准确听到来自四面八方的声音。驴耳柔软，能通过耳朵来表达自己的情绪，因此给驴佩戴笼头的时候应注意不应将耳使劲折弯。

二、前额

驴的前额位于两耳之间、眼睛上方（图 3-4），或凹或凸或平。驴前额上的毛发也比较密集，覆盖着一层厚厚的皮肤。在驴的前额上，通常会有一条明显的纵向沟槽，称为"鼻脊"，它是驴的特征之一。这个特征使得驴的头部在外观上更显得独特和可识别。

驴前额的颜色和斑纹也会因个体而异，有些驴前额可能呈现出黑色、棕色、灰色或白色等不同的色彩。驴的前额部位也是其感觉器官的重要区域，包括眼睛、耳朵和嗅觉器官等都位于前额周围。通过前额，驴可以感受到外界环境的信息，并做出相应的反应。

三、面颊

脸两侧平平的地方是面颊。驴的面颊通常比较宽大，与驴的头部整体比例相匹配。面颊部分覆盖着一层厚厚的皮肤和毛发，可以起到保护头部的作用。驴的面颊通常呈现出圆润的形状，而且在运动时会有一定的摇摆。面颊内部还有一些精细的肌肉和组织，这些结构有助于驴咀嚼食物，并参与口腔的运动。面颊上通常会有一些凸起的骨骼结构，如下颌骨和颧骨，这些结构对驴的面部形态和功能起到了重要的作用。

驴的面颊也是其感觉器官的重要区域之一，包括颧窝、嗅觉器官和听觉器官等都与面颊紧密相关。通过面颊，驴可以感受到外界环境的信息，并做出相应的反应。

图3-4 驴的前额

四、鼻孔

驴只能通过鼻孔呼吸，周围的软骨使得鼻孔能舒张自如，帮助驴呼吸。同人类一样，驴的鼻毛也能帮助驴阻挡灰尘的进入。驴的鼻孔还扮演着嗅觉器官的角色。驴的嗅觉非常灵敏，通过鼻孔可以感知到周围环境中的气味。驴用鼻孔来嗅探食物、检测潜在危险以及与其他驴进行社交。它们能够通过微弱的气味来辨别不同的物体和情况，并做出相应的反应。

五、嘴

驴嘴由上下唇组成，其游离缘共同围成口裂，在两侧汇合成口角。驴的嘴巴由上下颚组成，上下颚之间有一套牙齿。驴的门齿通常只有上颚有，门齿用于咬合食物和切割植物纤维。驴的门齿有时会长出较长的牙冠，这可能需要定期进行修剪以保持其长度适中。

驴的后尖齿位于门齿的后方，用于磨碎食物。驴的后尖齿是开放式生长的，可以不断地磨损和再生，以适应对粗糙食物的消化需求。除了门齿和后尖齿外，驴还有一些臼齿，位于后尖齿的后方。臼齿用于更加充分地磨碎和消化食物。

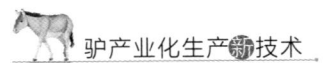

驴的嘴还有舌头，舌头具有灵活性，可将食物推入口腔，并协助咀嚼和吞咽。此外，驴的嘴巴也可以通过张开或闭合发出声音，用于与其他驴沟通和表达情绪。

六、牙齿

初生：初生驹无乳齿。乳门齿的发生，在生后 1 ~ 7 d；乳中间齿的发生，在生后 14 ~ 43 d；乳隅齿的发生，在生后 8 ~ 11 个月。

6 个月半：乳中间齿后缘开始磨损，乳隅齿还未长出。

1 岁：乳隅齿前缘开始磨损，第 4 臼齿出现。

1.5 岁：下乳门齿黑窝消失。

2 岁：下乳中间齿黑窝消失。

2.5 岁：下乳隅齿黑窝消失。

3 岁：恒齿下门齿出现。俗称"三岁一对牙""一千天扎牙"。恒齿第 1 臼齿和第 2 臼齿出现。

4 岁：恒齿中间齿出现。俗称"四岁四个牙"，恒齿第 3 臼齿出现。

5 岁：恒齿隅齿出现（但前缘很薄）。俗称"五岁扎边牙"，此时公驴开始出现犬齿；第 6 臼齿也在此时出现。

6 岁：隅齿上下已长齐，俗称"六岁齐口"，但隅齿仅呈新月形；下门齿开始出现细丝状齿星。

7 岁：中间齿出现丝状齿星；下门齿黑窝呈扁圆形，棱角明显，俗称"七方八圆"，意即黑窝在 7 岁时为方形，8 岁时为圆形。

9 岁：下门齿黑窝变小如绿豆，断星呈长矩形；中间齿齿星为马蹄形；隅齿后缘开始形成。

10 ~ 11 岁：下门齿黑窝更小，门齿齿星变为矩形。

12 ~ 13 岁：下门齿黑窝深度更浅，只余 1 mm。此时上门齿出现一对根花（即齿根外露部分，黄色石灰质增多，称一根黄）。

14 ~ 15 岁：门齿中间齿黑窝消失，隅齿已长圆。

16 岁：齿星与下门齿咀嚼面均变为圆形。

17 ~ 19 岁：咀嚼面向纵椭圆形发展，齿星为正圆形。

20 ~ 22 岁：齿星位于中央如粟粒状；咀嚼面为纵椭圆形；齿色黄，齿龈苍白。

七、下巴

驴的下颌骨是一个强壮的骨骼结构，连接着上颌骨，并通过关节使得驴能够开口和关闭嘴巴。下颌骨上有一对牙齿，包括门齿、犬齿、前臼齿和后臼齿，这些牙齿有助于驴进行咀嚼和咬碎食物。

下颌肌是位于下颌骨上的肌肉组织，主要包括咬肌和颊肌。咬肌是最强壮的肌肉之一，它使得驴能够用力咀嚼食物。颊肌则负责驴的咀嚼运动的协调和平衡。驴的下巴还与驴的发声有关。驴通过下颌骨和声带共同发出特有的叫声，以进行交流和表达需求。

八、鼻口部分

包括驴的嘴巴、鼻孔、下巴、嘴唇和鼻子。驴的呼吸系统和其他哺乳动物类似，包括气管、支气管和肺。它们通过呼吸系统将氧气吸入体内，同时排出二氧化碳。驴有一对鼻孔位于鼻子的前端，用于呼吸空气。鼻孔内部有鼻腔，通过鼻腔可以将空气引入体内，并在其中进行加热、加湿和过滤，使空气更适合进入肺部。

此外，鼻子还具有嗅觉功能，通过嗅觉可以感知周围的气味。驴的口腔包括唇部、牙齿、舌头和腭等结构。驴的唇部帮助它捕捉和摄取食物，起到保护牙齿和舌头的作用。

驴有一套特有的牙齿，包括门齿、犬齿、前臼齿和后臼齿，用于咀嚼和咬碎食物。舌头是口腔中的一个肌肉器官，用于搅拌食物和帮助吞咽。腭则分为硬腭和软腭，起到分隔口腔和鼻腔的作用。驴的鼻口部分还与声音发出有关。通过调控气流和声带的振动，驴可以发出特定的声音，用于交流和表达。

九、颈部

耳朵后面的部位叫做项部，位于头骨上方，有很多神经末梢和穴位。驴的颈部有七个颈椎，颈椎之间通过关节连接，使颈部具备灵活性，可以进行摆动、旋转和弯曲等运动。这种灵活性使得驴能够自由地转动头部以观察周围环境，并调整身体姿势以适应不同的活动需求。

在驴的颈部，有许多肌肉参与支撑和运动。其中最明显的是颈旋转肌群，它们负责驴的头部旋转和侧屈动作。此外，还有颈伸肌和颈屈肌等肌肉，它们帮助驴调整头部的高低位置和前后倾斜角度。

驴颈部的血管包括颈动脉和颈静脉，它们负责将氧气和营养物质输送到颈部的组织，并排出代谢产物。驴颈部还有丰富的神经网络，包括感觉神经和运动神经，它们传递感觉信号和控制颈部肌肉的运动。

十、肩部

肩部是从肩胛骨到胸部的位置。肩膀的倾斜程度决定了驴的浪大小，倾斜程度越大浪越大。驴的肩胛骨是连接上肢和躯干的重要骨骼。它位于胸骨后方，与胸椎通过关节连接。肩胛骨的形状使得驴能够灵活地挪动前腿，支持驴在地面上行走、奔跑和承受负重。

肩部还有锁骨，它位于驴的胸骨前方，并与肩胛骨相连。锁骨对于保持肩部稳定和平衡具有重要作用。肩部的肌肉包括肩胛提肌、三角肌、斜方肌等。这些肌肉协同工作，帮助驴进行肩部的运动和支撑。例如，肩胛提肌主要参与驴前肢的抬起和下放，三角肌负责抬起和旋转驴前肢等。

在肩部还有血管和神经网络，包括动脉、静脉、淋巴管以及感觉神经和运动神经。这些血管提供血液和养分，神经传递感觉信号和控制肌肉活动。

十一、胸骨

驴的胸骨呈舟状，前端称胸骨柄，为左右压扁的片状。胸骨骨体前部左右压扁，后部上下压扁。驴的胸骨在行走、奔跑和负重过程中发挥着重要的作用，它通过连接肩胛骨和肋骨来支撑和平衡驴的前肢，并帮助调整和维持驴的身体姿势。

此外，胸骨还为内脏器官提供保护，并与其他骨骼结构协同工作，使驴具备良好的运动能力和适应环境的能力。

十二、前肢

组成前肢的骨头为桡骨。前肢长的驴通常步子又大又稳。驴的前肢由肩关节、肘关节、腕关节和蹄组成。肩关节连接驴的前肢和身体，肘关节连接前臂和上臂，腕关节连接手掌骨和前臂，蹄是驴的脚趾末端的硬质结构。驴的前肢主要用于支撑和行走。它们承受着身体的重量，并通过推动地面来移动。

驴的前肢上有多个肌肉和肌腱，它们协调运动和提供力量。这些肌肉和肌腱使得前肢能够灵活地弯曲、伸展和旋转。在奔跑时，前肢帮助驴保持平衡和速度。此外，前肢还可以用于挖掘、抓握和其他特定的动作。

驴的前肢是其身体的重要支持部分，因此需要给予适当的照顾和关注。定期检查蹄部的健康和修剪是维持前肢健康的重要措施。此外，适量的运动和合理的负重也有助于保持驴前肢的强健与灵活。

十三、肘关节

驴的环节囊后部较宽松而薄，站立状态时可在鹰嘴窝内形成一个突出的盲囊，此处有特有的肩关节肌牵引此囊，以免被骨质挤压。驴的肘关节在运动过程中容易受到损伤，如韧带拉伤、滑膜炎等。这些问题可能导致驴出现疼痛、肿胀、跛行等症状。因此，对于驴的肘关节健康和保养非常重要，包括定期检查、适当的运动和营养，以及必要时的治疗和康复。

十四、腹部

驴腹部位于驴肚带的位置以后，肋腹以前。驴的腹部由多层肌肉和脂肪组成的腹壁覆盖。这些肌肉有助于保护内脏器官，并提供支撑和运动功能。驴的腹部内存在腹直肌和腹外斜肌等腹肌。它们协同作用，帮助维持腹部的形状和稳定性，并支持驴在行走、奔跑和进行其他活动时的身体姿势。

驴的内脏器官与其他哺乳动物相似，包括心脏、肺、肝脏、胃等。驴的消化系统适应了以粗糙植物纤维为主食的特点，具有强大的消化能力。驴的循环系统由心脏、血管和血液组成。它们的心脏结构与其他哺乳动物相似，分为左右两房和左右两室。

十五、后肢骨

后肢骨是位于踝关节与球节之间的跖骨，与人类脚趾的骨头相似。驴的后肢骨骼结构经过数百万年的进化，使得驴能够适应跑动和负重等特殊环境。保持驴后肢骨骼的健康对于驴的正常运动和生活至关重要。适量的运动、合理的饮食以及定期的兽医检查可以帮助预防驴后肢骨骼疾病和损伤的发生。

十六、飞节点

飞节是驴后腿上最大的一个关节，它由多个小骨头组成，其跟骨最为突出，因为它使飞节呈一个弯曲的角度。飞节支持了整条后腿，所以它的健康强壮对驴非常重要。

十七、尾根

尾巴根，顾名思义是尾巴的根部。驴尾总是自然下垂，驴尾上并不是没有骨头支持，其实在驴尾巴根部也有部分肌肉和从脊椎骨延伸下来的几段骨头。尾根在驴的解剖结构中具有重要的功能。

十八、尾巴

尾巴是脊椎骨的继续延长，由 15 个小椎骨构成。尾巴根和尾巴上的肌肉使尾巴可以自由移动。驴的尾巴是一种特殊的生理器官，位于身体的尾部。驴的尾巴通常较短，长度约为几十厘米，相比其他一些动物的尾巴要短小许多。

驴的尾巴由一根主要的尾骨和多个尾椎组成，这些尾椎通过关节连接在一起，使得尾巴可以有一定的灵活性。驴的尾巴具有一些重要的功能。首先，它可以帮助驴维持平衡。在行走、跑步或进行其他运动时，驴可以通过控制尾巴的姿态来调整身体的平衡，提高稳定性。其次，驴利用尾巴来传达情绪和信息。当驴感到紧张、惊恐或愤怒时，尾巴通常会竖起或甩动，而在放松、满足或友好的情况下，尾巴则会下垂或轻轻摆动。驴的尾巴末端通常长有一些长毛，可以扫动周围空气，以驱除身体周围的昆虫和苍蝇等有害生物。这对于驴来说是一种自然的防御机制。

十九、臀部

臀是从后肢最高点到尾巴的区域。驴的臀部是指驴身体的后部区域，包括臀部肌肉、腰部和尾巴附近的部分。驴的臀部由肌肉、韧带和骨骼组成，起到支撑和运动的作用。

驴的臀部肌肉非常发达，尤其是臀大肌和臀中肌。这些肌肉负责支撑和稳定驴的身体，使其能够行走、奔跑和进行其他活动。此外，臀部肌肉也参与驴的蹲跳、后腿踢腿等动作。韧带连接臀部肌肉和骨骼，起到固定和稳定的作用，确保驴的身体结构的完整性。骨骼主要由骨盆、髋关节和尾椎组成，它们一起支撑和保护驴的内部器官和神经系统。

驴的臀部还是一种重要的解剖区域，通过观察臀部的形状和结构，可以判断驴的健康状况和体重情况。例如，臀部过于窄或过于宽大可能与驴的营养状态有关。

二十、腰部

腰部位于鞍子后方，肋腹上方。驴的腰部包括脊柱、肌肉、韧带和内脏器官等结构。腰椎是构成腰部的主要骨骼组成部分，它们与胸椎和骶骨相连，形成了驴的脊柱。腰椎有较大灵活性，能够承受上半身和下肢的负荷，并允许驴进行各种运动。

腰部的肌肉包括腰大肌、腰方肌和腹直肌等。这些肌肉参与驴的躯干的支撑、弯曲和旋转等动作，保持身体的平衡和稳定。除了肌肉，腰部还包括连接脊柱和骨盆的韧带。这些韧带起着维持腰椎稳定性的作用，防止过度扭曲和损伤。

驴的腰部还容纳着一些内脏器官，如肾脏、肠道和生殖器官等。这些器官在腰部区域受到骨骼、肌肉和其他组织的保护，并通过腰椎周围的神经系统与其他身体部位进行沟通和协调。

二十一、背部

从肩隆到腰部的区域为背部。支持背部的骨骼为像鱼鳍似的脊椎骨,两侧有很多肌肉。通常背部较短的驴比背部长的驴更为强壮。驴的背部特点是宽厚且强壮,适合于背负重物或承载人类骑乘。这是因为驴的脊椎骨与骨盆连接处有一个特殊的关节结构,称为"驴背关节"。这个关节使得驴能够更好地分担背负重物或骑乘时的压力,减轻了驴的负担。驴的背部也是驴体形的重要指标之一。一头健康的驴的背部应该平直而结实,没有凹陷或隆起的部分。同时,驴的背部也需要得到适当照顾和保护,避免长时间或过重的负荷造成伤害。

二十二、肩隆

肩隆连接了驴的身体和脖子,是驴胸椎最高的一节。驴的肩隆起到了支撑前肢和上半身的作用。它承受着上体部分的重量,并负责平衡和稳定整个身体。肩隆的强壮与否与驴的运动能力、负重能力和耐力等方面有关。在评估驴的体形和外貌时,肩隆也是一个重要的指标之一。健康的驴,其肩隆应该坚实而且对称,没有凹陷或突出的部分,这表明它具备较好的运动能力和承担负荷能力。对于驴的饲养和管理,保持肩隆的健康也是重要的。适当的饮食、营养和合适的锻炼可以帮助驴保持良好的肌肉发展和身体平衡,从而保护和维护肩隆的健康。

二十三、鬃毛

指从驴头到驴肩隆和头顶的毛发。驴的皮肤颜色多样,包括黑色、棕色、灰色等。它们的皮肤相对厚实,能够适应不同气候条件。驴的毛发短而粗糙,多呈灰色或棕色。驴的鬃毛有几个重要的功能。首先,它能够帮助保护驴的颈部免受紫外线照射和寒冷天气的影响。鬃毛能够在暴雨或大风时为驴提供一定的遮挡和保护。其次,驴的鬃毛还能起到一定程度的警示作用。当驴感到威胁或紧张时,它会竖起鬃毛,使自己看起来更加庞大和威严,以威慑潜在的敌人。此外,驴的鬃毛也可以起到调节体温的作用。它可以帮助保持驴的颈部和上半身的温暖,从而有助于适应不同季节的气候变化。对于饲养和管理驴,保持鬃毛的清洁和健康也是重要的。定期梳理鬃毛可以促进血液循环,减少皮肤疾病的发生,并保持鬃毛的整洁和亮丽。

二十四、颈脊

颈脊为驴脖子最高的地方。理想情况下从项部到肩部是一个凸曲线。驴的颈脊是其身体结构的一部分，它对驴的姿态和外观起着重要的作用。一条明显的颈脊可以使驴的颈部看起来更加挺拔和有力，增加其审美价值。此外，驴的颈脊还与其运动能力和驱赶行为有关。驴在奔跑时，颈脊的线条可以更好地展示出其肌肉的协调性和力量。在驱赶其他动物或表现自己的威严时，驴也会竖起颈脊，以显示自己的优势和威慑力。颈脊的大小和明显程度在不同驴品种和个体之间可能存在差异。一些品种的驴可能具有更明显的颈脊，有些品种的驴可能相对较小或不太明显。

二十五、膝盖

驴的膝盖由许多小骨头组成，像人类的膝盖那样可以向前弯曲，但它在结构上和人类却有些不同。人的膝关节为绞链关节（只能向一个方向运动），而驴的膝盖由许多小肌肉、肌腱和韧带连接在一起，膝盖骨类似人类手腕的骨头，而结构更像人类膝盖的结构。驴的膝盖承担着支撑和运动驴身体的重要功能。正常情况下，驴的膝盖灵活稳定，能够适应不同动作的需求。在行走、奔跑和跳跃时，驴的膝盖能够承受身体的负荷，并提供足够的支撑和保护。

驴的膝盖还具有一定的屈伸和旋转运动范围，使得驴能够弯曲和伸展前肢，以适应不同动作的需要。这种灵活性和运动范围使驴能够进行多样化的活动，如觅食、慢跑、快跑等。然而，驴的膝盖也容易受到一些问题的影响，如关节炎、劳损、骨折等。这些问题可能导致膝盖关节的功能受限，影响驴的活动能力和生活质量。因此，对于驴的膝盖健康和关节保护需要重视，合理的饲养和科学的运动管理是保持驴膝盖健康的关键。

二十六、管部

支撑从球节到膝盖的骨头是管骨，在管骨旁有一个小小的赘骨，大部分轻型马的管骨周长大于 20 cm。需要注意的是，驴和马虽然属于同一科动物（马科），但它们的体形和骨骼结构有所不同。驴通常比马小，而且其骨骼结构也相对较小。因此，驴的管骨周长往往会小于轻型马的管骨周长，并且具体数值因驴的品种和个体差异而有所不同。

二十七、球节

球节位于管骨和系部之间，在球节处还有块叫籽软骨的骨头。球节具有强大的支撑和稳定功能，为驴提供了行走、奔跑和负重的能力。它允许驴的后肢进行弯曲和伸展的运动，并通过韧带的支撑来保持关节的稳定性。这种结构使得驴能够适应不同的地形和运动需求，如爬山、越野等。需要注意的是，球节是驴后肢非常重要的关节之一，因此在饲养和使用驴的过程中，我们需要注意保护和照顾好驴的球节。定期进行饲养管理、驯服和适度的运动是保持驴球节健康的重要因素。

二十八、脚腕

驴脚腕包含7块骨头，分为两列，近侧列腕骨4块，由内向外依次为桡腕骨、中间腕骨、尺腕骨及副腕骨。远侧列腕骨3块，由内向外依次是第2、第3、第4腕骨，偶见第1腕骨。脚腕关节允许驴的后肢进行弯曲和伸展的运动，使驴能够行走、奔跑和负重。这个关节的稳定性和灵活性对于驴的正常运动是至关重要的。

保持驴脚腕健康对于饲养者来说非常重要。合理的饲养管理和足部护理是必不可少的。保持驴脚清洁、干燥，并进行适度的锻炼有助于预防脚腕疾病。如果发现驴的脚腕出现异常，如肿胀、疼痛或抽筋等，应及时请兽医检查和治疗。

参考文献

[1] 杨金三,李文彬.养驴[M].北京:农业出版社,1987.

[2] 肖国亮,姜锋韬,吕长鹏,等.新疆驴成年母驴体重及体尺性状的相关关系[J].畜牧与饲料科学,2007,28(6):55–56.

[3] 肖海霞,托乎提•阿吉德,石国庆,等.疆岳驴体重和体尺形状的相关和回归分析[J]. 中国奶牛，2012(23): 27–31.

[4] 周楠,韩国才,柴晓峰,等.驴的产肉、理化指标及加工特性比较研究[J].畜牧兽医学报,2015,46(12):2314–2321.

[5] 周楠,谢鹏,郑世学,等.不同年龄改良德州母驴屠宰性能、肉品理化指标及加工特性研究[J].黑龙江畜牧兽医,2014(9):102–104.

[6] DE P P, TATEO A, MAGGIOLINO A, et al. Martina Franca donkey meat quality: Influence of slaughter age and suckling technique[J].Meat Science,2017(134):128.

[7] 雷亚非,侯文通.不同年龄肥育驴肉的营养成分分析[C]//中国畜牧业协会.首届(2015)中国驴业发展大会高层论坛论文汇编.咸阳:西北农林科技大学动物科技学院,2015:2.

[8] 侯文通.不同年龄和营养水平下驴肥育性能测定[J].草食家畜,2016(2):21–29.

[9] 刘桂芹,曲洪磊,种肖玉,等.性别对生长驴生产性能、屠宰性能及器官指数的影响[J].饲料工业,2017(3):61–64.

[10] 王培基,焦多成,高景辉,等.关新杂交驴部分体尺和产肉性能测定[J].家畜生态学报,2007,28(2):35–36.

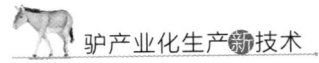

[11] GIOSUE C, ALABISO M, RUSSO G, et al. Jennet milk production during the lactation in a Sicilian farming system[J]. Animal:An International Journal of Animal Bioscience, 2008, 2(10): 1491-1495.

[12] 肖国亮,周小玲,陈根元,等.疆岳驴泌乳特征和产乳性能分析[J].中国奶牛,2015(01):16-20.

[13] BALL B A,VO A T, BAUMBER J. Generation of reactive oxygen species by equine spermatozoa [J].Internation Journal of Andrology,2001(62):508-515.

[14] 佟满满,闫素梅.驴乳与其他乳营养物质组分差异分析及其开发展望[J].中国农业大学学报,2022,27(11):117-129.

[15] 尹雁玲,卢野,万祥,等.驴乳的营养成分及其保健作用的研究进展[J].食品研究与开发,2021,42(05):195-200.

[16] 张文文,赵海晴,徐腾飞,等.驴奶的化学营养成分及其生物活性(英文)[J].食品安全质量检测学报,2017,8(12):4574-4581.

[17] 庄桂龙.驴乳基本成分及分子基础的初步研究[D].济南:山东师范大学,2017.

第四章　驴的品种

驴养殖首先就要做好品种的选择，只有良好的品种才能有较大的饲养价值，才能得到丰厚的经济收入。驴品种要选择体型高大、身体强壮、无传染病的年轻优良品种。驴养殖者可一次性购买在国内较为优良的品种，如山东德州驴、陕西关中驴等。

但是，这样的投资成本一般都很高。建议农民朋友结合实际选择当地较为优秀的种母驴，然后利用国内优秀的种公驴进行改良。这样既节约了购买成本又优化了驴的生产性能，最终达到盈利的目的。选择的品种应当具备适应当地气候、水土和环境条件的能力。驴是适应性较强的动物，但仍需选择与当地条件相匹配的品种，以确保其健康生长和繁殖能力。

优秀的驴品种应当具有良好的生长性能，包括快速生长、高出肉率、高产奶量及工作产量等方面。通过选择具有良好生长性能的品种，可以提高养殖效益。良好的品种应当具备较高的经济价值，包括市场需求量大、价格稳定等特征。了解养殖品种的市场需求情况，选择具备较高经济价值的品种，可以增加养殖的盈利空间。

对于驴养殖来说，品种的遗传背景也是一个重要考虑因素。优秀品种应当具备良好的遗传背景，包括遗传稳定性、遗传纯度等方面的特点，这样可以确保后代能够继承优良的遗传特征。

第一节　驴品种分类

我国疆域辽阔，养驴历史悠久，驴是我国传统农业生产中的重要畜力，同时其机体多部位均有极高的药用和营养价值。驴有着悠久的养殖历史，在古代，驴被驯化用于劳动，为农民提供助力，帮助他们完成农业生产任务。驴的耐力、稳健性和适应力使其成为理想的耕作工具。它们能够艰苦地工作，不怕各种环境条件，即使在崎岖不平的地形上也能胜任。驴在我国医药和美食文化中也占有重要地位。

驴肉在一些地方是常见的食材，被认为具有滋补养生的功效。驴肉富含蛋白质、脂肪和多种营养元素，并且被认为具有补肾、滋润肌肤等药用价值。驴的血液和内脏器官也被用在中医药中，对一些疾病有疗效。另外，驴皮具有较高的药用价值，被广泛应用于中药制品中。驴皮能够清热降火、滋阴润燥，并且对某些皮肤病和咳嗽有一定的疗效。驴骨和驴鞭等部位也被认为具有滋补身体、强壮筋骨的作用，并在中医药中有一定的应用。

我国很早就从国外引进驴的品种，经过多年的进化，发展成有各地特色的毛驴品种，现在国内品种比较多，大体上分为大型驴、中型驴和小型驴三种。

大型驴是中国最常见的驴品种之一，体型较大，力量较强。大型驴通常用于农田耕作、运输重物等重体力劳动。中型驴的体型介于大型驴和小型驴之间，力量适中。中型驴适合用于农田耕作、载重和骑乘等方面，是一种比较全能的驴品种。小型驴体型较小，适合用于轻体力劳动、骑乘和观赏等用途。小型驴常见于中国的一些山区和旅游景点，也受到一些马戏团和游乐场所的喜爱。

除了大小型驴外，根据地理环境和气候条件的不同，中国还发展了一些具有地方特色的毛驴品种。例如，山东产的东北驴和河南、河北等地产的华北驴在耐力和适应力方面有一定优势；四川和云南等地的川滇驴能适应恶劣的山地环境。中国五大优良驴种分别是关中驴、德州驴、广灵驴、泌阳驴、新疆驴。大型驴有关中驴、泌阳驴，这两种驴体高130 cm以上；中型驴有辽宁驴，这种驴体高在110～130 cm之间；小型驴品种俗称毛驴，以华北、甘肃、新疆等地居多，这些地区的驴体高在85～110 cm之间。

一、大中型驴

主要分布于黄河中下游地区，由于海拔较低、地势平坦、气候温和、无霜期长、水源丰富、雨量适中、土地肥沃、植被丰富的特点，为我国著名的粮棉产区，作物单产高，农副产品丰富，并有种植苜蓿的习惯，所以形成了许多著名的平原生态类型的地方良种驴。

其共同特征是：体质结实、胸廓深广、中躯呈圆桶状、尻斜短、四肢坚实、关节强大、蹄质坚硬、被毛细短、毛色以粉黑（鼻周围、眼周围、腹下有粉白，其余毛为黑色）和全黑色为主，灰、青、驼色次之。大型驴体高一般在130 cm以上，主要分布在陕西、山西、河北、山东的平原地区，品种有关中驴、德州驴、晋南驴和广灵驴等。

中型驴主要分布在陕西、甘肃、山西及河北省的高原和河南中部平原，如佳米驴、泌阳驴、庆阳驴等。它们的骨骼和肌肉发达，力量较大，适合进行一些较重的体力劳动。通常拥有较好的耐力，能够进行长时间的工作或长途跋涉。相对于野生驴而言，大中型驴对人类的驯服度较高，容易与人合作。大中型驴可用于农业、运输、旅游观光等方面，能够承担一定的负重和运输任务。

二、小型驴

主要分布在我国西北、长城以北和东北平原地区，集中在荒漠、半荒漠的草地和宽广的农区平原，包括新疆、甘肃、青海、宁夏、内蒙古、陕北、华北等地和江淮地区，云南、四川及东北三省部分地区分布有许多小型驴品种，该类型驴分布最广，数量最多。

其共同特点为：体躯矮小，约 110 cm 以下，最矮的仅 90 cm，体重 130 ~ 135 kg，体质粗糙、结实，四肢强健有力，耐粗饲料，耐寒冷、风沙、饥饿，适应性特强，适于在荒漠、半荒漠或高寒地区放牧，以及半舍饲半放牧和农区舍饲。毛色以灰色、黄褐色居多，多有背线、肩纹等特征。

该类型驴体型虽小，但对粗放的管理条件有很强的适应性。它们的身形可爱娇小，面部特征鲜明，给人一种亲切感。小型驴通常适应力较强，能够适应不同的环境和气候条件。由于其可爱的外貌和温顺的性格，小型驴通常被养作家庭宠物和伴侣动物（图 4-1）。

图4-1 小型驴

三、大中型驴与小型驴区别

一般来说，大中型驴的体型比较庞大，肩高可以达到 1.2 ~ 1.5 m，体重也相对较大，而小型驴体形较小，肩高一般在 1 m 以下，体重也较轻。大中型驴相比小型驴出肉率较高，这是因为大中型驴的身躯更加粗壮，肌肉发达，肉质丰满，适合用于屠宰和肉类加工。相比之下，小型驴的体型较小，肉量较少，肉质也相对较细，因此出肉率较低，不太适合作为肉驴养殖的主要品种。但用大型驴种进行经济杂交，其后代产肉性能会大大提高。

在大型驴的品种中以德州驴、关中驴比较优秀，可作为发展肉驴养殖首选品种。大中型驴在饲养和管理上需要更多的空间和资源。它们需要更多的饲料供应，饮水和活动空间也要相应增加。小型驴对饲养空间和食物需求不那么高。

不同驴种肥育的效果不同，如选育程度较高的关中驴、晋南驴等大、中型驴，由于早熟性好，饲料报酬相对较高。同一驴种的不同个体，由于体貌和体质不同，肥育的速度也不同，而正因为如此，才给驴种内的肉用品系的选择提供了可能。驴种和个体相比较，往往品种内的差异大于品种间的差异，因而肉驴生产要重视品种内的系统选育。

除了体型的区别，大中型驴和小型驴在用途上也有所不同。大中型驴通常被用于承担重负荷的工作，如农田耕作、搬运货物等。它们的体力较强，适合进行繁重的劳动任务。小型驴则常用于驮包、载人或者作为伴侣动物。由于其体型较小巧灵活，适合在狭小的地理环境中行动，比如山区、崎岖地带等。大中型驴和小型驴在性格上也有一些差异。大中型驴一般性格较为沉稳、稳重，对陌生环境和事物的适应能力较强，而小型驴则更加机智、敏捷，对新事物更容易产生好奇心。

第二节　我国主要驴品种

一、德州驴

德州驴是我国优良的大型良种驴。原产于华北和冀中平原沿渤海各市县。无棣、沾化、阳信、庆云等山东省的地区，以及盐山、南皮县等河北省的地区，是中国驴的主要产区。这些地区的气候和土壤条件适宜驴的生长和繁殖，因此驴在这些地方得到广泛饲养。

德州作为这些中心产区的集散地，成为德州驴的主要来源地。德州驴又被称为"无棣驴"，是指来自山东省无棣县和周边地区的驴子。与德州驴产区相连的冀东平原沿渤海南皮、盐山和黄骅等县市的黄河冲积平原，与德州驴产地的自然和社会经济条件基本相似，也以产大型驴著称，当地称这些地方产的驴为渤海驴。德州驴的出肉率较高，肉质细嫩，口感好，营养丰富，因此深受市场欢迎。

德州驴在中国历史悠久且得到广泛传承。随着现代化农业的发展，德州驴的养殖也受到了一定程度的关注和推广。为了保护这一中国传统良种驴的基因资源，相关部门和团体积极进行了德州驴的繁殖和保护工作。他们通过科学的饲养管理，确保了德州驴种群的健康和可持续发展。

作为一种优良的大型良种驴，德州驴不仅在中国国内有很高的价值，而且在国际上也备受瞩目。德州驴的养殖不仅能够提供高质量的工作动物，还能为农村经济发展做出贡献。因此，保护和发展德州驴这一中国传统良种驴对于保护农业文化遗产、促进农村经济发展具有重要意义。

德州驴体型外貌：德州驴具有较大的体形，肩高一般在 1.3 ～ 1.5 m，体重也相对较大。它的身体结构强壮，肌肉发达，适应力强。德州驴体型高大，结构匀称，体形方正，头颈躯干结合良好。体质紧凑、结实，皮薄毛细。公驴前躯宽大，头颈高扬，眼大嘴齐，有悍威，鬐甲偏低，背腰平直，尻稍斜，肋拱圆，四肢有力，关节明显，蹄圆而质坚。

毛色分三粉（鼻周围粉白，眼周围粉白，腹下粉白）的黑色和乌头（全身毛为黑色），两种各表现出不同的体质和遗传类型。前者体质结实干燥，头清秀，四肢较细，肌腱明显，体重较轻，动作灵敏。后者全身各部位均显粗毛，头较重，颈粗厚，鬐甲宽厚，四肢较粗壮，关节较大，体型偏重，为我国现有驴种中的"重型驴"。其体高一般为 128 ～ 130cm，最高的可达 155 cm。

德州驴生产性能：生长发育快，公、母驴驹 1 岁时体高和体长可分别达到成年的 90%和 85%，两岁时可分别达成年的 100% 和 95.7%。性成熟早，12 ～ 15 月龄性成熟，2.5 岁开始配种。母驴发情很有规律，终生可产驹 10 头左右，25 岁仍有产驹的；公驴性欲旺盛，在一般情况下，射精量为 70 mL，有时可达 180 mL，精液品质好。

作为肉用驴饲养屠宰率可达 53%，出肉率较高。据测定每 100 g 驴肉含蛋白质 18.6 g，脂肪 0.7 g，钙 10 mg，磷 144 mg，铁 136 mg，热量 3.347 MJ。另外，驴皮是中成药阿胶的重要原料。德州驴抗病性强，耐粗饲，可舍饲也可放牧。以德州驴为父本与蒙古马、伊犁马等母本交配，所生骡子，成年体高一般在 150 cm 以上，用德州驴改良小型毛驴效果颇佳。

二、关中驴

原产地及产地的自然条件：关中驴属于大型驴种。形成历史悠久，是我国优良的地方品种。主要分布在陕西省关中平原和延安市南部，以兴平、礼泉、乾县、武功、咸阳、蒲城和临潼等地为中心产区。曾被输出到朝鲜、越南等国。

它与德州驴相似，同样具有高大、粗壮的体型以及较高的出肉率。关中驴的肉质也非常好，口感鲜美，能满足人们对高品质驴肉的需求。为了保护和发展关中驴这一中国传统良种驴，相关部门和团体采取了一系列措施。他们注重选择合适的配种对象，进行科学的繁殖管理，并推广良好的饲养和保健方法，以确保关中驴种群的健康和繁衍。此外，也开展了相关培训和推广活动，提高养殖者对关中驴养殖技术的认识和应用能力。

关中驴体型外貌：关中驴是中国传统的农耕劳动动物，它们的体型较大，通常肩高在1.3 m以上，体重在400 kg左右。相比其他驴品种，关中驴的体型更为壮实和高大。关中驴身体结构匀称，体形略呈长方形。头颈高扬，眼大而有神，前胸宽广，肋弓开张良好，尻短斜，体态优美。90%以上为黑毛，少数为栗毛和青毛，背上有明显的黑条纹。头部略大，眼睛大而明亮，耳朵长而有力。关中驴的蹄子坚硬且耐磨，适合在山区和艰苦环境中工作。

关中驴生产性能：在正常饲养情况下，幼驴生长发育很快。1.5岁能达到成年驴体高的93.4%，并表现性成熟。3岁时，公、母驴均可配种。公驴以4～12岁配种能力最强，母驴可生产5～8胎。母驴发情周期平均为20.3(17～26)d，发情持续期平均6.1(3～15)d，产后发情排卵期为7～27 d，母驴怀驴驹期为350～365 d，怀骡驹期为365～375 d。母驴性欲旺盛，繁殖力高。公驴配母驴的准胎率一般为80%以上，公驴配母马一般为70%左右。关中驴对干燥温和的气候及平原地区适应性很好，耐粗饲，少疾病。但其耐严寒性较差，在引种到严寒和高寒地区时，应注意防寒、保温工作。

关中驴有很强的耐力和适应力，可以在艰苦的环境中工作和生活。它们被广泛用于农田耕作、运输和载人载物等农业劳动中，也被用于旅游业和交通运输领域。关中驴的速度适中，力量大，行走稳健，非常适合于山区和丘陵地形的工作。关中驴以其勤劳、耐力和稳定的性格而闻名。它们对饲料的适应性广泛，可以利用多种植物资源进行饲养。关中驴在农耕和运输领域的使用，减少了人力劳动的强度，提高了劳动效率，对于当地农民的生产和生活有着重要的意义。

三、庆阳驴

主要产地：庆阳驴产于甘肃省东部的镇原、庆城、合水等县，以庆城、镇原为中心产区。庆城县位于甘肃省东南部，地处黄土高原和秦岭山脉交汇处，气候温和，土地肥沃，适宜草木生长，是养殖庆阳驴的优良环境。

庆城县的庆城镇被誉为"中国庆阳驴第一镇"，拥有悠久的驴养殖历史和丰富的养殖经验，庆城县以其独特的自然环境和地理条件培育出了品质优良的庆阳驴。镇原县位于甘肃省中南部，也是庆阳驴的主要产区之一。该县地势较低，地广人稀，空气湿润，适宜草木生长。镇原县以其独特的地理环境和气候条件为庆阳驴的生长提供了优越的条件。这里的庆阳驴多数被放养在山间草场上，食物丰富，生长环境自然，因此庆阳驴在这里生长得更为健康。

合水县也是庆阳驴的重要产区之一。该县位于甘肃省东南部，气候温和，土地肥沃，适宜农牧业发展。合水县以其独特的地理位置和丰富的自然资源成为庆阳驴的重要养殖基地。这里的庆阳驴以其骨骼结实、肌肉发达、体形匀称而闻名，深受市场青睐。

环境条件：产区位于黄土高原，在泾河上游，紧临陕西关中平原。土质肥沃，气候温和，农业发达，素有"陇东粮仓"之美称。由于这一地区交通不便，过去农民经济收入低，多养牛、驴役用。多年来以养小毛驴为主，经不断引进关中大型驴杂交改良，使当地小毛驴的体尺明显增大，外形也发生了变化。加之当地环境适宜、饲料条件较好和管理比较精心，杂种驴长期自群繁殖培育，从而形成了今天的地方良种庆阳驴。

庆阳驴体形外貌：体格粗壮结实，体长稍大于体高，结构匀称。头中等长、耳不过长、颈肌肥大、鬃毛短稀、胸部发育良好、腹部较大、四肢端正、关节明显、蹄大小适中而坚实、性情温驯、行动灵活，毛色以三粉驴为主，占 80% 以上，还有少量青色和灰色。成年公驴平均体高约 130 cm，体长 130 cm，胸围 140 cm；母驴平均体高 122 cm，体长 121 cm，胸围 130 cm。

庆阳驴的生产性能在 1 岁时就表现为性成熟，公驴 1.5 岁配种，就可使母驴受孕。母驴不到 2 岁就可产驹。幼驹初生时，公驹重 27.5 kg，母驹重 26.7 kg。公驴以 2.5 ~ 3 岁、母驴以 2 岁开始配种为宜，公驴饲养得当，可利用到 20 岁；母驴一般终生可产 10 胎左右。屠宰率可达 50% 以上，净肉率 35.7%。

庆阳驴主要用于农田耕作和货物运输。由于其体形较小，敏捷性较高，适合在狭窄的农田中工作。庆阳驴还被广泛用于山区和崎岖地带的货物运输，它们可以承受较大的负荷并具有较好的耐力，能够艰难地穿越山区和崎岖地形。近年来，随着机械化和现代化的进步，庆阳驴的使用逐渐减少。然而，由于它们对环境的适应能力和在特定工作领域的出色表现，庆阳驴仍然在一些农村地区得到广泛应用。同时，在保护传统畜牧业文化和生态平衡方面，庆阳驴也具有着重要的价值。

四、广灵驴

主要产地：山西省东北部的灵丘、广灵两县。

环境条件：境内山岳起伏，小部分为河谷盆地，海拔为 700 ~ 2 300 m。地处塞外山区，风大沙多，气候变化差异大，年平均气温为 6.2 ~ 7.9 ℃，无霜期 130 ~ 150 d，全年降水量 420 ~ 500 mm。这些地理自然条件虽不如其他大型驴产区，但在塞外尚属主要的杂粮产区，有"雁北谷仓"之称。粮食作物以谷子、玉米、高粱、马铃薯、莜麦、豆类为主，次之为小麦、糜黍、稻子、胡麻。农作物种植每年一季或二年三季。

广灵县及其附近各县历来重视畜牧业发展，农民多养驴使役，并繁殖骡，是我国塞外重要的商品驴繁殖基地。由于当地盛产谷子、豆类，又种植紫花苜蓿，农民以谷草、黑豆和苜蓿精心喂养驴，注意选种选配，结合使役和放牧，使驴得到充分锻炼。这些是形成驴体格高大、体躯粗壮而结实的主要因素。20世纪60年代以来，广灵县建立了种驴场，并选定川区51处农村为繁育基地，进行选种选配，不断提高大型驴所占比例，成为当前我国的大型驴品种之一。

广灵驴体型外貌：体格高大、骨骼粗壮、体质结实、结构匀称、耐寒性强。驴头较大、鼻梁直、眼大、耳立、颈粗壮、鬐甲宽厚微隆、背部宽广平直、前胸宽广、尻宽而短、尾巴粗长、四肢粗壮、肌腱明显、关节发育良好、管骨较长、蹄较小而圆、质地坚硬、被毛粗密。被毛黑色，但眼圈、嘴头、前胸口和两耳内侧为粉白色，当地群众叫"五白一黑"，又称"黑化眉"。还有全身黑白毛混生，并有五白特征的，群众称之为"青化眉"，这两种毛色均属上等。

广灵驴生产性能：广灵驴的繁殖性能与其他品种近似，多在2—9月发情，3—5月为发情旺季。一般母驴终生可产驹10胎。经屠宰测定，平均屠宰率为45.15%，净肉率为30.6%。广灵驴有良好的种用价值，曾推广到全国13个省（区），以耐寒闻名，对黑龙江省的气候适应也较好。

广灵驴以其卓越的劳动能力而闻名。它们具有耐力强、负荷能力高的特点，适合用于农耕和运输工作。广灵驴被广泛应用于农村地区的农田耕作、货物运输以及人员搬运等方面。尤其在山区和崎岖地形中，广灵驴展现出了良好的适应性和耐力，能够胜任各种艰苦的工作任务。随着现代化和机械化的发展，广灵驴的使用逐渐减少。然而，广灵驴作为中国宝贵的畜牲资源，有着重要的文化和历史价值。保护和传承广灵驴品种，不仅有助于维护农村生态平衡，还有助于弘扬传统畜牧文化。

五、华北驴

华北驴体型外貌：各地的驴因产区不同而各有特点，但其共同点为体高在110 cm以下。结构良好，体躯短小，腹部稍大，被毛粗刚，头大而长，额宽突，背腰平，胸窄浅，四肢结实，蹄小而圆。有青、灰、黑等多种毛色。其平均体尺也各不相同，滚沙驴107 cm，体重140～190 kg，太行驴102.4 cm，内蒙古库仓驴110 cm，沂蒙、苏北、淮北的驴108 cm，它们的体态匀称，骨骼结实，毛色以灰色或黑色为主。华北驴性格温顺，勤劳，适应能力强，常被用作农耕、运输和旅游等方面的劳动工具。

华北驴生产性能：繁殖性能好，适应性强，体重在140～170 kg。华北驴是农村地区常见的工作驴，被广泛用于农田的犁耕、拉车运输以及载人载货等工作。它们的背部坚实，能够承载较重的负荷。

同时，华北驴也具有较强的耐力和适应力，可以在恶劣的环境条件下工作，比如严寒的冬季和艰苦的山地地形。华北驴的繁殖力较强，育种技术成熟，因此数量较多。然而，在现代社会中，由于农业机械化的发展和交通工具的普及，华北驴的用途逐渐减少，养殖数量也有所减少。不过，由于其可爱的外形和文化价值，华北驴也成为了一些旅游景区的特色动物，吸引了许多游客的注意。

六、晋南驴

晋南驴是我国著名驴种之一，素以体格高大、体形优美、细腻结实、动作机敏等著称。晋南驴属大型驴，产肉性能好，堪称我国的地方良种。晋南驴对环境条件的适应能力较强，可以适应寒冷的冬季和恶劣的山地地形。这使得它们在山西南部地区的农村社区中得到广泛应用。晋南驴在农耕工作中具有出色的耐力和稳定性，能够在艰苦的环境下长时间工作。

晋南驴体型外貌：体形长方形，外貌清秀细致，体质紧凑，皮薄毛细，是有别于其他驴种的特点。头部清秀，大小适中，颈部宽厚而高昂，耳竖立，鬐甲高而明显，胸部宽深，背腰平直。背脊略高而稍斜，四肢端正细长，关节明显。蹄小而坚实，肌腱分明，前肢有口袋状附蝉。皮薄而细，以黑色带"三白"为主要毛色占90%以上，少数为灰色和栗色。

晋南驴显著特点为：鬐甲部稍高、颈长一般比头长、胸围较大、体高与体长相近。晋南驴成年公驴平均体高 134.3 cm，体长 132.7 cm，胸围 142.5 cm，管围 16.2 cm 以及体重 249.4 kg，成年母驴体高 130.7 cm，体长 131.5 cm，胸围 143.4 cm，管围 14.9 cm 以及体重 256.3 kg。

晋南驴繁殖性能：晋南驴的驴驹生后 8 ~ 12 月龄性成熟，母驴开始有发情表现，发情周期平均为 22 d 左右，发情持续期 48 d，妊娠期 12 个月，以 3 ~ 10 岁为产驴盛期，可生产驴 10 头以上。种公驴 3 岁开始做种用，4 ~ 8 岁为配种最佳年龄，本交可配种 30 ~ 50 头，人工授精可达 150 ~ 200 头。

晋南驴产肉性能：晋南驴的产肉率较高，对不同营养水平的驴进行屠宰测定，平均屠宰率为 52.7%，净肉率为 40.4%。老龄淘汰驴平均屠宰率为 52.7%，净肉率 39%。

七、新疆驴

新疆驴是小型的驮用型驴，一般个体较小，主要分布在喀什、和田、克孜勒苏柯尔克孜自治州、巴音郭楞蒙古自治州等地，在新疆的北部也有分布。该品种特点是耐粗饲，适应性强，能忍耐吐鲁番盆地夏季的酷暑炎热，也能适应高寒牧区冬季 -40 ℃的严寒，能在马、牛等牲畜不能利用的草场上放牧。

新疆属大陆性气候，受高山和沙漠的影响，气候温暖而干燥，风沙多，昼夜温差大，无霜期短，降水量少。境内既有大面积的草原牧区，也有发达的绿洲农业。受气候、水源等条件的限制，农业产量一直不高，社会经济发展相对滞后。自古以来农民全靠养驴进行农耕、驮运、乘骑，驴和人们的生产生活极为密切。

新疆驴体格矮小，体质干燥结实，头略偏大，耳直立，额宽，鼻短，耳壳内生有短毛。颈薄，鬐甲低平，背平腰短，尻短斜，胸宽深不足，肋扁平。四肢较短，关节干燥结实。蹄小质坚。毛色多为灰色、黑色。库车驴为新疆驴中体型稍大的一个类群。新疆驴1岁时有性行为，公驴2～3岁、母驴2岁开始配种，在粗放饲养和重役下，很少发生营养不良和流产。幼驹成活率在90%以上。

新疆驴的耐苦性强，抗病力好，不论酷暑严寒，也不论饲养条件多么恶劣，它都能生存。一旦条件得到改善，也会取得良好的生长发育。新疆驴性情温和，乘、挽、驮皆宜。单套驴车，土路，载重560～700 kg，单程6 km，日工作10～12 h，役后半小时其呼吸、脉搏和体温均可恢复正常。

新疆兵团农八师150团曾引种关中驴与当地小毛驴杂交，其后代的体高达到120～125 cm。吐鲁番改良驴体高可达到125～130 cm。由此可引入大型驴种对新疆驴进行杂交改良，提高当地驴的体尺、体重，是肉驴饲养提高肉产量的重要途径。

八、云南驴

云南驴，又称滇驴，是中国特有的一种驴品种。作为云南省的代表性动物，云南驴在当地具有重要的农业和交通运输价值。

云南驴体型外貌：云南驴是中型驴种，体型相对较小，但非常强壮耐力。它们通常体长约1.2～1.3 m，体高约1～1.1 m，体重在150～200 kg左右。头显粗重，额宽隆，耳大长；胸浅窄，背腰短直，尻斜短，腹稍大；前肢端正，后肢稍外向，蹄小而尖坚；被毛厚密，毛以灰色为主，并有鹰膀，背浅，虎斑，其他部分为红褐色。

生产性能：云南驴性成熟早，2～3岁即可配种繁殖，一般3年2胎，如专门作肉驴饲养也可1年1胎，屠宰率45%～50%，净肉率30%～34%，每头净肉量为35 kg左右。云南驴的适应能力较强，能在高寒山区和崎岖不平的地形上生存和工作。它们对气候变化和恶劣环境有着良好的适应性，耐寒、耐旱和抗病能力较强。

由于这些特点，云南驴被广泛用于农田耕作、山地运输和旅游观光等方面。在农业方面，云南驴被用于拉车、耕地、运输农产品等工作，发挥着重要的农耕劳动力作用。它们的耐力和稳定性使其成为山区农民首选的助力工具。

同时，云南驴也被用于生产优质的驴皮，可作为中药材使用。在旅游观光方面，云南驴也备受关注。云南拥有壮丽的自然风景和丰富的民族文化，许多游客选择骑乘云南驴进行山区探险和观光。这种传统的交通方式在一些旅游景点仍然保留，并成为了一种特色体验项目。

九、青藏高寒驴

青藏高寒驴具有很强的适应能力，能够在海拔较高、气温较低、寒冷干燥的高寒山地生存。它们对于恶劣的自然环境具有较强的抵抗力，耐寒耐饥，可以在极端环境下工作和生活。

青藏高寒驴体形适中，通常身高在 1.2 m ~ 1.4 m 之间，体重在 150 kg ~ 200 kg。这使得它们在崎岖的山地地形中行动自如，能够胜任农耕、载货等劳动工作。

青藏高寒驴具有强健有力的身体，肌肉发达，耐力较高。它们能够承受艰苦的劳动和长时间的跋涉，被广泛用于高寒地区的农田耕作、牧业和运输等工作。青藏高寒驴经过长期的自然选择，具有较强的抗病能力。它们对于高原地区特有的高原反应、呼吸系统疾病等具有一定的抵抗力，能够适应并生活在恶劣的环境条件下。

十、河南驴

河南驴是指在河南省地区常见的驴品种。河南驴作为一种运输和耕作工具，在中国农村地区有着长久的历史和广泛的应用。河南驴以其适应力强、耐力持久、抗病力强等特点而著名。河南驴主要分布在河南省各地，尤其在农村地区常见。

它们通常体型中等，身高约 1.2 ~ 1.4 m，背部较长。毛色一般为灰色或棕色，有时也会有黑色和白色的个体。河南驴性格温顺，耐力较强，适应力强，可以适应恶劣的气候和地形条件。河南驴以其多功能性而被广泛使用。在农村地区，它们常被用于农田的耕作、运输农产品等工作。由于其体力和耐力较强，能够背负较重的负荷并长时间工作。此外，河南驴还被用于乡间小道的交通工具，因为它们在崎岖的山路上行进较为稳定。

近年来，由于农业机械化的推进和农村劳动力的减少，河南驴的使用逐渐减少。然而，在某些特定情境下，它们仍然发挥着重要作用。比如在一些偏远山区或不便使用机械的地方，河南驴仍然是一种重要的交通和劳动工具。

十一、山东驴

山东驴是指山东省特有的一种驴品种。山东驴长相健美且骨骼结实，体型中等大小，毛色多为灰色或棕色。它们具有耐力强、负重能力高、适应性强的特点，因此被广泛用于农田耕作和运输工作中。山东驴在山东省广泛分布，尤其在农村地区常见。这些驴子被养殖者用于田地耕作，如耕犁和拉车，也被用于负载轻重物品的运输。由于其稳定的性格和强大的劳动能力，在农村地区被视为重要的劳动力。

山东驴以其勤劳、忍耐、适应力强而闻名。它们通常可以胜任较艰苦的工作条件，并能在恶劣的环境下生存。作为一种传统的耕作助手，山东驴在农村地区扮演着重要的角色，并为当地农民提供了可靠的劳动力。另外，山东驴的肉和皮革也有一定的商业价值。山东驴的肉质细嫩，被一些地方用于烹饪美食。它们的皮革也可以用来制作皮具产品。

十二、江津驴

江津驴，又称川驴，是中国特有的一种驴子品种，主要分布在重庆市江津区及周边地区。江津驴是中国驴的四大名种之一。江津驴的外貌特征为中等体形，体形匀称，肩膀宽厚，背部平直，头颈比较粗壮，眼大而明亮，耳朵长而有弹性，蹄子坚硬且结实。毛色多为灰色或棕色。

江津驴以其勤劳、强健和适应力强而著称。它们能够适应崎岖不平的地形，是农村地区重要的耕作工具和运输工具之一。江津驴具有出色的负重能力和耐力，经常被用于拖拉农具、运送货物以及承担其他农田劳动。

除了农业劳动，江津驴还可以用于旅游观光和体育娱乐活动。在旅游景区，游客可以选择骑乘江津驴进行游览，欣赏风景并感受传统农耕文化。此外，江津驴也经常参加民俗表演和竞技比赛，如驮重比赛、驴驾车比赛等。江津驴的保护与繁殖工作备受重视。相关部门采取措施促进江津驴的繁殖，保护其纯种性和数量。此外，专业的养殖者也通过优质饲养和合理管理来确保江津驴的健康和发展。

十三、高峰驴

高峰驴是中国传统的优良驴种之一，主要分布在山西、陕西和河南等地。高峰驴体型较大，平均身高在 1.2 ~ 1.4 m 之间，体重一般在 200 kg 左右。它们的头部相对较大，耳朵较长，背部平直而强壮，四肢结实有力。高峰驴的毛色多为灰色、棕色或黑色。高峰驴以其力大耐劳的特点而闻名。它们适应性强，能在各种地形和复杂环境下工作。高峰驴常用于农田耕作、货物运输、牧场管理等重型劳动工作，具有较强的承载能力和耐久性。

高峰驴性格温顺、稳定，善良且容易与人相处。它们通常对人友好，易于驯服和训练。由于这种温顺的特性，高峰驴经常被用于旅游观光、骑乘和娱乐活动。高峰驴是中国的珍稀资源，受到国家和地方政府的保护。为了维护高峰驴品种的纯正性和优良特性，一些地区设立了高峰驴繁殖基地，并采取措施加强品种保护和培育。

十四、东北驴

东北驴，又称"东北大三通"，是中国东北地区一种特殊的搬运工具，常见于中国东北地区的农村和农田周边地区。东北驴通常由一对驴和一个车辆组成。这种车辆通常是一种简单的木质车厢，由一些横纵交叉的木杆组成，并且可以容纳较大量的货物。驴被用来牵引车厢，负责将货物从一个地方运送到另一个地方。东北驴在东北农村地区有着悠久的历史和广泛的应用。它们主要用于农田中的农产品运输，包括粮食、蔬菜、草料等。

对于机动车辆，东北驴具有以下优势：东北驴的购买和养护成本相对较低，农民可以更容易地使用它们进行农产品的运输，降低了运输成本；东北驴是一种环保的交通工具，不需要燃料消耗，减少了对环境的污染；东北驴可以在复杂地形和狭小空间中灵活行驶，适应性强，这使得它们在农村地区的狭窄道路和不平坦地形中使用非常方便。

十五、湘中白驴

湘中白驴是指湖南省中部地区的一种特色白驴品种。湘中是湖南省内的一个地理区域，该地区气候温和，土地肥沃，适合驴生长和繁殖。湘中白驴以其白色的毛皮和灵活的身形而闻名。湘中白驴在外观上具有较为优美的体形，身高适中，体态匀称。它们的毛色主要表现为洁白，皮毛细腻光滑。与其他驴品种相比，湘中白驴的头部较小，眼睛大而明亮，耳朵垂下，精神饱满。身体线条流畅，背部平直，四肢结实有力，尾巴长而丰满。总体来说，湘中白驴给人一种端庄、秀美的感觉。湘中白驴性格温顺，适应力强，善于适应湖南地区的环境

由于湖南地区地势复杂，湘中白驴经过长期的生存竞争已经形成了适应性强的特点，能够适应各类地形和气候条件，比较耐饥耐寒。湘中白驴在农业生产中发挥着重要作用。它们被用于农田耕作、货物运输等工作，尤其是在陡峭的山地地区，湘中白驴具有良好的爬山能力和稳固的足部结构，能够胜任这些辛苦的劳动工作。同时，湘中白驴还可以提供肉食和皮革制品，充分利用了驴资源。

十六、云南普洱驴

云南普洱驴是云南省著名的一种特殊品种的驴。它得名于普洱市，是当地特有的一种驴。普洱驴是中国南方少数民族地区常见的家畜之一，具有较强的适应能力和耐力。

普洱驴体型中等大小，背部粗壮，腿短而结实，皮毛较为粗糙。普洱驴的头部比较大，眼睛大而圆，耳朵长而下垂。普洱驴具有较高的肉用价值。

普洱驴在农业生产中起着重要的作用。它们被广泛用于耕作、运输和旅行等活动中。普洱驴勤劳耐劳，适应性强，能够在复杂的地形和恶劣的气候条件下工作。此外，普洱驴也被用于肉食消费，其肉质细嫩，味道鲜美。为了保护普洱驴的品种资源和促进其发展，云南省采取了一系列措施，包括加强育种工作、推广科学养殖方法、提高饲养管理水平等。

同时，加强对普洱驴的培训和技术指导，提高养殖者的养殖水平和经济收益（图 4-2）。

十七、四川绵阳驴

四川绵阳驴是中国四川省绵阳地区特有的驴品种。它得名于所在地绵阳市，是当地农业生产中常见的劳动力工具和交通工具之一。绵阳驴的体型偏小，背部粗壮，腿部短而结实。它们的皮毛颜色多为灰色或棕灰色，毛量较多且较长。绵阳驴的头部相对较大，眼睛比较圆，耳朵垂下而长。与其他驴品种相比，绵阳驴体型较小巧，适应性强。

绵阳驴在农业生产中发挥重要作用。它们被广泛应用于农田耕作、物资运输、旅行以及山区的货物运输等活动中。绵阳驴勤劳耐劳，适应能力强，能够在复杂的地形和恶劣的气候条件下工作。此外，绵阳驴的肉也被人们所消费，可供食用。

为了保护绵阳驴这一品种资源，并促进其发展，四川省采取了一系列措施。包括加强绵阳驴的选育工作、推广科学养殖方法、提高饲养管理水平等。同时，加强对养殖者的培训和技术指导，提高其养殖水平和经济收益。

图4-2 现场学习培训

第五章　驴的繁殖技术

第一节　驴的选育

我国驴品种主要有新疆驴、疆岳驴、关中驴、河南驴、山东驴、湖南驴等，其中新疆驴和疆岳驴属于大型驴，适合肉用和乳用，关中驴、河南驴、山东驴、湖南驴属于中型驴，适合药用和役用。2023年，我国将加强驴品种的选育工作，通过人工授精、胚胎移植、杂交育种等手段，培育出更适应我国各地区气候和饲养条件的优良驴品种，提高驴的生产性能和经济效益。同时，我国也将加强驴品种的保护工作，建立驴品种的资源库和基因库，防止驴品种的退化和消失。驴的繁殖性能是扩大饲养规模、培养纯正系种的核心。提高肉驴繁殖力的措施主要包括：做好种驴的选择；做好驴的发情鉴定和适时配种；严格操作技术规程，大力采用和推广应用繁殖新技术；进行早期妊娠诊断，防止失配空怀；减少胎盘死亡和流产。本品种选育是我国地方的基本繁育形式，在一些饲料条件良好的农区，也有用大、中型驴进行杂交，以期提高当地驴的品质。但也有不少杂交，只具有本品种选育的性质。

一、选择驴的外形要求

观察驴的优劣，先看驴的外形。应选择一个地势平坦、光线充足的地方进行。距离驴3～5 m远，就其外貌、体质、结构及健康等给予大体的观察。将驴体分为三大部分：头颈、躯干和四肢，每部分再细看其若干小部位（图5-1）。然后根据利用方向及品种要求，依头、颈、躯干和四肢顺序分部位判定后，再牵行走动，进行步样检查。

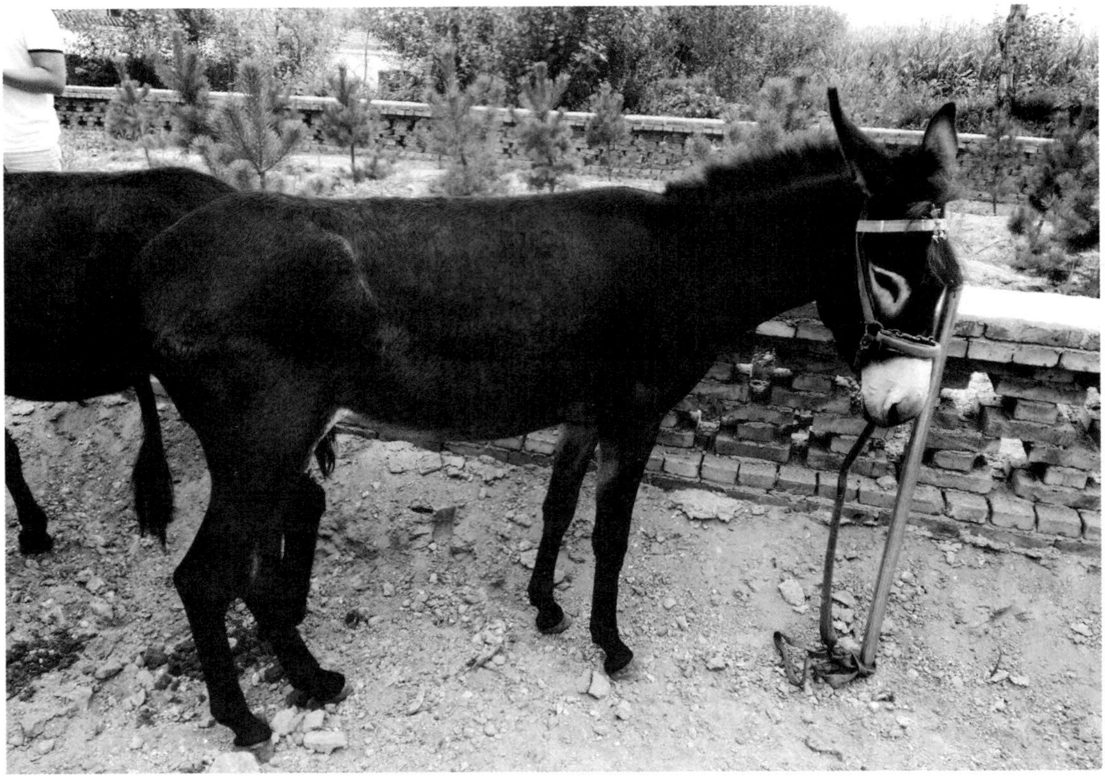

图5-1　驴的外形

（1）头颈部。头要大小适中、方正，以直头为好，前额要宽。眼要大而有神。耳长竖立而灵活，耳壳要薄，耳根要硬，鼻孔大，鼻黏膜呈粉红色，齿齐口方。种公驴的头要清秀、皮薄、毛细、皮下血管和头骨棱角要明显，头与地面呈40°，头与颈呈90°，口裂大、叫声长。选择时应选颈长厚、头颈高昂、颈肩结合良好的个体。

（2）躯干部。中躯长是驴躯干部的重要特点，包括鬐甲、胸廓、腹、背、腰、尻等。鬐甲要求宽厚高强，发育明显。种公驴鬐甲低弱者应予淘汰。胸廓要求宽深，肋骨拱圆，腹部发育良好，不下垂，肷部要求短而平。草腹驴不宜种用。背部要求宽平而不过长。软背、凹背、长腰的个体应予淘汰。尻部肌肉丰满，尻宽而大的正尻驴属标准的体格，适于选为肉用驴。

（3）四肢部。要求四肢端正、结实，关节干燥，肌腱发达。从驴体前、后、左、右四面看，是否有内弧或外弧腿（即O形或X形腿）；是否四肢关节有腿弯等现象；是否有前踏、后踏、狭踏或广踏等不正确的姿势。

（4）牵引直线前进，观察步样。举肢着地是否正常，有无外伤或残疾、跛行，观察步幅大小、活动状态。

对于种用公驴，阴茎要细长而直，两睾丸要大而均衡，隐睾或单睾者不可作种驴。种用母驴要阴门紧闭，不过小；乳房发育良好，碗状者为优，乳头大而粗、对称，略向外开张。

二、驴的选种

驴的综合选种，是按照综合鉴定的原则，对于合乎种驴要求的个体，按血缘来源、体质外貌、体尺类型、生产性能和后裔鉴定等指标来进行选种。目的是对某头种驴进行全面评价或者是期望通过育种工作，迅速提高驴群或品种的质量。

（1）驴的血缘来源：首先要看它是否具有本品种的特点，然后再看其血缘来源。要选择其祖先中没有遗传缺陷，本身对亲代特点和品种类型特征表现明显，且遗传性稳定的个体。

（2）驴的外貌鉴定：外貌鉴定除对整体结构、体质和品种特征进行鉴定外，还要对头颈、躯干、四肢三大部分每个部位进行鉴定，并按体质外貌标准评定打分。

（3）体尺类型：主要是体高、体长、胸围、管围和体重。

（4）生产性能：对公、母驴都有要求。特别是对肉用驴的肉用性能要求，主要是屠宰率、净肉率以及眼肌面积等；膘度、各部位肌肉发育情况、骨骼显露情况等。

（5）后裔鉴定：根据个体系谱记录，分析个体来源及其祖先和其后代的品质、特征来鉴定驴的种用价值，即遗传性能的好坏。种公驴的后裔鉴定应尽早进行，在其2～3岁时选配同品种一级以上的母驴10～12头。在饲养管理相同情况下，根据驴驹断奶所评定的等级作为依据进行评定，而母驴依2～3头断奶驴驹的等级进行评定。

三、驴的选配

选配是选种的继续，是育种的中心环节，也是选择最合适的公、母畜进行配种的过程。目的是为了巩固和发展选种的效果，强化和创新人们所希望的性状、性能以及减弱或消除弱点和缺陷，从而得到品质优良的后代。选配时应考虑公、母畜体质外貌、生产性能、适应性、年龄和亲缘关系情况。一般公畜均应优于母畜，但公畜之间不应都有共同的缺欠。最优良母畜必须用最优良的公畜交配，有缺点的母畜要用正常的公畜交配。根据实际需要应正确而适当地运用杂交，但不能过分集中地使用。

驴的选配方法主要有：驴的品质选配；驴的亲缘选配；驴的综合选配。

四、驴的育种方法

驴的育种方法，主要包括本品种选育和杂交改良。本品种选育也称纯种繁育，是指同品种内的公、母驴的繁殖和选育。通过选种配种、品质繁育、改善培育条件以提高优良性状的基因频率，改进品种质量。为防止驴种退化，要根据不同情况，采取不同的选育方法。

（1）血液更新。血液更新又叫"血缘更新"，是防止近交退化的措施之一。指对近交而表现出生活力衰退的个体，引用其有类似性状，而无血缘关系的同品种驴与它交配 1 次，即暂时停止近交，引进外血，以便在不动摇原有亲交群遗传结构的条件下，使亲交后代具有较强的生活力和更好的生产力。对于本场内或本地公驴范围小，而且多年用的种驴往往血缘关系较近，如不及时换种公驴，很容易造成近亲交配。通过血液更新、加强饲养管理和锻炼，就可以避免造成生活力降低等问题。

（2）冲血杂交。冲血杂交又称导入杂交、引入杂交和改良杂交。如果纠正驴种某一个别缺点，或生产性能的缺陷，其他方面基本上就可以满足品种的要求，采用纯种繁育短期又不能见效，在此种情况下，可有针对性地选择不具这一缺点的优良品种杂交、改进。为了不改变被改良品种的主要特点，一般只杂交一次。以后在杂交第一代杂种群中，选择优秀的杂种公、母驴和需要改良的公、母驴分别交配，如所生后代较理想，就使杂种公、母驴进行自群繁育。这种杂交方法在小型驴和中型驴分布地区经常采用，往往是引入大型驴进行低代（1～2代）杂交，以提高其品质，而不改变小型或中型的吃苦耐劳、适应性强的特征。

（3）品系（族）繁育。品系（族）繁育是指为了育成各种理想的品系（族）而进行的一系列繁育工作。其工作内容：首先培育和选出优秀的个体作为系（族）祖。其次充分利用这头优秀种畜，并通过同质选配或亲缘交配，育出大量具有和系（族）祖类似特征的后代。再次在后代中选出最优秀又最近似系（族）祖的个体作为继承者，同时淘汰不合格品系（族）的个体，继续繁育建立品系。最后进行不同品系（族）的结合，以获得生命力强、特点多的优秀种畜，并从中选出新的系（族）个体，建立新的综合品系（族），以后又让各品系（族）结合，又得到更为优秀的种畜，从而使品种不断提高和发展。所以，品系繁育是选择遗传稳定、优点突出的公驴作为系祖，选择具备品系特点的母驴，采用同质选配的繁育方法进行的。建系初期要闭锁繁育，亲缘选配以中亲为好，要严格淘汰不合格品系特点的驴，经3～4代即可建立品系，建系时要注意多选不同来源的公驴，以免后代被迫近交。品系建立后，长期的同质繁育，会使驴的适应性、生活力减弱，这可通过品系间杂交得以改善。品族是指以一些优秀母驴的后代形成的家族。品族繁育是驴群中有优秀母驴而缺少优秀的公驴或公驴少，血缘窄，不宜建立品系而采用的。

（4）驴的杂交。对分布在大、中型驴产区的小型驴实施杂交，即用大、中型公驴配小型母驴。这些地区农副产品丰富，饲养管理条件相当优越，当地群众有对驴选种、选配经验，通代累代杂交，品质提高很快。杂交，对肉用驴的培育也是一种可行的重要方法。

第二节　驴的繁殖

目前应用的繁殖技术主要有：发情鉴定、同期发情、人工授精、自然交配、妊娠诊断等。

一、发情鉴定

驴的发情期长，因此，为确保适时配种时机和减少配种次数，提高母驴的受胎率，必须进行发情、排卵的检查。发情鉴定的方法包括外部观察、试情、阴道检查及直肠检查。通常是在外部观察的基础上重点进行直肠检查（图5-2）。

（一）外部观察法

主要根据母驴外部表现来判断发情程度，确定配种时间。配种人员应早晚巡视驴群。母驴发情时阴唇肿胀，抿耳吧嗒嘴。

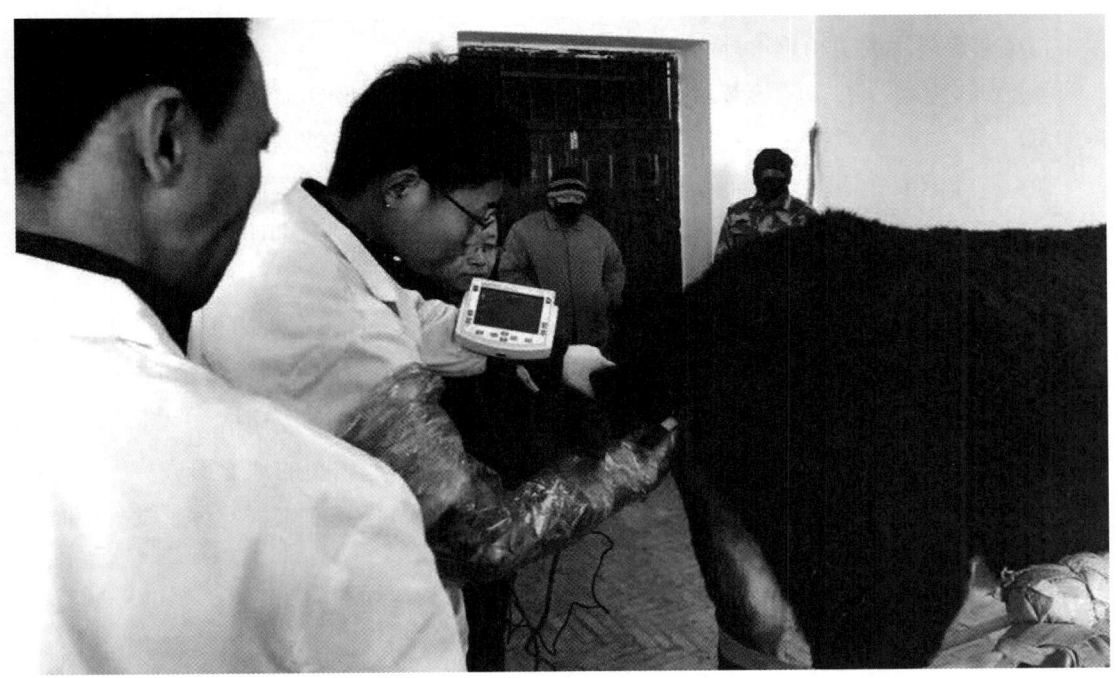

图 5-2　驴的发情鉴定

（二）直肠检查方法

将发情母驴牵到四柱栏内进行保定。检查人员剪短并磨光指甲，带上一次性长臂手套，手套上涂润滑液，五指并拢成锥形，轻轻插入直肠内，手指扩张，以便空气进入直肠，引起直肠努责，将粪排出或直接用手将粪球掏出。掏粪时注意不要让粪球中食物残渣划破肠道。检查人员手指继续伸入，当发现母驴努责时，应暂缓，直至狭窄部，以四指进入狭窄

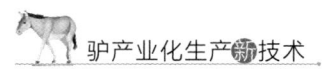

部，拇指在外，此时可采用两种检查方法：

（1）下滑法：手进入狭窄部，四指向上翻，在第3、第4腰椎处摸到卵巢韧带，随韧带向下捋，可摸到卵巢。由卵巢向下可摸到子宫角、子宫体。

（2）托底法：右手进入直肠狭窄部，四指向前下摸，可以摸到子宫底部，顺子宫底向左上方移动，便可摸到子宫角。到子宫角上部，轻轻向后拉可摸到左侧卵巢。直肠检查为卵巢呈蚕豆形，未发情卵巢手感较硬有肉感。

注意触摸时，应用手指肚触摸，严禁用手指抠揪，以防止抠破直肠壁，引起大量出血或感染而造成死亡。触摸卵巢时，应注意卵巢的形状、质地，卵泡大小、弹力、波动和位置。根据直肠检查触摸卵巢，可判断卵泡的发育情况。一般卵泡的发育可分为7个时期：

（1）卵泡发育初期，两侧卵巢中开始有一侧卵巢出现卵泡，初期体积小，触之形如硬球，突出于卵巢表面，弹性强，无波动，排卵窝深。此期一般持续时间为1～3 d，不配种。

（2）卵泡发育期，卵泡发育增大，呈球形，卵泡液继续增多。卵泡柔软而有弹性，以手指触摸有微小的波动感。排卵窝由深变浅。此期持续1～3 d，一般不配种。

（3）卵泡生长期，卵泡继续增大，触摸柔软，弹性增强，波动明显，卵泡壁较前期变薄，排卵窝较平。此期一般持续1～2 d，可酌情配种（卵泡发育快的驴配种，反之则不配）。

（4）卵泡成熟期，此时卵泡体积发育到最大程度。卵泡壁甚薄而紧张，有明显的波动感，弹性减弱，排卵窝浅。此期可持续1.0～1.5 d。应在这一时期卵泡开始失去弹性时进行交配或输精。

（5）排卵期，卵泡壁紧张，弹性消失，卵泡壁非常薄，有一触即破的感觉。触摸时，部分母驴有不安和回头看腹的表现。此期一般持续2～8 h。有时在触摸的瞬间卵泡破裂，卵子排出。直检时则可明显摸到排卵凹及卵泡膜。此期宜立即配种或输精。

（6）黄体形成期，排卵后，卵巢体积显著缩小，在卵泡破裂的地方形成黄体。黄体初期扁平，呈球形，稍硬。因其周围有渗出血液的凝块，故触摸有肉样实体感觉。此时不应配种。

（7）休情期，卵巢上无卵泡发育，卵巢表面光滑，排卵窝深而明显。

二、发情时间

驴属于季节性多次发情动物，一般在每年3—6月份时就会进入发情旺期，7—8月份天气比较炎热，这时发情就会减弱。

三、同期发情

对母驴发情周期进行同期化处理的方法称为同期发情或同步发情。同期发情技术主要采用激素类药物，改变自然发情周期的规律，从而将发情周期的过程调整统一，使群体母驴在规定的时间内集中发情和排卵。同期发情的意义：一是有利于推广人工授精；二是便于组织生产；三是提高繁殖率；四是为驴胚胎移植的研究创造条件。

四、人工授精

一些由人为控制的促进繁殖的新技术如人工授精、同期发情、诱发发情、超数排卵、胚胎移植、诱发分娩等在生产上也逐渐得到应用，以人工授精最为广泛。人工授精是借助于器械将公羊的精液输入到母羊的子宫颈内或阴道内，达到受孕的一种配种方式，具有提高良种公驴的配种效能和种用价值，减少种公驴的饲养量，加速品种改良，降低饲养管理费用，提高母驴的受胎率，精液可以长期保存，方便使用等优点。

精液的长期有效保存是发挥优良种公畜的配种效能、提高受孕率的保证。因此，精液保存技术的革新，是当代人工授精技术中研究与探讨的核心问题。现行的精液保存方法按保存温度分为 3 种，即常温保存（15 ~ 25 ℃）、低温保存（0 ~ 5 ℃）和冷冻保存（–79 ℃或 –196 ℃）。王慧伟通过试验得出不同保存温度下的最佳保存稀释液，结果表明，葡萄糖 – 甘油 – 卵黄液和葡萄糖 – 卵黄液在常温保存稀释液中保存效果较好；对低温保存稀释液，奶粉 – 葡萄糖 – 卵黄液和葡萄糖 – 卵黄液的保存效果较好；乳糖 – 葡萄糖 – 甘油 –卵黄液作为冷冻保存液的保存效果较好，冻后精液活力、畸形率和顶体完整率与其他 4 种冷冻保存液相比差异极显著（P<0.01）。

人工授精程序包括直肠检查、采精、精液稀释、输精等方面的内容。整个工作要求技术人员操作熟练，做到严格消毒，细心操作，准确地配置稀释液和药液。现在肉驴养殖技术渐渐成熟，人工授精配种方法，可更好的利用种公驴来提高母驴受胎率。一头种公驴一年如果用人工授精可配种 600 ~ 800 头母驴。人工授精可防止母驴各种疾病及传染病感染，更好的解决母驴不孕症及子宫狭窄、子宫弯曲等症状。下面是母驴人工授精的具体操作方法。

（一）采精前准备

1. 采精场所的要求

采精场所应保持宽敞、安静，地面保持清洁并铺以防滑设施，如橡胶板等，以免公驴采精时滑倒。在大型肉驴养殖场或配种站，一般都有自己的人工采精、授精技术实验室，这样可以充分发挥种公驴利用率，提高母驴受胎率。扩大母驴配种数，在肉驴养殖中具有重要意义。

（1）建立肉驴人工配种操作处理室。

（2）房网面积：15 ~ 20 m²，四壁严密，墙壁卫生，安双层门窗，水泥地面。室内光线充足，有采暖设备，室温保持在 20 ~ 25 ℃，室内设操作台和物品保管橱。

（3）输精工作人员准备：在工作前，剪短指甲，磨光，洗手，消毒，穿工作服，戴卫生帽。

2. 母驴的准备

选择健壮、性情温顺、无疫病的母驴，并保定于采精架内。台驴的外阴、臀部应冲洗干净。

3. 仪器设备的准备

内胎、胶帽、玻璃棒用 75% 酒精消毒。接触采精的器材、用具分类包装。放入灭菌器内蒸汽消毒 30 min。有条件的备有消毒柜做好无菌保管。

用过的器材、用具、纱布等立即浸泡在清水中。及时洗涤，消毒后用 0.9% 生理盐水冲洗 2 ~ 3 次。输精胶管最好用 2% ~ 3% 重曹水用注射器冲洗 2 ~ 3 次。

预先使恒温箱和水浴锅处于 33 ~ 35 ℃工作状态，将采精用具有规则地摆放在操作台上，假阴道润滑剂（凡士林与液体石蜡油按 1:1 的比例调制）用水浴消毒。

4. 假阴道的准备

安装假阴道前应先洗净双手，用 75% 的酒精棉球消毒假阴道内胎及三角漏斗，将三角漏斗安装于假阴道上，再按上集精管，套上保护套，假阴道内可提前注入 38 ℃左右的温水，并用消毒纱布将假阴道口包裹好，放置于预先调整好温度（44 ~ 46 ℃）的恒温箱内待用。青年驴用光面内胎的假阴道，成年驴可用纹状面内胎的假阴道。采精前在假阴道内胎的前 2/3 处用涂抹棒均匀擦适量消毒过的润滑剂，并从活塞孔打气，使假阴道有适度（假阴道口呈三角形状为宜）的压力。采精时温度控制在 38 ~ 40 ℃之间，根据不同的驴，温度可做适当调整，最高不得超过 43 ℃。

（二）采精程序

（1）采精驴必须无应激的牵到采精场，避免公驴间互相干扰，影响采精生产。严格执行一人一驴，人不离驴，不得打闹、说笑、坐卧和吸烟，始终保持严肃认真的态度，严禁踢打和恐吓种公驴。

（2）采精时要做到两配合，即牵引人与采精员之间配合。采精员站在距台驴右侧 3 m 处，密切观察种公驴整个爬跨过程，种公驴每次空爬时，采精员应将其阴茎拨到右侧，一方面避免阴茎接触台驴臀部受污染，另一方面有助于性刺激。

（3）当种公驴性准备充分时，采精员右手持假阴道以水平30°~40°，紧贴台驴臀部，左手拔种公牛阴茎至假阴道端口，待其阴茎自行完全进入假阴道后，放开左手，并顺势轻抚于种公驴后臀或侧面轻微用力，有助于种公驴充分射精。种公驴射精后令其自行落下，不得强拉硬拖，同时，采精员右手持假阴道，保持与驴下腹呈一定角度，紧随种公驴落地而下后移动，待种公驴双前肢完全落地，感觉种公驴阴茎已软化回缩时，方可移去假阴道。

（4）采精员完成一次采精动作后，立即打开假阴道气阀排出里面的充气，然后稍稍倾斜假阴道，待残留在假阴道内和乳胶套上的精液完全进入集精管后方可移送检测室，同时必须验明驴号，交代清楚。两次采精均必须保证两次间隔15 min以上。

（5）种公驴采精完毕后，要缓步牵出采精场，严禁急追急跑。待种公驴牵出后立即做好下一头驴采精准备工作。

注意事项：注意人驴安全，注意不要损伤种公驴；防止形成习惯性重复采精；实行两次采精，其间隔时间不得少于6~8 h。

精液处理：用消毒过的2~4层纱布进行过滤；过滤时缓缓流入杯内；准备输精及稀释。

（三）采精结束后做好以下工作

（1）彻底清洗采精器具和用具（假阴道，乳胶套，集精管，保护套，手套，台布等），并经沸水高温消毒，干燥后备用。

（2）彻底清扫和冲洗采精场地和胶垫，必须做到室内外清洁卫生。

（3）及时冲洗干净采精场，积极参与采精筒、衣物等的清洗和相关卫生的打扫。

（四）采精频率

根据种公驴的年龄、体况和季节，合理安排采精频率。成年公驴每周采精2次，每次射精2次，2次射精间隔时间应在20 min以上；青年公驴，每15 d采精1次。

（五）精液品质检查

（1）精液量：以电子天平称量精液，按1mL/g计，避免以量筒等转移精液盛放容器的方法测量精液体积。

（2）颜色：正常的精液是乳白色或浅灰白色，精子密度越高，色泽愈浓，其透明度愈低。若带有绿色或黄色是混有脓液或尿液，若带有淡红色或红褐色是含有血液。这样的精液应舍弃不用，会同兽医寻找原因。

（3）气味：驴精液略带腥味，如有异常气味，应废弃。

（4）pH 值（酸碱度）：用 pH 计或 pH 试纸测量。

（5）精子活率检查：利用显微镜在 25 ~ 30 ℃室温内进行镜检，倍散为 400 ~ 600 倍。活率是指呈直线运动的精子百分率，在显微镜下观察精子活率，按 0.1 ~ 1.0 的十级评分法进行，鲜精活率要求不低于 0.7；检查活率时要求载玻片和盖玻片都应 37 ℃预热。

（6）精子密度：指每毫升精液中所含的精子数，是确定稀释倍数的重要指标。要求用血细胞计数板进行计数或精液密度仪测定。血细胞计数板计数方法：①具有代表性原精液 200 μl，3%NaCl 1 800 μl，混匀，使之稀释 10 倍。②在血细胞计数室上放一盖玻片，取 1 滴上述精液放入计数板的槽中，靠虹吸将精液吸入计数室内。③在高倍镜下计数 5 个中方格内的精子总数，将该数乘以 50 万，即得原精液每毫升的精子数（即精液密度）。

（7）精子畸形率：畸形率是指异常精子的百分率，要求畸形率不超过 18%，其测定可用普通显微镜，但需伊红或姬姆沙染色，相差显微镜可直接观察活精子的畸形率，公驴使用过频或高温环境会出现精子尾部带有原生质滴的畸形精子。畸形精子种类很多，如：巨型精子、短小精子、双头或双尾精子，顶体膨胀或脱落、精子头部残缺或与尾部分离、尾部变曲。要求每头公驴每两周检查一次精子畸形率。

（8）认真填写种公驴精液品质检查登记表。

（六）精液稀释、分装、贮存和运输

1. 准备

凡是接触精液的器皿均应放在 33 ~ 35 ℃恒温箱中，稀释液放在 34 ℃恒温水浴箱中备用。稀释用玻璃器材应置于 34 ℃恒温箱中，稀释时只能将稀释液往精液里加，不可逆行操作。盛装稀释精液的稀释管应做明显标记，以防混淆。

2. 密度测定

采集的精液通过专用窗口传递入精液处理室后，按精液密度测定仪的操作规程准确进行精液的密度测定。所有仪器必须精确，操作必须正确。

测出密度后通过计算或精液密度测定仪的相关程序获得应加稀释液量、可制作细管数等信息。并及时记录驴号、采精量、密度、所加稀释液量、制作细管数等有关数据。

3. 鲜精镜检

取精液或稀释精液一滴于载玻片上，加盖盖玻片后，在 38 ℃恒温装置的相差显微镜上评定活力，活力用百分率表示，例如 80% 或 0.8。活力是判断精液质量的一个重要指标，镜检活力等项指标应符合规定，合格后方可进行稀释。

4. 稀释、封装、平衡和标志

化学药品称量取用后，应立即将瓶口盖严，以免灰尘、杂菌等污染，防止分解和潮解。特别是甘油具有很强的吸水性，如保管不当，将会影响用量的准确性。药匙应一对一使用，药量必须精确。

鸡蛋应来源于无疫病的鸡场，且所用鸡蛋须新鲜、完整、干净，取卵黄前先用 75% 酒精棉球对蛋壳表面进行消毒，待酒精挥发尽后用蛋清分离器取出完整的卵黄；也可在鸡蛋腰中线外敲开一裂纹，将鸡蛋一分两半，利用二个蛋壳交替倾倒，除去蛋清，留下卵黄；然后用灭菌的注射器穿过卵黄膜抽取卵黄。

配制 12% 蔗糖溶液 100 mL：先准确称取蔗糖（分析纯）12 g，放入容量为 100 mL 的量筒内，加入蒸馏水 50 mL 左右，用消毒过的玻璃棒搅拌，等蔗糖溶解后再加蒸馏水至 100 mL，混匀后用滤纸过滤于三角烧瓶中，扎好（塞紧）瓶口，置 75 ℃水浴锅中消毒 30 min。

取冷却后的蔗糖溶液 75 mL、甘油 5 mL、卵黄 20 mL 和青、链霉素各 5 ～ 10 万单位加入三角烧瓶中，用磁力搅拌器充分搅拌均匀后放入 3 ～ 5 ℃的冰箱内待用，但放置时间不得超过 24 h。

使用一种稀释液时，取一支盛有 30 mL 稀释液经 34 ℃水浴预先加温的试管，对精液进行稀释，在 34 ℃水浴中暂存 10 min 后加稀释液到最后稀释量。

（1）方法一：再过 10 min 后即可在 20 ℃以下常温实验室操作台上进行精液分装，分装后的细管精液放入不透明的塑料盒内，每盒以盛放 300 支为宜（遇一头驴的细管数量较大应分放在二个塑料盒中），把塑料盒放入 4 ℃冷藏柜中平衡 3 ～ 4 h。并在低温柜上盖一条毛巾，避免强光进入低温柜内；

（2）方法二：加完稀释液后，用水杯盛适量的 34 ℃水，把稀释管放入后送 4 ℃低温柜内降温平衡，2 h 后水杯中加冰块促使其快速降温至 4 ℃（空细管也应降至 4 ℃），再在低温柜中进行细管分装。分装后的细管即可进行冷冻。

使用两种稀释液时，用 34 ℃的第一液缓慢地加入精液中，摇匀，所加第一液的量 =[（所加稀释液总量 + 精液量）/2]− 精液量，用烧杯盛适量的 34 ℃水，把稀释管放入后送 4 ℃低温柜内降温，与此同时把第二液也放入 4 ℃低温柜。平衡 2 h 后水杯中加冰块促使其快速降温。当降温至 10 ℃时加入第二液，所加第二液的量 =（所加稀释液总量 − 所加第一液的量）。加入第二液以后再平衡 30 min 以上才能在低温柜中进行细管分装（空细管也应降至 4 ℃），分装后的细管即可进行冷冻。

有条件的单位可使用细管一体机进行分装操作，这是一套在完成灌装与封口后即刻进行喷墨印字的一体化设备，它使得人们在储精细管未装精液封口前不必触动它，以便在尽可能不被外界污染的情况下完成细管精液的灌装与封闭，这对减少环境污染、提高产品的卫生质量指标极为有利。

细管上所印的信息必须字迹清晰易认。

5. 精液稀释

精液采集后应尽快稀释，原精贮存不超过 30 min。未经品质检查或检查不合格（活力 0.7 以下）的精液不能稀释。稀释液与精液要求等温稀释，两者温差不超过 1 ℃，即稀释液应加热至 33 ~ 37 ℃，以精液温度为标准，来调节稀释液的温度，绝不能反过来操作。稀释时，将稀释液沿盛精液的杯（瓶）壁缓慢加入到精液中，然后轻轻摇动或用消毒玻璃棒搅拌，使之混合均匀。如做高倍稀释时，应进行低倍稀释（1:1 ~ 2:1），待半分钟后再将余下的稀释液沿壁缓慢加入，以防造成"稀释打击"。稀释后要求静置片刻再做精子活力检查，如果稀释前后活力无太大变化，即可进行分装与保存，如果活力下降，说明稀释液的配制或稀释操作有问题，不宜使用，并应查明原因加以改进。

6. 精液冷冻

平衡、封装后的细管精液上架码放时应注意细管摆放方向，把棉塞封口端靠近操作者，超声波封口端远离操作者，入冷冻仪时亦应如此放置。每架上放类似于细管的标记物，一头驴用同一颜色的标记物，便于识别。如同一架上有不同驴的细管精液，要分开码放，两头驴之间要隔开一些距离，以免混淆。

冷冻仪是由电子计算机控制的全自动冷冻容器，可根据使用者的需要获取多条冷冻曲线。使用时首先在电脑中设置好冷冻的最佳温度曲线，冷冻仪与低温柜应尽量靠近，开启液氮罐阀门把冷冻仪降温 4 ℃，关闭风扇电源，待风扇完全停止后把已排满待冻细管的架子迅速放入冷冻仪，盖严盖子按电脑预先设定好的最佳冷冻曲线程序自动完成冷冻过程。如果冻精细管数量不足时，要填充备用塑料管和细管架以保持最佳冷冻曲线程序自动完成冷冻过程，确保冻精质量。

使用大口径液氮罐时，液氮生物容器（液氮罐）应符合 GB/T5458—2012 的规定；液氮罐温度调控主要起决于是冷冻架离液面的距离和一次冷冻的细管数（即冷冻架的多少），冷冻的温度一般控制在 –140 ℃左右，初冻温度调至 –120 ℃左右，冷冻时温度回升的最高值不得高于 –90 ℃，整个冷冻过程控制在 8 min 之内，此间所指的冷冻温度是细管冷冻面的温度而非细管内的温度。

冷冻完成后，打开冷冻容器盖子，冻精按驴号投入盛满液氮的不同提筒中，细管的超声波封口端在上，棉塞封口端在下，不得倒置，以免细管棉塞端的爆脱，并迅速浸泡在液氮中。

7. 冻精镜检和检验规则

镜检后，镜检不合格者应立即废弃，镜检合格后方可进行包装。

冻精产品的质量应由相对独立的技术人员负责检测与监督，出站前外观、精子活力每头每批号的产品必须检验，经质检员检验合格并出具合格证后，才可作为合格品支付。每季度每头驴的冻精产品型式检验不少于一次。当生产冻精的重要原材料、器件等有重大改变影响到产品质量时必须做型式检验。

8. 精液包装

用细管计数分装机进行包装，包装应在 -140 ℃以下的环境中进行，包装后的细管其棉塞端在塑料管的底部，不得倒置。塑料包装管的内径应均匀一致，不得用上口大、底部小的塑料管。包装好的细管精液入贮存库。不同品种公驴的冻精，可用不同颜色包装加以区别。

9. 冻精贮存

冻精应贮存于液氮罐的液氮中，贮存冻精的低温容器应符合 GB/T5458-2012 标准规定。设专人保管，每周定时加一次液氮，保证冻精始终浸在液氮中。

冻精保管人员应经常检查液氮罐的状况，如发现液氮罐外壳结白霜，立即将精液转移入其他液氮罐内保存。包装好的冻精由一个液氮罐转换到另一液氮罐时，在液氮罐外停留时间不得超过 3 s。取存冻精后要盖好液氮罐塞，在取放盖塞时，要垂直轻拿轻放，不得用力过猛，防止液氮罐塞折断或损坏。移动液氮罐时，不得在地上拖行，应提握液氮罐手柄抬起罐体后再移动，要轻拿轻放，严禁震荡、撞击，且置于阴暗处，并注意室内通风。每头公驴的冻精应单独贮存。贮存冻精的容器每年至少清洗一次并更换新鲜液氮。

10. 冻精运输

冻精运输过程中要有专人负责，贮存容器不得横倒、碰撞或强烈振动。保证冻精始终浸在液氮中。

（七）输精

1. 母驴外阴的清洗和消毒

将母驴保定在四柱栏内，驴尾用绳拴到身体一侧，露出外阴。首先用干净的温水将肛门及外阴上的粪洗掉，其次用 1% 的新洁尔灭对肛门及外阴部消毒，再用干净的温水将消毒液清洗干净，最后用干净的毛巾或纸将肛门及外阴部的水擦干。

2. 冻精输精

配种员手带消毒一次性长臂手套，站在母驴后方偏左侧，右手提输精枪，五指形成锥形，缓慢插入母驴阴道内，将输精枪顶端插入子宫颈口内 5 ~ 7 cm 处，左手缓缓将精液推入母驴子宫内。左手慢慢拔出输精枪，右手缓慢从母驴阴道内抽出，持续轻揉子宫外阴。一次输精的直线运动精子数不得少于两亿五千万。稀释精液输精量 10 mL 以上。血配母驴输精量增加一倍。

3. 鲜精输精

受精后输精胶管和输精器材充分冲洗，封好盖严，防止空气污染。输精部位在子宫体底部伸约 8 ~ 12 cm。输精时检查母驴发情时是否有炎症，是否能输精。恒温箱精液取出时逐渐升温，幅度为每小时 0.5 ℃。做好配种记录，记录应及时、准确。（种公驴配种成绩表、采精记录、精液存活时间检查表、求配母驴登记表）配种记录表，见表 5-1。

表5-1　配种记录表

序号	畜主姓名	畜主住址	牛耳编号	母牛品种	母牛年龄	母牛胎次	发情时间	输液时间	冻精编号	冻精来源	复配时间	预产期

（八）自然交配

由于驴的发情持续期不是很稳定，所以它的排卵时间就不固定，只有掌握最佳的配种时机，才能提高驴的配种受孕率。在自然交配时，公驴接近发情的母驴，产生性冲动，出现求偶、勃起反射，爬跨母驴，阴茎插入母驴阴道经几次抽动，在 0.8 min 左右射精，个别公驴长达 1 min 以上。交配时间一般在 1.0 ~ 1.5 min。发情的母驴子宫颈口开放，在发情盛期，子宫颈管可容纳 2 ~ 3 个手指头。公驴的阴茎充分勃起，膨大的龟头推向阴道穹隆，尿道突起插入子宫颈内。阴茎的抽动使子宫颈产生负压，射精时精液吸入子宫颈或子宫体内。驴的排卵时间一般在发情后 3 ~ 5 d，到发情结束前 1 ~ 2 d 这一时间段，由于这一时间跨度比较长，为了提高配种受精率，可采用复配的方式进行配种。发情 3 ~ 5 d 时配一次，发情结束前再配一次（图5-3）。

图5-3 自然交配寻找配偶

第三节 妊娠诊断

驴的妊娠检查应在输精后 18 d 左右，进行首次妊娠检查，可防止隐性发情的空怀或假发情的人为流产。妊娠检查常采用外部观察、阴道检查、直肠检查三种方法。

（1）外部检查。即通过肉眼观察母驴的外部表现再判断妊娠与否。

（2）阴道检查。即通过检查阴道黏膜、子宫颈状况来判断妊娠与否。

（3）直肠检查。同发情鉴定一样，通过直肠检查卵巢、子宫状况来判断妊娠与否。

具体根据：宫角收缩呈圆柱形，角壁肥厚，深部略有硬化感，轻捏子宫角尖端，两手指靠不紧，感觉中间隔有肌肉组织，表明怀孕 14 ~ 16 d。

宫角硬化程度增加，轻捏尖端不扁，中间似有弹性的硬芯，在子宫角基部，向下突出的胚胞感觉明显，如鸽蛋大。空角多弯曲，孕角多平直，空角多比孕角长。两子宫角交界处出现凹沟，表明怀孕 16 ~ 18 d。

宫角孕角质地坚硬如猪尾巴，空角弯曲增大。子宫底的凹沟明显，胚泡如乒乓球大。此时，卵巢的排卵侧，可摸到黄体，表明怀孕 20 ~ 25 d。

左右子宫角无变化，摸到的胚泡继续增大，形如拳头大小，卵巢黄体明显，表明怀孕 26 ~ 40 d。

胚泡继续增大，孕角因为重量加大而下沉，卵巢韧带开始紧张，空角多背负于胚泡上面，胚泡部子宫壁变薄，轻轻触动有波动感，表明怀孕 40 ~ 55 d。

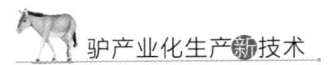

胚泡很快增大，大如婴儿头，妊娠侧子宫角下沉，卵巢韧带紧张，两卵巢均下沉，彼此稍微靠近，胚泡处子宫壁薄而软，内有大量胎水，表明怀孕 60 ~ 70 d。

两子宫角被胚胎占据，摸不到子宫角和胚泡整体，卵巢更向腹腔前方移位，卵巢韧带更加紧张，两卵巢更加靠近，表明妊娠 80 ~ 90 d。直检时，要注意区分胚泡和膀胱，前者表面布满血管，呈球网状，后者表面光滑，并充满尿液。如果区分不清楚时，可等待片刻或牵驴运动后，使驴排尿后再做检查。

可摸到子宫中动脉的特异搏动。该动脉位于直肠背侧，术者手伸入直肠后，手掌向上用手指贴于骨盆顶部的荐骨，从后向前先找到腹主动脉末端的两条分支，即髂内动脉；再沿正中的腹主动脉向前摸到第二个分支为髂外动脉；在髂外动脉的基部可以摸到由该处分出来走向子宫阔韧带的子宫中动脉，子宫中动脉的特异搏动如水管喷水状，表明母驴已妊娠 4 个月以上。

可摸到胎儿活动，表明怀孕 5 个月以上。

肉驴在春夏季节是配种旺季，发情旺盛季节。但有的母驴配种不成功，甚至屡配不孕，其原因大致可分为四类：

（1）母驴疾病性不孕。

本类又可分为 4 种：

症状性不孕：这是最多见的一种。如：慢性子宫内膜炎、卵巢机能不全及萎缩、卵巢囊肿、持久黄体、阴道炎、胎儿分解性流产等。另外，某些内科、外科疾病也可引起不孕。

母驴营养性不孕：过于肥胖，过于消瘦，饲料品质不佳，某些矿物质和维生素缺乏。

利用性不孕：母驴使役过度，出乳过多等。

气候性不孕：母驴长期舍饲，日照不足，也有可能造成不孕。

（2）母驴先天性不孕（种间杂交）。

两性畸形（在一个驴体上有雌、雄生殖器官）；变态雌性（从外表上看是雌性，但有完整的雄性生殖器官）；先天性生殖道反常（单子宫或没有子宫腔、无卵巢、子宫颈封闭不通、没有子宫颈、双子宫颈、有两个子宫颈外口、阴道瓣发育过度等）。

（3）衰老性不孕。

肉驴到了老龄时期就不孕了，母驴一般 17 ~ 25 岁。个别的毛驴早期停止生育，就可能是病态。

（4）人为的不孕。

母驴发情后配种不适时（过早或过晚）；配种前不搞排卵检查，不进行鉴定；种公驴一天爬跨多次后再给母驴配种，都可导致不孕。

第四节 提高驴繁殖力的措施

一、加强选种繁殖力受遗传因素的影响

加强选种繁殖力受遗传因素的影响很大，不同品种和不同个体的繁殖性能亦有差异。尤其是公驴对后代的影响很大，因此，选择繁殖力高的公、母驴是提高驴繁殖率的前提。对于母驴的选择应注意在正常饲养条件下对其性成熟的早晚、发情排卵的情况、产驹间隔、受胎能力及哺乳性能等进行综合考察。在公驴的选择中，应注意公驴的遗传性能、体形外貌、繁殖历史和繁殖成绩，并重视对公驴的一般生理状态、生殖器官（睾丸、附睾的质地和大小、精子排出管道、副性腺的功能）、精液品质（精子的活力、密度、精子的形态）和生殖疾病等方面的检查。

二、增加母驴数量

母驴是驴群增殖的基础，母驴在驴群中的数量越多，驴群增殖的速度就越快。因此，迅速发展规模化养驴业是提高驴繁殖率的最有效的途径。

三、科学的饲养管理

特别是在发情配种季节使母驴具有适当的膘度，是保证母驴正常发情和排卵的物质基础。营养缺乏会使母驴瘦弱，内分泌活动受到影响，性机能减退，生殖机能紊乱，常出现不发情、安静发情、发情不排卵、排卵数减少等；种公驴表现精液品质差、性欲下降等。

四、提高受胎率

正常情况下，刚刚排出的卵子活力较强，受精力也高。输精或自然交配距排卵的时间越近受胎率越高。这就要求对母驴发情鉴定尽可能准确，才能做到适时输精。近几年在推行直肠把握输精方法结合触摸卵泡发育程度进行输精，已达到了60%左右的情期受胎率。

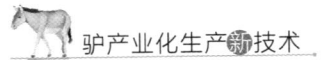

五、采用人工授精技术

在推广人工授精技术过程中，一定要遵守操作规程，从发情鉴定、清洗和消毒器械、采精、精液处理、冷冻、保存及输精，是一整套非常细致严密的操作，各环节密切联系。任何一个环节掌握不好，都能造成失配、不孕的后果。

六、进行早期妊娠诊断，防止失配空怀

通过早期妊娠诊断，能够及早确定母驴是否妊娠，做到区别对待。对已确定妊娠的母驴，应加强保胎，使胎儿正常发育，可防止孕后发情误配。对未孕的母驴，应认真及时找出原因，采取相应措施，不失时机的补配，减少空怀时间。

应用 B 超在驴预防隐性发情和早期妊娠诊断效果很好，进行兽用 B 超诊断的步骤和方法是：先清除直肠内的粪，随后在一次性手套的中指手套处挤入一定量的耦合剂，将 B 超探头浸入到耦合剂中。将探头置于手掌心处，五指并拢成锥形，携带 B 超探头进入肠道。触诊子宫角基部大致位置后，将兽用 B 超超声探头按与畜体纵轴平行的方向放置于子宫角基部，从右向左或从左向右滑动扫查。遇有特征图像后冻结保存图像或实时录像。A 型超声检查法操作过程与上述过程基本一致。将探头戴在食指或中指上，伸入直肠，隔着直肠贴于母驴子宫壁进行探查，根据声音（而不是图像）判断妊娠与否。兽用 B 超对驴进行诊断的好处：超声妊娠诊断技术用于诊断驴的隐性发情和早期妊娠，不仅准确直观，而且能提早诊断时间，观察胚胎发育情况，及时发现胚胎发育异常和早期流产。虽然此方法仍没有摆脱手入直肠的操作过程，但它在诊断妊娠、卵泡发育及排卵鉴定、生殖道疾病等方面的应用价值是其他方法无法比拟的。

七、减少胚胎死亡和流产

尚未形成胎儿的早期胚胎，在母驴子宫内一旦停止发育而死亡，会被子宫吸收，有的则随着发情或排尿而被排出体外。因为胚胎消失和排出不易被人们发现，因此称为隐性流产。驴的平均流产率在 10% 左右，流产多发生在妊娠 5 个月前后，在这个时期避免突然改变饲养条件，合理的役使或运动量是有效的预防措施。

第五节　驴的后代繁殖技术

一、驴的繁殖方式

驴的繁殖方式与大多数哺乳动物相似，属于有性生殖。雌驴（母驴）和雄驴（公驴）在发情期交配，雌驴的卵子和雄驴的精子结合形成受精卵，受精卵在母驴体内着床后发育成为胚胎，最终诞生新生命。这一过程是自然界中最普遍的繁殖方式之一，也是驴子种族得以延续的基础。驴的繁殖包括自然交配、人工授精和胚胎移植等方法。自然交配是常见的繁殖方式，需要雄性驴和雌性驴进行伴侣配对。人工授精和胚胎移植则需要人为的干预和操作。驴的繁殖简介：

（1）驴 1 年能够繁殖 1 次，妊娠期在 348 ~ 377 d，平均天数为 360 d，通常 1 胎能够产下 1 头小驴，有时也会出现产下 2 头的情况。

（2）让驴繁殖配种时要注意它们的年龄，避免配种太早，对驴造成了不好的影响，一般情况下，公驴生长至 1 岁或者 1 岁半时便可以繁殖，母驴则要在 3 岁左右，但是在实际情况中，母驴体成熟的时间一般是在 3.5 ~ 5.0 岁，所以它的初配时间一般是在 3 岁且体重达到成年体重 90% 时进行，但是公驴则要在 4 岁才能正式配种。

二、驴的繁殖周期

驴的繁殖周期具有明显的季节性特征，通常在春秋两季进行。春季是驴的发情期，主要是 2 月到 4 月之间，这段时间内雌驴体内的卵子质量较高，受孕率也相对较高。秋季是驴的另一个发情期，从 9 月到 11 月之间，尽管秋季受孕率略低于春季，但雌驴在秋季的繁殖潜力同样不容忽视。驴的繁殖过程包括排卵、受精、妊娠和分娩等阶段。驴的排卵过程与其他哺乳动物相似，通常在发情期间进行排卵。受精过程发生在输卵管中，精子与卵子结合形成受精卵，妊娠期大约持续 12 个月，最后的阶段即为分娩。

驴的繁殖期和发情特征因个体差异而有所不同。发情期一般发生在春季和秋季，雌性驴在此期间会表现出明显的发情行为，如频繁鸣叫、尾部翘起、阴部肿胀等。此时雄性驴会因此而被吸引，并追求配对，以达到繁殖的目的。驴子的生育方式和后代成长过程需要特别关注。一般情况下，驴的妊娠周期为大约 12 个月，分娩后，驴驹通常会在短时间内站立起来，并开始吃奶。驴的后代成长过程与其他哺乳动物相似，它们会随着时间的推移逐渐发育、学习和适应生活环境。驴繁殖过程中也存在一些问题与挑战，如驴种间杂交、繁殖能力下降、胚胎移植技术的研究等。这些问题需要通过科学研究和技术手段来解决，以保证驴的繁殖能力和后代质量。

为了保护和管理驴的繁殖，我们需要采取一系列的措施。首先，需加强饲养管理，创造出良好的生活环境，确保驴的饮食和休息。其次，定期进行兽医检查，以防止疾病传播和发生。此外，也要加强驴的品种保护和遗传资源的保护，以促进良好品种的繁衍和传承。

三、提高驴繁殖效率措施

（1）健康管理：保持驴的健康状态是提高繁殖效率的基础。提供营养均衡的食物，保证充足的水源，以及定期进行体检和驱虫，都是维护驴健康的有效措施。健康状况良好的驴更有可能成功繁殖后代。

（2）遗传选育：通过合理的遗传选育，可以优化驴的繁殖性能。选择繁殖能力强、后代品质优良的种驴，可以使驴的优良基因得以传承。同时，避免近亲繁殖也是保证后代品质的重要措施。

（3）人工授精技术：人工授精技术可以提高驴的繁殖效率。通过采集优质种驴的精液，经过筛选和处理后，将其注入发情期的母驴体内，可以增加受孕的几率。这一技术的应用有助于打破地域限制，扩大优良种驴的基因库。

（4）繁殖环境：提供舒适、安静的繁殖环境有助于提高驴的繁殖效率。保持圈舍的清洁、干燥和通风，减少噪音和干扰因素，可以提高母驴的受孕率和胎儿的成活率。

（5）定期检查：定期对母驴进行检查可以及时发现问题并采取相应措施。例如，通过超声波检查可以确定胎儿的健康状况，发现并解决潜在问题。同时，定期检查也有助于监测母驴的身体状况，以便及时调整饲养管理方案。

（6）产后护理：母驴产后的护理对提高繁殖效率至关重要。确保母驴有足够的休息和护理，提供高质量的饲料和水源，可以帮助母驴快速恢复体力，为下一次繁殖做好准备。同时，对新生驴驹的护理也要到位，以确保其健康成长。

（7）记录管理：建立详细的记录管理制度可以帮助管理者更好地了解驴的繁殖情况。记录内容包括发情期、交配情况、产仔时间、后代健康状况等，这些信息有助于分析繁殖效率，找出问题所在，并采取相应的改进措施。

（8）饲养管理：合理的饲养管理对提高驴的繁殖效率至关重要。根据不同生长阶段和生理状态提供适当的饲料配方和饲喂量，确保营养均衡且充足。同时，合理安排作息时间，保证驴有足够的运动和休息时间，以提高其整体健康水平和繁殖能力。

（9）疾病预防：预防疾病是提高驴繁殖效率的重要一环。建立健全的免疫程序和消毒制度，定期对圈舍进行消毒处理，以及对患病驴进行及时诊断和治疗，都是预防和控制疾病的有效措施。保持健康的体魄是驴成功繁殖的基础保障。

参考文献

[1] 闫海,龙屈雷,庞全海,等.佳米驴品种的保护及资源利用的探讨[J].黑龙江畜牧兽医,2008(11):103-104.

第六章 规模化驴场建设

随着人们生活水平的提高和健康意识的增强，驴产品的市场需求不断扩大，驴养殖业也成为一种有利可图的产业。根据中金普华产业研究院的数据，2022年我国驴存栏量为196.7万头，同比下降15.4%，而驴肉、驴皮、驴奶等产品的价格却持续上涨，市场出现供不应求的现象。2023年，随着驴养殖技术的进步、驴品种的改良、驴养殖模式的创新、驴养殖政策的支持等因素的影响，我国驴养殖业有望实现稳定增长，驴存栏量预计将达到210万头，同比增长6.8%。2024年驴养殖业的发展前景十分广阔，驴养殖者将享受到更多的经济效益和社会效益。国家畜牧主管部门开始重视并出台相应政策扶持驴的规模化养殖。农业农村部关于印发《全国草食畜牧业发展规划（2016—2020年）》的通知在产业布局中指出要"坚持市场导向，因地制宜发展兔、鹅、绒毛用羊、马、驴等特色草食畜产品，满足肉用、毛用、药用、骑乘等多用途特色需求，积极推进优势区域产业发展，支持贫困片区依托特色产业精准扶贫脱困"，肉驴养殖业成为农村产业结构调整和乡村振兴新的产业支撑。

驴养殖模式是驴养殖业发展的重要途径，也是提高驴养殖效益和社会效益的关键因素。驴养殖模式主要包括传统的散养模式、现代的规模化模式、创新的循环化模式等。未来我国将加强驴养殖模式的创新和转型，通过以下几个方面提高驴养殖模式水平：

（1）规模化模式。规模化模式是指通过集中饲养、标准化管理、机械化操作等方式，实现驴养殖的规模化、集约化、专业化和产业化。我国将加大对规模化驴养殖的支持和推广，如提供土地、资金、技术、人才等方面的政策和服务，鼓励和引导驴养殖者建立规模化的驴养殖场或合作社，提高驴养殖的规模效应和市场效应。

（2）循环化模式。循环化模式是指通过建立驴与其他农业生产要素的循环利用关系，实现驴养殖的资源节约和环境友好。我国将加强对循环化驴养殖的研究和示范，如探索和推广驴与农作物、牧草、林木、果树、蔬菜、花卉、蘑菇、蚕桑、鱼虾等的循环利用模式，如驴粪作为有机肥料，驴尿作为农药，驴皮作为饲料，驴毛作为纺织品等，提高驴养殖的综合效益和生态效益。

（3）多元化模式。多元化模式是指通过开发和利用驴的多种价值，实现驴养殖的多元化和多样化。我国将加强对多元化驴养殖的培育和发展，如开发和利用驴的肉用、药用、乳用、役用等价值，建立驴肉、驴皮、驴奶、驴骨、驴鞭、驴血、驴胎等产品的生产、加工、销售、服务等一体化的产业链，如开展驴的观光、休闲、教育、体验等活动，提高驴养殖的多元化效益和社会效益。

近几年来我国驴业的生产水平得到了长足发展，各地新建不少规模化驴场（图6-1，图6-2），有的甚至新建存栏上万头的驴场，但驴场的规划、布局，驴舍的设计、施工，附属设施的配备大多参考牛场的设计或是根据生产经验自行设计的，驴场相配套的功能区到底是什么模式，应该如何建设和管理，没有现成可借鉴的模式。在具体生产中往往出现了因为驴场设计本身的缺陷而影响生产的现象，作者通过调查、参观、交流等方式，撰写了规模化驴场建设这一章节，供广大规模驴场和同行参考。

图6-1 规模化驴场

图6-2 规模化驴场

第一节　驴场设计思路

在影响驴生产水平的诸多因素中，品种因素占10% ~ 20%，饲养管理因素占40% ~ 50%，饲养环境因素则占20% ~ 30%。因此，饲养环境对驴的生长发育、生产性能和养殖效益影响较大，而养殖场的规划选址、建筑布局、结构设计、设备选型、保暖通风等因素都会不同程度地影响肉驴的生长环境。

随着畜牧学科的不断深化发展和延伸，畜牧学科不仅仅停留在怎样育种、繁殖和营养搭配方面，而是向动物生长生产舒适度方面深入研究。因此，过去的饲养方法和养殖场建设方式已经远远不能满足当前畜牧业发展的要求。目前，国内肉驴养殖的共同特点是在养殖规模和饲养管理技术上都趋向于现代化、工厂化、集约化、科学化，在养殖环境方面趋向于生态环保化。但目前大部分肉驴养殖场（图6-3）在设计过程中仍然存在问题，如涉及养殖场建设的各相关技术人员沟通协商较少，各自在各自专业领域根据行业规范、标准完成设计，各专业设计的内容都达到了各自的标准，但设计环节联系不紧密、不符合实际等，导致肉驴养殖场在实际运营中出现了许多问题，不仅给投资者增加了建设成本和饲养成本，还增加了肉驴的防疫风险。因此，肉驴养殖场在设计中的系统化、整体化思维就显得尤为重要，不仅需要多门专业知识的理论支撑，而且还要把涉及养殖场规划建设的各个学科衔接起来，保证设计的合理性和实用性。

图6-3 肉驴养殖场

一、系统化思维的定义

现代化、规模化肉驴养殖场设计要以动物学、畜牧学、家畜环境生态学、农业建筑学、动物行为与福利学等为理论依据，用整体化、系统化思维进行研究设计，对肉驴养殖场建设项目的可行性、饲养工艺、设备选型、饲养场地和建筑等进行整体系统的分析和设计。规模化驴场建设不仅需要对家畜环境卫生学、畜牧经济学、建筑材料学、畜牧机械学等方面的知识有所了解，更重要的是要对农业建筑学、畜牧学和驴行为与福利学等学科知识充分理解掌握。目前，在肉驴养殖场规划设计过程中还存在问题，很多驴场为了节约投资仍选用较为传统的建造方法，导致养殖设备与建筑类型不配套，人流、物流及废弃物处理流线设计不合理，不仅增加了肉驴养殖场正常运营的财力、物力和人力，还会影响肉驴的生长发育和生产性能。规模化肉驴养殖场规划设计的系统化思维见图6-4。

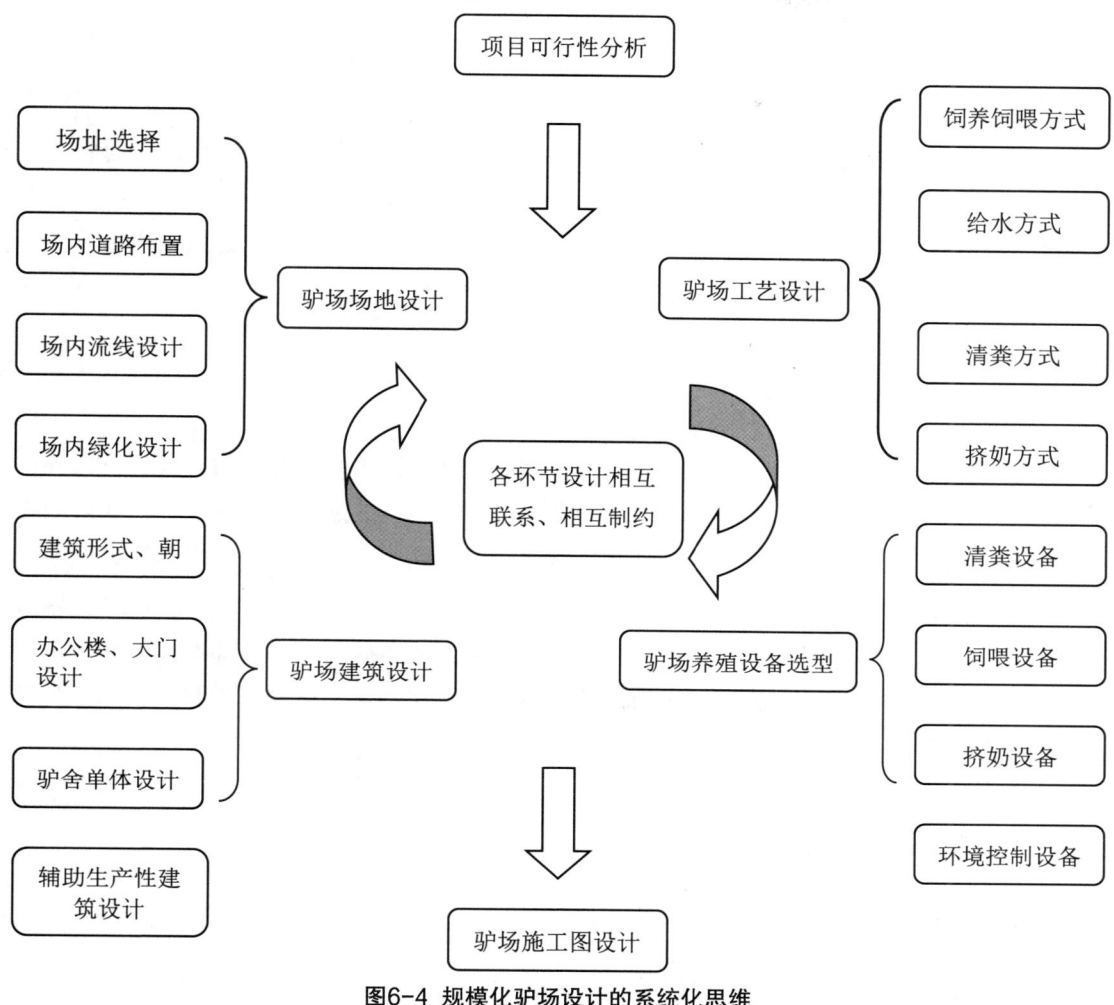

图6-4 规模化驴场设计的系统化思维

二、系统化思维涉及的学科

（一）畜牧学

畜牧学是研究家畜的饲养、管理、繁育以及其制品利用的科学，是畜牧业的基础学科。养殖场规划设计人员一定要精通畜牧学的知识，了解不同家畜的不同的生活习性、繁殖方式、饲养规程以及饲喂流程等，为养殖场的合理设计提供参考依据。

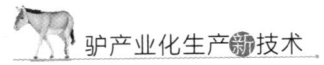

（二）农业建筑学

农业建筑学是一门研究现代工厂化农业养殖、种植、储藏、农业废弃物资源化利用等生产性农业工程设施建筑设计原理和建筑构造的分支学科。畜禽养殖场建筑应以稳固、经济适用为主，规划设计要根据不同地区、不同养殖品种的规模养殖场进行专业、系统、全面的分析研究，养殖场畜禽舍规划、设计及建造要以农业建筑学的理论知识为依据，设计人员必须对养殖场建筑学的行业设计规范有所了解和掌握。

（三）动物行为与福利学

动物行为学是研究动物的沟通行为、情绪表达、社交行为、学习行为、繁殖行为等；动物福利是指动物如何适应其所处的环境，满足其基本的自然需求。科学证明，如果动物健康、感觉舒适、营养充足、安全、能够自由表达天性并且不受痛苦、恐惧和压力威胁，则满足动物福利的要求。研究肉驴养殖福利的方法首先是分析研究驴行为学，如驴的喜好、舒适度、异常行为等。因此，规模化肉驴养殖场内驴舍的布局、驴舍内部设计等都会对驴的生长发育及生产性能产生影响。作为设计人员一定要充分考虑驴的行为与福利学，为其提供良好的生长生产环境。

三、驴场工艺设计

规模化肉驴养殖场设计的整体化、系统化思维应该贯穿于驴场的选址、场地功能布局、饲养工艺设计及设备选型等整个过程中。饲养工艺设计是驴场设计中的关键，它具有承上启下的作用，与功能区的布局和场内系统设计密不可分。驴场利用现代遗传育种理论和人工授精等繁育技术手段，开展种群繁育，采用技术手段保护、利用、开发肉驴种质资源，稳定肉驴产量高、品质好等优良特性，强化选择，严格淘汰，扩大群内选择，缩小世代间隔，加快遗传进展。养殖场一般采用自繁自养、常年均衡产驴驹、分阶段饲养的养殖工艺，良种肉驴规模化养驴场养殖工艺见图6-5。

第二节　场址的选择

选择交通便利、水源充足的地方建设养殖场，能为肉驴养殖提供良好的气候条件和方便的交通条件。适宜的气候条件有利于肉驴的生长发育和疾病防控。驴场要修建在地势高燥、背风向阳、空气流通、地下水位低便于排水并具有缓坡的开阔平坦的地方。总的坡度应向南倾斜，山区或丘陵地区应把驴场建在山坡南面或东南面，左右有利于背风向阳。

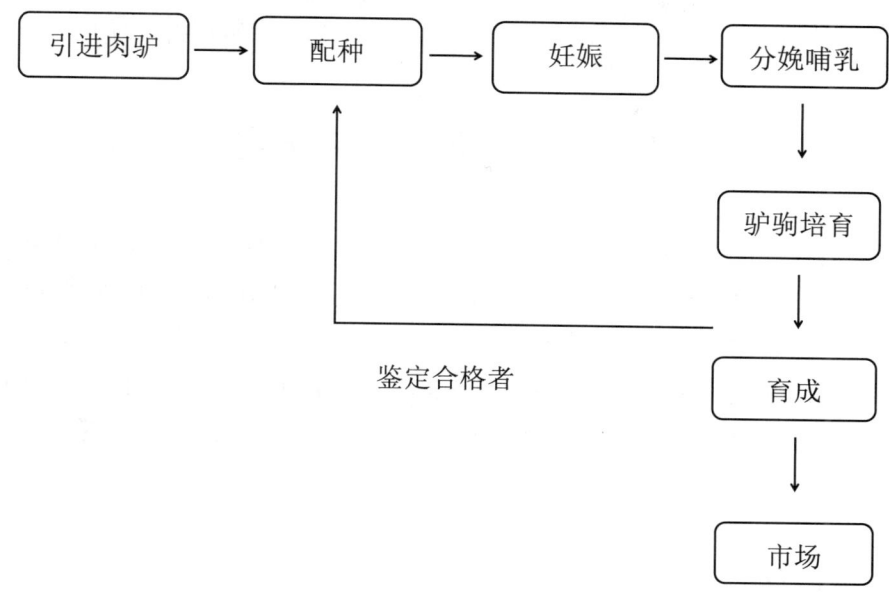

图6-5 规模化养驴场养殖工艺流程图

　　土壤方面应选择肥沃、排水良好的土地，保证有足够的阳光和空气流通。同时，土地应具备足够的面积，以满足肉驴养殖的需求。驴场用地土质要坚实，最好是砂质土壤，透水透气性好。但被有机物、病原菌、寄生虫及其他有害物质污染的土壤，对驴的健康、生产无益。驴场址要有好的水源，保证水源的质量，以保证生活、生产及驴的正常用水。通常以井地下水较好，而溪、河、湖、塘等水应尽可能经净化处理后再用。场址应距饲料地或放牧地较近，交通便利，供电方便且有保证。肉驴场应水电充足，水源符合国家生活饮用水卫生标准；饲料来源方便，交通便利；地势高燥，地下水位低，排水良好，土质坚实，背风向阳，空气流通，平坦宽阔或具有缓坡，距离交通要道、公共场所、居民区、城镇、学校1 000 m以上；远离医院、畜产品加工厂、垃圾堆及污水处理厂2 000 m以上，周围应有围墙或其他有效屏障。

　　在规划方面，要合理划分不同功能区域（包括驴舍区、配种区、饲料储存区等），保证养殖场运营的高效性。根据养殖规模和肉驴品种，设计合理的圈舍建筑（包括舒适的马槽、饲料储存区、饮水设施等）。圈舍应保证良好的通风和光照条件，保持干燥、清洁和卫生。配置可靠的电力设施，同时建立合规的排污系统，遵守环保要求。了解市场需求和价格趋势，根据当地和国内外市场的需求情况，合理规划养殖规模和销售策略。可以与当地的养殖协会或相关机构进行合作，寻求市场信息和销售渠道。科学选择养殖地并合理规划是肉驴养殖的基础，确保肉驴养殖的顺利进行和经济效益的最大化。在选择和规划过程中，需听从专业的饲养师的意见，充分考虑所有因素，并全面评估养殖方案的可行性。养驴场建设，对于选址非常重要，要有周密的考虑、通盘的安排和比较长远的规划，要适

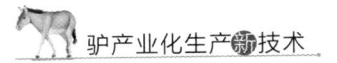

应现代化养驴的需要。所选场址要有发展的余地，便于以后繁殖扩场的需求。

第三节　驴场的总体布局

肉驴场一般包括以下几个功能区，即生活区、管理区、生产区、粪尿污水处理和病畜管理区。生活区和管理区应设在场区地势最高处或上风头处，与生产区保持50 m以上的距离。生产区包括驴舍、运动场、采精区等，应设在场区地势较低位置。消毒室、兽医室、隔离室、积粪池和病死驴无害处理室等应设在生产区的下风头，距驴舍不少于50 m。人员、动物和物质转运应采取单一流向，以防交叉污染和疫病传播。场区四周、道边及运动场周围要植树绿化。

一、生产区

生产区应设在场区地势较低的位置，要能控制场外人员和车辆，不能让场外人员随便进出生产区，要保证安全、安静。大门口设立门卫传达室、消毒室、更衣室和车辆消毒池，严禁非生产人员出入场内，出入人员和车辆必须经消毒室或消毒池进行消毒。生产区驴舍要合理布局，分阶段分群饲养，包括妊娠母驴舍、空怀母驴舍、哺乳母驴舍、断奶幼驴舍、育成驴舍、肥育驴舍、种公驴舍，各驴舍之间要保持适当距离配备运动场，有人工授精的或者冻精制作需要的应建设采精室和冻精制作室。整体布局整齐，以便防疫和防火，但也要适当集中，节约水电线路管道，缩短饲草饲料及粪的运输距离，便于科学管理。粗饲料库设在生产区下风口地势较高处，与其他建筑物保持60 m防火距离，兼顾由场外运入再运到驴舍两个环节。饲料库、干草棚、驴奶挤奶及加工车间离驴舍要近一些，位置适中，便于车辆运送草料，减少劳动强度。但必须防止驴舍和运动场因污水渗入而污染草料。

二、生活区

生活区指职工文化住宅区。应在驴场上风头和地势较高地段，生活区有宿舍、食堂等。各区之间要严格分开，间距应在100 m以上，以保证生活区良好的卫生环境。

三、管理区

包括与经营管理、产品加工销售有关的建筑物。管理区要和生产区严格分开，保证50 m以上距离，外来人员只能在管理区活动，场外运输车辆、牲畜严禁进入生产区。

四、隔离区

隔离区包括隔离、剖检、化验、处理、粪便污水处理及贮存设施等，是肉驴场病驴、粪便等污物集中之处，是卫生防疫和环境保护工作的重点，该区应设在全场的下风向和地势最低处，与生产区保持300 m卫生间距，病驴区应便于隔离，单独通道，便于消毒，便于污物处理等。尸坑和焚尸炉距畜舍300～500 m。防止污水粪尿废弃物蔓延污染环境。

第四节　驴舍设计

驴舍是驴养殖的核心区域，舒适的生活环境对驴的生长发育至关重要。根据养殖规模和肉驴数量合理规划圈舍的布局。驴舍的内部应该采用合理的分隔（设置马槽、饲料储存区、饮水设施等），合理利用空间并确保充足的驴舍面积、光照和通风。现代化养殖技术中，驴舍采用可调节环境的设备（通风系统、恒温设备和湿度控制器等），以确保舍内的空气流通、温度适宜且干净卫生。选择安全、牢固的建筑材料，确保圈舍的结构稳定。建议使用耐候钢、水泥等材料进行建设，并在必要时加固结构。槽的设计应充分考虑驴的体形和可移动性，确保舒适性和安全性。槽的高度和宽度应适中，以便驴自由进出，同时有足够的空间供驴站立、躺下和转身。

圈舍应具备良好的通风设施，以提供足够的新鲜空气流通。可设置通风窗、空气循环设备、横向开放通风口等，保持舒适的温度和湿度。圈舍应设置排水系统，确保有效排除温度、饮水和清洁用水产生的污水和废物。合理设计排水设施，避免洪涝和脏水滞留。为驴舍提供充足的自然光照，同时安装合适的照明设备，确保光照充足，有助于驴的生长、繁殖、防疫等。在驴舍内设置隔离区，可用于隔离病驴和新购进的驴，防止疾病的传播。此外，为驴舍配备必要的设备（饲料加工设备、饮水器、清洁工具等）。总之，科学建造驴舍是肉驴养殖的重要环节，合理的布局和设计可以提供良好的生长环境，保障肉驴的健康和生产性能。在建造过程中，应请专业人士设计和指导，确保驴舍的质量和功能符合养殖要求。

驴舍的修建是为了给驴创造适宜的生活环境，保障驴的健康和生产的正常运行。驴舍应建在场内生产区中心，尽可能缩短运送路途。建筑数栋驴舍时，方向应坐北向南，以利于采光、防风、保温。驴舍超过四栋时，可两栋并排装备，前后对齐，相距10 m以上。驴舍应设驴床、驴槽、粪尿沟、通行道、工作室和值班室。驴舍前应有运动场，内设主动饮水器、凉棚和饲槽等。驴舍四周和路途两旁应美化，以调理小气候。我国南北地区气候差距较大，肉驴对于驴舍要求不同，所以在驴舍建设方面也要根据地区，气候建设。目前驴舍大致分为三种：半开放驴舍、开放式驴舍和全封闭驴舍。按照饲养方式还可分为：拴系式和围栏散养式驴舍。全封闭式驴舍有利于冬天保温，适合北方冰冷区域选用，其他2种驴舍有利于夏日防暑，造价较低，适合南方温暖区域选用。半开放式驴舍，在冬天冰冷时，能够将打开部分用塑料薄膜遮拦成关闭状态，气候转暖时可把塑料薄膜收起，然后达到夏日通风、冬天保温的意图，使驴场的小气候得到改善。不管是什么样的驴舍都要满足以下几点条件：足够的空间排水、排污；干燥的卧下空间；干净、新鲜的饮水；足够与干净的饲槽空间；良好的通风。

（1）拴系式驴舍（图6-6）：每头驴都用链绳或驴枷固定拴系在食槽或栏杆上，约束活动，每头驴都有固定的槽位和驴床，互不搅扰，便于饲喂。如能极好地处理驴舍通风、光照、清洗等问题，是值得推行的一种养殖方法。依照驴舍跨度和驴床排列形式，可分为单列式和双列式。单列式：只要一排驴床，跨度小，通常5～6 m，易于建筑，通风好，但散热面大，适合小型驴场选用。双列式（图6-7）：有两排驴床，分布两个单元，跨度10～12 m，能满足自然通风需求。在肉驴养殖中，以对头式使用较多，饲喂方便，便于机械操作，缺陷是清粪不方便。

图6-6 拴系式驴舍

（2）围栏散养驴舍（图6-8）：肥育驴在驴舍内不拴系，高密度散放养殖，驴自由采食、自由饮水的一种肥育方法。围栏驴舍多为开放式或棚舍，并与围栏相结合使用。半开放驴舍三面有墙，向阳一面敞开，有部分顶棚，在敞开一侧设有围栏，水槽、料槽设在栏内，刮风下雨气候使驴得到保护，也防止饲草饲料淋雨蜕变。每舍（群）15～20头，每头驴占有面积4～5 m²。层顶防水层用石棉瓦、油毡、瓦等。一侧应设活门，宽度可经过小型拖拉机，以利于运进垫草和清出粪尿，厚墙一侧留有小门，首要为人和驴的进出，确保平常管理工作的进行，门的宽度以经过单个人和驴为宜。这种驴舍构造紧凑，造价低，节省

图6-7 双列式

劳动力，但冬天防寒效果不佳。

（3）塑料暖棚驴舍：属于半开放驴舍的一种，是近年北方寒冷地区推出的一种较保温的半开放驴舍。与一般半开放驴舍比，保温效果较好。塑料暖棚驴舍三面全墙，向阳一面有半截墙，有 1/2 ~ 2/3 的顶棚。向阳的一面在温暖季节露天开放，寒季在露天一面用竹片、钢筋等材料做支架，上覆单层或双层塑料，两层膜间留有间隙，使驴舍呈封闭的状态，借助太阳能和驴体自身散发热量，使驴舍温度升高，防止热量散失。修筑塑膜暖棚驴舍要注意以下几方面问题：

①选择合适的朝向，塑膜暖棚驴舍需坐北朝南，南偏东或西角度最多不要超过15°，舍南至少 10 m 应无高大建筑物及树木遮蔽。

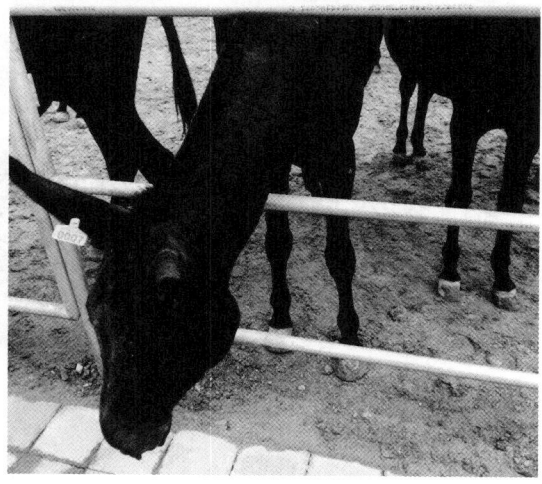

图6-8 驴围栏散养

②选择合适的塑料薄膜，应选择对太阳光透过率高，而对地面长波辐射透过率低的聚氯乙烯等塑膜，其厚度以 80 ~ 100 μm 为宜。

③合理设置通风换气口，棚舍的进气口应设在南墙，其距地面高度以略高于驴体高为宜，排气口应设在棚舍顶部的背风面，上设防风帽，排气口的面积为 20 cm×20 cm 为宜，进气口的面积是排气口面积的一半，每隔 3 m 远设置一个排气口。

④有适宜的棚舍入射角，棚舍的入射角应大于或等于当地冬至时太阳高度角。

⑤注意塑膜坡度的设置，塑膜与地面的夹角应在 55 ~ 65° 为宜。

（4）开放式驴舍：此类驴舍多为双坡式，仅有水泥柱子作支撑构造，层顶构造与其他驴舍相近，仅仅用料更简略、轻便，选用双列对头式槽位，中心为饲料通道。小规模养殖可采用单排半敞式驴舍，成本较低，经济实用，通风、采光较好。

（5）全封闭驴舍（图6-9、图6-10）：四面有墙和窗户，顶棚全部覆盖，分单列封闭舍和双列封闭舍。驴舍墙体厚 24 ~ 38 cm，即二四墙或三七墙，灌浆勾缝，距地上 100 cm 高以下要抹墙裙。单列封闭驴舍只有一排驴床，舍宽 6 m，高 2.6 ~ 2.8 m，舍顶可修成平顶也可修成脊形顶，这种驴舍跨度小，易建造，通风好，但散热面积相对较大。单列封闭驴舍适用于小型驴场。双列封闭驴舍舍内设有两排驴床，两排驴床多采取头对头式饲养。中央为通道为给饲道，宽约 2 ~ 4 m。两头依次为驴床、食槽、清粪道。两边粪道设有排尿沟，微向暗沟歪斜，歪斜度为 1% ~ 5%，以利于排水。暗沟灵通舍外贮粪池。贮粪池离驴舍约 5 m，池容积每头成年驴为 0.3 m³，犊驴为 0.1 m³，驴场应是水泥地，便于冲刷消毒，地上要抹成粗糙斑纹，防止驴滑倒。双列式封闭驴舍适用于规模较大的驴场，舍宽 12 m，高 2.7 ~ 2.9 m，脊形棚顶，以每栋舍饲养 100 头驴为宜。

图6-9 全封闭驴舍外部

图6-10 全封闭驴舍内部

第五节　驴舍功能要求

一、成驴舍

成驴舍是驴场建筑中最重要的组成部分之一，对环境的要求相对也较高。成驴舍在驴场中占的比例最大，而且直接关系到驴的健康和生产水平。拴系、散栏成驴舍的平面形式可以按驴床排列形式来进行分类，基本有单列式、双列式和多列式。

二、产驹舍

产驹舍是驴产驹的专用驴舍，包括产房和保育间。产房要保证有成驴 10% ~ 13% 的床位数。产驹舍设计要求驴舍冬季保温好，夏季通风好，舍内要易于进行清洗和严格消毒。

三、驴驹舍

驴驹在舍内按月龄分群饲养，一般可采用单栏、驴驹岛群栏饲养。

四、青年驴舍

6～12月龄的青年驴，可在通栏中饲养，青年驴的饲养管理比驴驹粗放，主要的培育目标为体重符合发育、适时配种标准，适时配种（一般首次配种时体重约为成年驴的70%）。育成驴根据驴场情况，可单栏或群栏饲养，妊娠5～6月前进行修蹄，可在产前2～3 d转入产房。

五、公驴舍

公驴舍是单独饲养种公驴的专用驴舍，种公驴体格健壮，一般采用单间拴养，对公驴舍的建筑保温性能要求不高，可采用单列开敞式建筑，地面最好铺木板护蹄，公驴在单独固定的槽位上喂饲。如果建立种公驴站，则一般包括冻精生产区、驴舍区和生活行政区等，其中驴舍区一般包括驴舍、运动场、地秤间、驴洗澡间、装运台、病驴舍、兽医室、修蹄架、草料库。

六、病驴舍

病驴舍建筑与乳驴舍相同，是对已经发现有病的驴进行观察、诊断、治疗的驴舍，驴舍的出入口处均应设消毒池。

七、运动场

运动场（图6-11）多设在两舍间的空余地带，四周栅栏围起，将驴拴系或散放其内。每头驴应占面积为：成驴6～10 m²、育成驴4～6 m²、驴驹2～4 m²。运动场棚栏需要坚固润滑，以钢管为好，高度为1.5 m。运动场以三合土或沙质为宜，并要坚持一定斜度，以利排水。建驴舍时地基深度要到达0.8～1.3 m，并高出地上，有必要灌浆，与墙之间设防潮层。

运动场内设置补饲槽和水槽。补饲槽和水槽设置在运动场一侧，其数量要充足，布局要合理，以免驴争食、争饮、顶撞。

每头肥育驴应该准备4 m²的圈舍，如果养殖50头肥育驴则需要准备200 m²圈舍。每头繁殖母驴应准备4 m²圈舍，外加6 m²活动场地，50头繁殖母驴共需要圈舍200 m²，活动场地300 m²。另外还需要配套准备50头驴驹圈舍，与肥育驴一样。

图6-11 驴运动场

第六节 驴舍内设备

一、驴床

驴床是驴吃料和休息的地方，驴床的长度依驴体大小而异。一般的驴床设计是使驴前躯靠近料槽后壁，后肢接近驴床边缘，粪便能直接落入粪沟内即可。成年母驴床长1.8 ~ 2.0 m，宽1.1 ~ 1.3 m；种公驴床长2.0 ~ 2.2 m，宽1.3 ~ 1.5 m；肥育驴床1.9 ~ 2.1 m，宽1.2 ~ 1.3 m；6月龄以上育成驴床长1.7 ~ 1.8 m，宽1.0 ~ 1.2 m。驴床应高出地面5 cm，保持平缓的坡度1% ~ 5%为宜，以利于冲刷和保持干燥。驴床最好以三合土为地面，既保温又护蹄。

驴床类型有下列几种：

（1）水泥及石质驴床。其导热性好，比较硬，造价高，但清洗和消毒方便。

（2）沥青驴床。保温好并有弹性，不渗水，易消毒，遇水容易变滑，修建时应掺入煤渣或粗沙。

（3）砖驴床。用砖立砌，用石灰或水泥抹缝。导热性好，硬度较高。

（4）木质驴床。导热性差，容易保暖，有弹性且易清理，但容易腐烂，不易消毒，造价也高。

（5）土质驴床。将土铲平，夯实，上面铺一层沙石或砌砖块，然后再铺层三合土，夯实即可。这种驴床能就地取材，造价低，并具有弹性，保暖性好，还能护蹄。

二、饲槽

饲槽（图6-12、6-13、6-14）建成固定式、活动式均可。水泥槽、铁槽、木槽均可作驴的饲槽。饲槽长度与驴床宽相同，上口宽 60 ～ 70 cm，下底宽 35 ～ 45 cm，近驴侧槽高 40 ～ 50 cm，远驴侧槽高 70 ～ 80 cm，底呈弧形，在饲槽后设栏杆，用于拦驴。

图6-12 驴饲槽

图6-13 驴饲槽　　　　　　　　　　　　　图6-14 驴饲槽

三、尿粪沟和污水池

为了保持舍内的清洁和清扫方便，尿粪沟应不透水，表面应光滑。尿粪沟宽 28 ~ 30 cm，深 15 cm，倾斜度 1:（100 ~ 200）。尿粪沟应通到舍外污水池。污水池应距驴舍 6 ~ 8 m，其容积以驴舍大小和驴的头数多少而定，一般可按每头成年驴 0.3 m³、每头驹驴 0.1 m³ 计算，以能贮满 1 个月的粪尿为准，每月清除 1 次。为了保持清洁，舍内的粪便必须每天清除，运到距驴舍 50 m 远的粪堆上。要保持尿粪沟的畅通，并定期用水冲洗。

降口是排尿沟与地下排出管的衔接部分。为了防止粪草落入堵塞，上面应有铁箅子，铁箅子应与尿沟同高。在降口下部，地下排出管口以下，应形成一个深入地下的伸延部，这个伸延部谓之沉淀井，用以使粪水中的固形物沉淀，防止管道堵塞。在降口中可设水封，用以阻止粪水池中的臭气经由地下排出管进入舍内。

四、清粪通道

清粪通道也是驴进出的通道，多修成水泥路面，路面应有一定坡度，并刻上线条防滑。清粪通道宽 1.5 ~ 2.0 m，驴栏两端也留有清粪通道，宽为 1.5 ~ 2.0 m。

五、堆粪场与装卸台

一般 500 头驴的堆粪场需要 50 m × 70 m 的面积，堆高 1 m，可存放驴粪 1 000 t。装卸台可建成宽 3 m、长 8 m 的驱赶驴的坡道，坡的最高处与车厢底平齐。

六、地下排出管

与排尿管呈垂直方向，用于将由降口流下来的尿及污水导入畜舍外的粪水池中。因此需向粪水池方向留 3% ~ 5% 的坡度。在寒冷地区，对地下排出管的舍外部分需采取防冻措施，以免管中污液结冰。如果地下排出管自畜舍外墙至粪水池的距离大于 5 m 时，应在墙外修一检查井，以便在管道堵塞时进行疏通。但在寒冷地区，要注意检查井的保温。

七、粪水池

粪水池应设在舍外地势较低的地方，且应在运动场的一侧，距畜舍外墙不小于 5 m，须用不透水的材料。粪水池的容积及数量根据舍内家畜种类、头数、舍饲期长短与粪水贮放时间来确定。粪水池如长期不掏，则要求较大的容积，很不经济。故一般按贮积 20 ~ 30 d，容积 20 ~ 30 m³ 来修建。粪水池一定要离开饮水井 100 m 以外。

八、饲料通道

在饲槽前设置饲料通道，通道高出地面 10 cm 为宜。饲料通道一般宽 1.5 ~ 2.0 m。

九、驴舍的门、窗

驴舍通道常在舍两端，即正对中央饲料通道设两个侧门，较长驴舍在纵墙背风向阳侧也设门，以便于人、驴出入，驴舍门应坚固耐用，不设门槛，门应做成双推门，其大小为（2.0 ~ 2.2）m ×（2.0 ~ 2.2）m 为宜。南窗标准 100 cm × 120 cm，数量宜多，北窗标准 80 cm × 100 cm，数量宜少或南北对开，窗台距地上高度 100 ~ 120 cm，通常后窗高一些（图6-15）。

图6-15 驴舍窗户

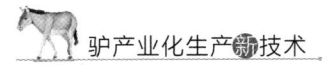

第七节　兽医室的建设

兽医室是规模驴场必备的主要设施之一，其主要作用是存放一定量的药剂，方便兽医对病驴的治疗。一般建筑面积为 20 ～ 40 m²，砖混结构。

一、设施与设备

设置独立的药房，药房应避光、通风，有防尘、防潮、防虫、防鼠等设备，要保持药品与地面有一定距离的设施。药房环境卫生整洁，地面、墙壁、顶棚等光洁平整，不起尘，不挂尘；库房内不能有污染药品的设施和物品。药房的设备主要有存放生物制品的冰箱、冰柜、药品陈列架（柜）、温湿度计、遮光帘、换气扇设施等。建立药品入库验收登记、近效期药品一览表、温湿度记录表等各种表格文档，使得各项操作都有记录可查。兽药最好使用计算机网络系统管理，使药品的购进、验收、养护和出库都能实行联网、便捷、准确管理。

二、规模驴场兽药室常用药物的配置

（一）生物制品

疫苗、血清制品等。

（二）常用抗生素

青霉素、普鲁卡青霉素、氨苄青霉素、阿莫西林、头孢噻吩钠、头孢唑啉钠、红霉素、链霉素、庆大霉素、土霉素、丁胺卡那霉素、四环素、磺胺 –6– 甲氧嘧啶、磺胺脒、诺氟沙星、环丙沙星、恩诺沙星等。

（三）常用驱虫药

伊维菌素、左旋咪唑、丙硫苯咪唑、硝氯粉、硫双二氯酚等。

（四）常用消毒药

氢氧化钠、消特灵、菌毒净、漂白粉、消毒灵、百毒杀等。

（五）其他药物

肾上腺素、黄体酮、催产素、前列腺素、氯化钠注射液、葡萄糖注射液、碳酸氢钠注射液、人工盐、石蜡油、蓖麻油、硫酸镁、安钠伽、安乃近、阿托品、复合维生素 B、维生素 C、葡萄糖酸钙注射液、氯化钙注射液等。

第八节　人工授精室

长期以来，母驴采用本交形式配种，效益比较差。近些年，驴存栏量急剧减少，主要因素是优秀驴品种推广不足和母驴繁殖率低，因此，人工授精技术正逐渐在驴的配种中使用。但人工授精技术比本交的繁殖率低，如何提高品种质量和母驴繁殖率，这已成为困扰驴产业发展的瓶颈。合理科学建设驴人工授精室具有良种普及、提高精液品质和降低疫病发生率的优势。

人工授精室必须建在种公驴舍附近，其建筑材料必须对驴无害且符合《农村防火规范》（GB50039—2010）规定。根据当地自然气候条件选择建筑类型，地面和墙壁结实、易于冲洗消毒。必须有精液处理室，要求室内地面易清洗，窗子应装不透光的窗帘，墙壁安装电源插座和开关，最好安装地线，设工作台、水池等。驴人工授精室建设及仪器药品基本要求见表6-1。驴人工授精室易耗品见表6-2。

表6-1 驴人工授精室建设及仪器药品基本要求

名称	规格	数量	用途	备注
采精室	4.5 m×4.0 m	1	采精场所	必须配制
精液处理分析室	3.5 m×3.0 m	1	精液处理	必须配制
精子密度测定仪	722-W	1	用于检查精子密度	必须配制
干燥箱	101-1A	1	用于消毒用品和预热采精杯	必须配制
显微镜	640倍、相差物镜、带电源	1	用于检查精子活力	必须配制
恒温载物台	加热精子到38 ℃	1	用于检查精子活力	必须配制
磁力搅拌器	最大容量500 mL、加热150 W	1	充分混合稀释液，防止精子受损	必须配制
假母台	铁架台可调	1	用于采精时公驴爬跨	必须配制
蒸馏水器	5 L／h	1	制备溶解稀释粉用的双蒸水	必须配制
天平	（精度不低于0.1 g）	1	配制稀释液、测定射精量、精液稀释	必须配制

续表

名称	规格	数量	用途	备注
精液运输箱	12 L	1	用于临时保存或运输精液	必须配制
恒温水浴锅	数显	1	等温精液与稀释液	必须配制
17 ℃恒温冰箱		1	保存药物等	必须配制
冰箱		1	保存稀释粉和稀释液	建议配制
防滑垫	橡胶	1	放置于假母驴后，防止公驴摔倒	建议配制
精液分装机		1	分装稀释后的精液	建议配制
热封口机		1	精液袋封口用（使用精液袋的可参考使用）	建议配制
配套易耗品		若干	采精、稀释、分装精液及授精用品等	必须配制（按要求选择）

表 6-2 驴人工授精室易耗品清单

名称	规格
驴用集精杯	
输精管	
B超仪	
驴用采精器	
纱布	医用
大瓷盘	50 cm×18 cm
紫外灯	1.2 m石英
温湿度表	指针式带钟
大镊子	16 cm
pH试纸	酸性
玻棒	1 m
滤纸	双环=18 cm
红水温度计	100 ℃
量杯	500 mL

续表

名称	规格
漏斗	13 cm短颈
载玻片	25 mm×76 mm
盖玻片	24 mm×32 mm
纱布	医用
精液分装瓶	100 mL
精液分装瓶	20 mL
一次性塑胶采精手套	采集精液用100只／包
已二胺四乙酸钠	250 g
柠檬酸二钠	500 g

第九节　智能化养驴场管理平台建设

随着畜牧业产业的飞速发展，规模化、专业化水平不断提高，畜牧业发展的主要矛盾已经由数量不足转变为现代化程度低、加工落后、效益低下以及畜产品大市场与小生产之间的矛盾，严重影响和制约了畜牧业由传统方式向现代发展方式转变。将物联网、人工智能、大数据等信息技术整合应用于畜牧业生产周期较长、投入要素与资源较多的养殖管理过程，对提高畜牧养殖管理水平、企业经济效益增收，对改造和提升传统畜牧业、开拓创新现代畜牧业、加快推进畜牧业的现代化建设具有重大而迫切的现实意义。信息化技术应用于大众化的牛、羊、猪场信息化管理系统在全国有很多且应用成熟，而将信息化技术应用于小众化的养驴场在全国数量很少。这其中的主要原因不是养驴场没有信息化建设需求，而是因养殖企业领导信息化意识局限、企业信息化资金不足等问题一直未得到有效关注与解决。实际上，养驴场信息化的市场需求还是客观存在的，它的应用场景与发展前景也非常广阔。

在计算机科学飞速发展的时代，信息技术的出现将为养殖场的管理带来巨大的便利，代替了以往简单、容易出现问题的人工管理，使养殖场的管理更加科学有序。实现驴场管理的信息化可以将驴匹病历信息电子化，相比于以往的纸质记录信息而言是巨大的提升，通过统计分析驴的得病情况。例如按照时间统计，可以使工作人员掌握某个时间段内发生的疾病数量，从而可以有针对性地提前做好预防工作；同样，按照疾病统计，可以得到哪些疾病是驴场发病率最高的；通过年龄统计，可以明确哪个年龄段的驴得病最多等等。这样可以使驴场工作人员有针对性地预防疾病的发生，提高驴匹存活率。对驴免疫的日期做出及时的提醒，例如通过驴匹进行提醒可以使工作人员了解到这匹驴对所有应免疫苗的免疫情况，知道其是否按照免疫程序进行免疫，方便工作人员及时对驴匹进行免疫，防止漏免情况的发生，提高驴匹对疾病的抵抗力。对驴场环境和驴匹生产性能进行监测，例如对驴场的饮水条件进行监测，可以使驴场人员快速了解驴匹饮用水的水质情况，并及时进行水质的净化等工作。对驴场的饲料进行监测，可以使驴场人员了解到饲料的质量状况，及时处理发霉变质的饲料。对驴的监测可以随时了解驴的生活环境和生活状态，并做出相应改善，提高驴匹的生活质量。改善驴场环境，进而提高驴场经济效益。对繁殖母驴的关键环节进行提示，例如母驴处于发情状态时，可以自动提示驴场工作人员是否进行配种，当母驴处于妊娠期时提示工作人员预产期，使驴场工作人员快速了解繁殖母驴的发情妊娠状态，提高母驴的繁殖率和驴驹的存活率。将驴场的基本信息电子化，方便驴场管理人员对信息的管理，对死亡驴匹的淘汰信息进行及时记录，使管理人员及时了解驴匹死亡后的去向，及时补充驴匹。总的来说，实现驴场管理的信息化，为提升养驴业的管理水平奠定了基础，促进了养驴业的快速发展。

一、智能化养驴场数据中心建设

（一）驴匹个体信息管理

养殖场驴匹个体标识，主要通过芯片式电子耳标设备来进行个体区分与识别，并以此为基础进行智慧化准确饲喂与个性化精准管理操作。驴匹个体信息表，主要包括除驴匹编号、驴匹性别、出生日期、品种等基本信息外，还记录父母辈信息以方便后面繁育管理。

（二）驴场、驴舍信息管理

对驴场信息进行名称、地址、负责人等初始化后，对驴舍进行编号化管理，驴匹个体通过电子耳号与之相对应的驴舍类型进行关联。

（三）养殖环境的感知与控制毛驴的养殖环境

参数监测耗时耗力，成本较高，通过物联网技术的应用，可以精确掌握毛驴的养殖环境变化情况，通过氨传感器可以判断毛驴养殖环境的清洁程度，从而提醒饲养员是否需要进行清理工作，促进驴健康养殖，有效降低驴的发病率。智能化养驴场管理平台以Arduino 单片机为数据采集终端的核心部件，在其上集成空气温湿度、氨浓度、二氧化碳浓度、光照强度等传感器，设置在不影响毛驴活动的区域，采用无线数据传输的方式，通过 HTTP 协议将数据传输到服务器。在养殖场的核心区域安置无线网桥，实现数据采集节点的无线覆盖。在每个养殖区域配备 1 ~ 2 台空气加湿器和风扇，使其通过继电器与 Arduino 单片机连接，为通风系统和空气湿度的调控提供管控接口。

利用 J2EE 技术，采用 SSH2 架构搭建系统软件平台，实现 Arduino 数据采集终端的数据接收、存储、查询与展示，以及温湿度相关阈值功能。采用海康威视云台摄像头实现远程视频监控，可以通过网页的形式进行摄像头角度调整和变焦。通过 HTML5 技术构建手机可访问的移动端，实现多平台物联网应用。该项技术成本较低，安装布置简单，可以在电脑、手机、平板电脑等多平台应用，能够利用物联网技术有效提高毛驴养殖环境的舒适程度，减少大量人工开支，科学系统地实现数字化毛驴养殖。

二、智能化养驴场管理平台建设

（一）养殖管理

在养殖过程中，通过门式自动 RFID 阅读器或手持 RFID 阅读器对驴匹 RFID 电子耳标进行批量或单独读写，包括驴匹饲喂信息、防疫信息、用药信息等，再通过无线通信（防水防尘、大功率增益无线接入点与外部天线）将数据上传到数据平台。个性化的精准化饲喂功能也通过这个管理过程来实现，首先根据驴匹年龄段进行分舍，再利用自动饲喂器来实现不同年龄段驴匹的精准化饲喂管理。驴舍的环境感知与控制可以在这个模块中实现。驴匹的体重、身高等动态信息也在养殖管理模块进行管理。

（二）繁育管理

主要是对繁育驴的各个阶段进行记录并在关键环节进行提示。例如已经发情的驴匹会根据发情天数自动提示何时配种，而对已经怀孕的驴匹会根据其妊娠天数计算出预产期，使工作人员在母驴分娩前做好相应的准备，进而达到对繁育驴的保护。繁育管理模块主要包括繁育信息录入、繁育提示、繁育查询、繁育统计四个部分。

（三）疫病管理

疫病管理主要包括免疫管理、病历管理与健康监测管理。免疫管理除实现驴流感、腺疫等的疫苗免疫登记外，还设置第二针、第三针到期免疫提醒功能。病历管理对驴匹所患疾病时间、名称、所使用治疗药物与方法以及治疗后的效果进行登记，方便日后查询、统计，以更好开展驴场疾病预防工作。健康监测主要包含驴场健康监测、驴匹健康监测及驱

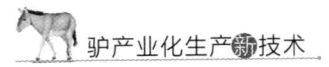

驴产业化生产新技术

虫提醒三个部分。

（四）专家的远程问诊及技术支撑

毛驴的规模化养殖需要专家的技术支撑，而专家资源是十分有限的，智能化养驴场管理平台的建立，通过网络平台和高清云台摄像头实现专家的远程问诊及技术支撑。专家可以通过智能化养驴场管理平台远程对毛驴的养殖进行指导，进行疫病防控预警，可以十分便捷地通过网络平台与毛驴养殖户进行交流和信息发布。

（五）无害化处理

对非正常死亡驴匹，除在该模块记录死亡时间、死亡原因、无害化处理方法等信息外，还加入无害化处理过程摄像、录像以及无害化证明等多媒体图像处理、视频信息，用于后期检查印证。

参考文献

[1] 丁心顺,翟丹云,陈庆安,等.基于系统化思维的甘肃地区规模化肉驴养殖场设计[J].甘肃畜牧兽医.2019,49(04):15-18
[2] 温希军,周喜荣,王琼,等.智能化养驴场管理平台建设的探索与实践[J].福建畜牧兽医.2022,44(03)：29-30

第七章　驴的饲养管理

第一节　驴驹的培育

一、驴驹的生长发育规律

驴驹从出生到满 3 岁是生长发育最快的阶段。这段时间内，体内代谢非常旺盛，可塑性强，体尺、体重和体内各系统、各器官都以不同速度迅速增长。满 3 岁时，体格发育基本定型。幼驹在出生到满 3 岁这个生长阶段的发育情况好坏，决定其成年后的经济价值和利用价值。培育幼驹的任务，就是要提供能适应其固有生长发育所需要的营养条件，细心管理，达到各龄幼驹应有的体尺和体重发育标准，结构良好，能及时投入役用，开始配种繁殖。

在正常饲养条件下，从出生到性成熟期生长比较迅速，年龄越小，生长发育越快。性成熟后，生长发育速度逐渐转慢。到成年时，则停止生长。驴驹从出生到 2 岁以内，每增重 1 kg 体重所消耗的饲料是最少的，也就是说每千克饲料所换得的体重增长报酬是最多的。因此，加强早期饲养，经济上更合算。如果在 1 ~ 2 岁期间，因饲养条件不好，使其生长发育受阻，那么到 2 岁以后加双倍的饲料，也无法弥补 2 岁以前阶段发育上的不足。农谚"一岁不成驴，到老是个驹"，讲的就是这个道理。

驴驹生长发育规律大体相同，现以关中驴不同时期生长发育占成年体尺的比例来说明这一问题。驴驹出生时，体高和管围已分别占成年的 62.93% 和 60.33%，而体长和胸围则分别占成年的 45.28% 和 45.69%，体重为成年的 10.34%。由此说明驴驹胎儿期生长发育非常迅速。

驴驹从出生到 6 个月龄为哺乳期，是出生后发育最快的时期，体高的增长相当于出生后体高总增长的一半，体重的增长相当于从出生到成年总增重的 1/3。关中驴此时体高占成年的 81.89%，体长占成年的 72.71%，胸围占成年的 68.84%，管围占成年的 81.24%。这一阶段生长发育的好坏，对将来种用、役用、肉用的价值关系很大。在肉驴出生 1 周后，可以诱导其饮水。最初可先在水中加少量乳液，以诱惑其饮用。10 d 以内给 36 ℃ ~ 37 ℃ 温开水，10 d 后处以常温水，但水温通常不能低于 15 ℃。

驴驹从断奶到 1 岁，体高和管围相对生长发育最快，1 岁时它们已分别占成年的

86.6%和83.81%，而此时体长和胸围也分别占成年的79.33%和75.68%。断奶后第一年，即6月龄至1.5岁，为驴驹生长发育的又一高峰。1.5岁时体高、体长、胸围、管围分别占成年的93.35%，89.89%，86.13%和93.45%，是驴肉用的最好时期之一。2岁前后，体长相对生长发育速度加快。2岁时，体长可占成年的93.71%，此时体高和管围分别占成年的96.29%和97.25%，只有胸围占成年的89.31%。体重已达到成年时的70%以上，公、母驴均已达到性成熟。3岁时，驴的胸围生长速度增快，胸围占成年的94.79%，而这时体高、体长和管围也分别占成年的93.2%，99.32%和98.56%，体重达到成年的77%以上。3岁时，驴的体尺接近成年体尺，体格基本定型，虽胸围和体重以后还有小的增长，但此时驴的性机能已完全成熟，可以投入繁殖配种。4～5岁，体重还有小幅增长。把断奶后的驴驹相对生长发育强度的顺序，概括简记为：1岁长高，2岁长长，3岁长粗。同源关中母驴的生长发育见表7-1。

表7-1 同源关中母驴不同年龄体尺表

年龄	体高		体长		胸围		管围	
	平均数/cm	占成年/%	平均数/cm	占成年/%	平均数/cm	占成年/%	平均数/cm	占成年/%
3天	89.18	62.93	63.81	45.28	71.25	45.69	10.10	60.33
1月龄	94.00	66.33	74.75	53.05	79.75	51.15	10.83	64.69
6月龄	116.05	81.89	102.45	72.71	107.33	68.84	13.60	81.24
1岁	122.72	86.60	111.79	79.33	118.00	75.68	14.03	83.81
1.5岁	132.29	93.35	126.66	89.89	134.29	86.13	15.66	93.54
2岁	136.45	96.29	132.05	93.71	139.25	89.31	16.28	97.25
2.5岁	138.23	97.55	136.10	96.59	142.04	91.10	16.43	98.14
3岁	140.75	99.32	139.95	99.32	147.79	94.79	16.50	98.56
4岁	141.62	99.94	140.90	100.00	153.91	98.71	16.73	99.94
5岁	141.70	100.00	140.90	100.00	155.91	100.00	16.74	100.00

从资料得知，2岁以内关中驴公母驴的生长强度对比，1～6月龄以内，公、母驴的生长度，体高、体长、胸围的增长值都超过20 cm，管围均在2～3 cm，为生后生长强度最快时期，且公、母驴差别不大。断奶后，生长强度公驹在6～12月龄时最大，体高、体长、胸围、管围相对生长率分别为7.79%，14.22%，11.17%，8.24%；母驹在12～18月龄时最大，体高、体长、胸围、管围相对生长率分别为8.64%，13.3%，13.8%和11.6%。

二、驴驹培育的要点

幼驹的这种生长发育规律，是受动物遗传因素的支配而不依人的意志为转移的，饲养人员只能顺应这一规律，创造条件满足其生长发育的需要，不能因幼驹不干活，而苛待幼驹，导致发育受阻，后天发育不足。根据驴驹的生长发育规律，培育幼驹应抓好以下几个环节：

（一）养好妊娠母驴，保证胎儿正常发育

胎儿先天发育良好，才能为生后发育奠定良好基础。胎儿的生长发育靠摄取母体营养，因此必须加强妊娠母驴的饲养，特别是妊娠最后 2 ～ 3 个月的饲养。母驴产驹后的泌乳能力高低，与妊娠期内母体内是否积累够一定数量的营养物质有直接的关系。所以养好妊娠母驴对胎儿和生后的良好发育具有双重的意义。

（二）保证充足母乳，提前开始补料

驴驹的哺乳期一般为 6 个月，这一时期的生长发育好坏对将来的经济价值关系极大。幼驹在哺乳期初期，初乳是唯一的营养来源，每增重 1 kg 大约需要 10 kg 母乳。驴驹在 1 个月龄以前，每天要哺乳 50 ～ 60 次，因此，此时幼驹不能离开母驴（图 7-1）。按照母驴的乳汁成分，每天约分泌 5 kg 奶，其中所含有的营养物质都需要母驴从饲料中补充。如果母驴奶量不足或幼驹失乳，可人工喂给牛奶、羊奶等，或寄养给其他产期相近、泌乳多的母驴。

图 7-1 驴哺乳

人工补奶时，因牛、羊奶含脂肪高于驴奶，故应加水稀释（1：1），并加少许食盐和石灰水，温度保持在 35 ～ 37 ℃，每 1.5 ～ 2.0 h 喂一次，以后可逐渐减少。

新生幼驹抵抗力弱，容易发病，如胎粪不下或下痢，应细心护理。在幼驹出生的当天，应注意胎粪是否排出。胎粪不下时，可用温水或生理盐水 1 000 mL，加甘油或软肥皂，先用洗球灌肠，当幼驹不安、使劲努责时，可停止灌注，逆行推拿。推拿的方法是：面向幼驹尻部，两手伸直，两拇指相对，平放于患驹胸骨后侧方，两手一起，推拿移动至耻骨；

推拿移动时，两拇指用力顶压幼驹的腹部，其余手指配合动作，反复进行，推拿 3 ~ 5 次，可排出干硬粪。若幼驹拉稀，排灰白色或绿色粪便，应暂停哺乳。如果下痢，多由于乳房不洁或天寒久卧湿地所引起，应经常擦洗乳房、更换褥草，保持圈舍干燥温暖，并给予治疗。

幼驹生后半个月，便随母驴试吃草料。提前开始补料，对促进幼驹发育、刺激消化道发育很有好处。幼驹生后 1 ~ 2 月龄时应开始补料，最初用炒豆或煮八成熟的小米，或大麦麸皮粥，每天 150 ~ 200 g，单独补饲。到 2 月龄时，逐渐增加到 0.5 kg；断奶时达到 0.75 ~ 1.00 kg，另外，每天还要补充食盐、骨粉或石粉各 10 ~ 15 g。饲草任意采食，或随母驴放牧。

（三）适时断奶，全价饲养

驴驹一般在 6 ~ 7 个月龄时断奶。断奶是幼驹从哺乳过渡到独立生活阶段，断奶要逐渐进行。断奶后的第一年是幼驹剧烈生长阶段，体高应达到成年的 90%，体重要达到成年的 60%，即平均日增重约 0.3 kg。因此，对于断奶后的幼驹应给予多种优质草料配合的日粮，其中精料量应占 1/3，每日不少于 1.5 kg。随着年龄的增长，要相应增加精料，1.5 ~ 2.0 岁性成熟时，喂给的精料量不应低于成年驴，同时对于作种用的公驹还要额外增加 15% ~ 20% 的精料。精料中要有 30% 左右的蛋白质饲料。如有青草，尽量外出放牧，以增加运动，促进骨骼生长。要任其活动，不要拴系站立不动。1.5 岁时，公、母要分开，防止偷配，并开始拴系调教。两岁时，对无种用价值的公驴去势。

（四）加强驯养调教，防止早配

驯养是通过不断接触幼驹，影响幼驹性情，建立人驹亲和，是调教工作的基础训练。驯养从哺乳期开始，经常用手抚摸幼驹，搔其尾根，用刷子刷拭，以食物诱惑，练习举肢、扣蹄、带笼头、拴系和牵行等。调教能锻炼幼驹体质，训练使役能力，从 2 岁开始进行。调教时，先让其熟悉各种套具、挽具或驮具，以及常用口令，开始时和成驴同套，先学拉车拉犁，后学拉碾拉磨。调教要逐渐进行，不可急于求成。开始时前面要人带领，配合驭手，做进、退、转弯等训练。调教手必须态度严肃，口令准确，赏罚分明，否则容易养成恶癖。在农村，早使早配的现象普遍存在。早使活、早配种妊娠，虽可得到一时好处，但因影响其发育而带来的经济和利用价值方面的损失就更大。按驴驹的生长发育规律，母驴配种不要早于 2.5 岁，正式使役不要早于 3 岁。公驴配种可从 3 岁开始。5 岁以前，使役和配种都应适量。

三、哺乳驴驹的培育

幼驹出生后，呼吸发生障碍或无呼吸仅有心脏活动，称为假死或窒息。如不及时采取措施进行急救，往往会引起幼驹死亡。引起假死的原因很多，归纳有：分娩时排出胎儿过程延长，很大一部分胎儿胎盘过早脱离了母体胎盘，胎儿得不到足够氧气；胎儿体内二氧化碳积累，而过早地发生呼吸反射，吸入了羊水；胎儿倒生时产出缓慢使脐带受到挤压，使胎盘循环受到阻滞；胎儿出生时胎膜未及时破裂等。

急救假死幼驹时，先将胎儿后躯抬高，用纱布或毛巾擦净口鼻及呼吸道中的粘液和羊水，然后将连有皮球的胶管插入鼻孔及气管中，吸尽其黏液。也可将驴驹头部以下浸泡在45 ℃的温水中，用手掌有节奏地轻压左侧胸腹部以刺激心脏跳动和呼吸反射。也可将驴驹后腿提起抖动，并有节奏地轻压胸腹部，促使呼吸道内黏液排出，诱发呼吸。如果上述方法无效果，则可施行人工呼吸，将假死驴仰卧，头部放低，由一人抓幼驹前肢交替扩张，另一人将驴驹舌拉出口外，用手掌置最后肋骨部两侧，交替轻压，使胸腔收缩和开张。在采用急救手术的同时，可配合使用刺激呼吸中枢的药物，如皮下或肌肉注射 1% 山梗菜碱 0.5 ~ 1 mL 或 25% 尼可刹米 1.5 mL，其他强心剂也可酌情使用。

（一）驴驹的护理

新生幼驹对外界环境适应能力差，需要给予良好的饲养和精心的照料。肉驴出世后应立即清除口鼻黏液，赶快使小驴呼吸，并轻压肺部，以防粘液进入气管，形成呼吸系统疾病。接着，剪断脐带，用 5% 的碘酒浸泡 1 ~ 2 min，进行消毒，避免引发脐带炎。幼驴身上其他部位的胎液让母驴舔洁净最佳，由于胎液中含有多种激素，能促进母驴胎衣正常掉落，有利于子宫赶快康复。母驴舔幼驴身上胎液的过程，能推进幼驴血液循环，使幼驴赶快站起来。首先应让驴驹尽早吃好初乳，产后 3 d 以内的初乳营养丰富，含有抗体和较多无机盐类，可增强驴驹的免疫力，有利于胎粪的排出。驴驹生后半小时即可站立，接产人员应尽早引导幼驹吃上初乳。产后 2 h 仍不能站立的驴驹，可人工挤初乳喂养，每 2 h 喂 1 次。

（二）注意观察驴驹

驴驹刚出生时，行动不很灵活，易发生意外，要细心照料。出生当天，应注意胎粪是否排出。胎粪不下时，可用温水或生理盐水 1 000 mL，加甘油 10 ~ 20 mL 或软肥皂进行灌肠；或请兽医治疗。如果腹泻（排灰白色或绿色粪便），应暂停哺乳，予以治疗。同时检查母驴乳房和驴驹饲料是否卫生，褥草是否干燥、温暖。

（三）缺乳或无乳驴驹的饲养

无乳驴驹多为母驴死亡造成，最好找产期相近、泌乳多的母驴代养。缺乳或无乳的驴驹还可喂牛奶和羊奶。由于牛、羊奶较驴奶乳蛋白和乳脂高，而乳糖低，故在饲喂时要加水稀释（1∶1），并加食糖和石灰水少许（0.5 L牛、羊奶加3～5汤匙），温度保持35～37 ℃，每1.5～2.0 h喂1次，以后驴驹大时，间隔时间也可稍长一些。

（四）尽早补料

初生驴驹除了按正常的方法饲喂外，一般在15日龄开始训练其吃精料，可用玉米、大麦、燕麦等磨成面，熬成稀粥加上少许糖诱其采食。开始每日投喂10～20 g，数日后补喂80～100 g，一个月后补喂10～20 g，2个月后喂100 g，以后逐日续增。9月龄后日喂精料3.5 kg。

（五）断奶后驴驹的培育

驴饲养管理是影响驴生长发育、繁殖、健康、产量和品质的重要因素。驴饲养管理主要包括驴的饲料配制、饲喂方式、圈舍建设、运动管理、卫生管理等方面。我国应加强驴饲养管理的科学化、规范化和标准化，通过以下几个方面提高驴饲养管理水平：

（1）饲料配制。我国应根据驴的不同生长阶段、生理状态、生产目的等，制定合理的饲料配方，平衡驴的营养需求，提高饲料的利用率和转化率。同时，我国也应开发和推广更多的优质饲料资源，如玉米秸秆、豆秸、苜蓿、甘蔗渣、酒糟等，降低饲料成本，增加饲料供给。

（2）饲喂方式。我国应根据驴的生物习性和消化特点，采用适合驴的饲喂方式，如少量多次、先粗后精、先干后湿、分槽定位等，保证驴的采食量和采食时间，防止驴的消化系统疾病，提高驴的生长速度和体质。

（3）圈舍建设。我国应根据驴的生活习性和行为特点，建设适合驴的圈舍，如宽敞、通风、干燥、舒适、安全等，满足驴的生理和心理需求，减少驴的应激反应，提高驴的福利水平。

（4）运动管理。我国应根据驴的运动需求和能力，制定合理的运动计划，如每天安排一定的运动时间和强度，让驴进行适度的运动，促进驴的血液循环、肌肉发育、骨骼强健等，增强驴的体质和抗病力。

（5）卫生管理。我国应加强驴的卫生管理，如定期清理圈舍、饲槽、饮水槽等，消毒杀菌，防止病原体的滋生和传播；定期给驴洗澡、刷毛、剪蹄、剪毛等，保持驴的清洁和舒适；定期给驴进行体检、驱虫、防疫等，及时发现和治疗驴的疾病，保障驴的健康。

四、公驴去势

公驴去势主要用于品质不良的种公畜，防止发育不良、不符合品种要求等的种公驴自由交配，产生劣种而影响驴群质量。役用公驴去势后便于饲养管理和使役，可提高公驴的使役价值。肉用驴则可促进生长发育，提高饲料利用率，提高生长速度及肉的品质等。公驴去势年龄一般在 2 岁左右，去势时间以春末夏初和晚秋季节较为适宜。

（一）公驴保定

一般取站立保定，助手用鼻钳固定驴，将驴头高抬。有条件的将驴拴于柱栏内站立保定，对性情暴烈的公驴可取侧卧保定，通常不需麻醉。

（二）手术方法

公驴去势的手术方法较多，通常分为无血去势法和有血去势法两大类。无血去势法又分为阴囊颈部结扎法、勒骟法、夹骟法、钳夹法、捶骟法等；有血去势法又根据手术处理和保定的方法分为精索结扎法、火烙精索的火骟法和以消毒的清洁凉水泼浇阴囊促使血管收缩而达到止血目的的水骟法和边牵着驴行走、边摘除睾丸的走骟法等。本书择其常用的主要方法介绍如下：

（1）无血去势法——捶骟法。这是我国民间传统的去势法，具体操作时，公驴取横卧保定，用木棍夹住阴囊颈部，再将夹棍连同阴囊一同翻转使睾丸竖立于夹棍上，用木棒猛力锤打睾丸。将睾丸实质砸烂，然后将阴囊皮肤涂以碘酊，松开夹棍，手术即告结束。该法施行后阴囊将严重肿胀，须每天进行牵遛运动，加强护理，经 30 d 左右，肿胀即行消退。

（2）有血去势法——精索结扎法。公驴取站立保定或横卧保定，术者左手握住阴囊颈部，用力将睾丸挤向阴囊底，使囊壁绷紧，术部用碘酊消毒后，以右手持刀在距阴囊缝际一侧的 1 ~ 2 cm 处做一纵向切口。并切透睾丸鞘膜，将睾丸挤出，分离与睾丸联系的鞘膜韧带，再贯穿结扎精索，于结扎的下方 1 cm 处切断精索，除去睾丸及附睾。沿此刀口切开阴囊纵隔，用同样的方法取出另一侧睾丸。然后于创口内涂以 5% 碘酊或消炎粉，再缝合 2 ~ 3 针，手术即告结束。

第二节　母驴的饲养管理

一、空怀母驴的饲养管理

为了使母驴正常发情，应当在当年配种开始前 1 ~ 2 个月提高饲养水平，喂给足量的蛋白质、矿物质和维生素饲料。不良的生活环境，会影响母驴的繁殖力，特别是营养不良和使役过重的情况下，影响最为严重。适当减轻使役强度，对过肥的母驴，应减少精饲料，增喂优质干草和多汁饲料，加强运动，使母驴保持中等膘情。配种前 1 个月，应对空怀母驴进行检查，发现有生殖疾病者要及时进行治疗。

二、妊娠母驴的饲养管理

母驴受胎后头 1 个月内，胚胎在子宫内尚处于游离状态，遇到不良刺激，很容易夭折而被吸收，所以最好停止使役。怀孕前半期可正常饲喂。在妊娠后的 6 个月期间，胎儿增重很慢，从 7 个月起，胎儿增重则明显加快，胎儿体重的 80% 是在最后 3 个月内完成的。所以母驴怀孕 6 个月后，要减轻使役强度，加强营养，增加蛋白质饲料的喂量，选喂优质粗饲料，以保证胎儿发育和母驴增重的营养需要。如有放牧条件，尽量放牧饲养，既可加强运动，又可摄取各种所需营养。

妊娠后期，由于缺乏青绿饲料，饲草质劣，如果精料太少，品种单纯，加上不役、不运动，往往导致肝脏机能失调，形成高血脂及脂肪肝，产生的有毒代谢产物排泄不出，出现妊娠中毒，表现为产前拒食，死亡率相当高。为预防此病的发生，从妊娠后半期开始，要及早按发育胎儿需要的大量蛋白质、矿物质和维生素适当调整日粮，要求种类多样化，补充青绿多汁饲料，减少玉米等能量饲料，喂给易消化、有轻泻作用、质地松软的饲料。产前几天，草料总量应减少 1/3，多饮温水，每天牵遛。在母驴整个妊娠期间，管理上要十分重视保胎防流产工作。母驴早期流产多发于秋季大忙、农活繁重的季节；后期多因冬春寒冷、吃霜草、饮冷水、受机械损伤、吃发霉变质饲料等因素引起流产。产前 1 个月，更要注意保护和观察。体形小的母驴，骨盆腔也小，在怀驴驹的情况下，更易发生难产，故需兽医助产。因此，当开始发现产前症状时，最好送附近兽医院待产。

总之，母驴受胎后应停止使役，妊娠一两个月后比平常使役要稍轻些，妊娠后半期减轻使役，临产前停止使役，做适当运动。

三、分娩前后母驴的饲养管理

（一）母驴分娩前的准备工作

加强护理，注意母驴的临产表现。提前准备好接产用具和药品，如剪刀、热水、药棉、毛巾、消毒药品等。如无接产条件，可请兽医接产。

1. 产房

北方早春气候寒冷，因此要备有产房。清洁、干燥、阳光充足、通风良好、无贼风、宽敞。产前1周要把产房打扫好，地面用石灰进行消毒，铺上垫草。

2. 药品及工具

接产所需物品应放在指定的地方。5% 碘酊、消毒液、石蜡、助产绳、助产器、长臂手套、照明设备（夜用）等。

3. 饲料及饲养管理

母驴分娩前2 ~ 3周，减少粗饲料，精饲料喂麸皮、燕麦、大麦等。在产前几天，草料总量减少1/3，多饮温水，每天牵遛。母驴产后，应尽早饮喂用温水加少量盐调成的麸皮粥或小米汤。控制精饲料，防止腹泻，以优质干草为主，多喂麸皮、豆粉或泡豆。母驴临产时，应先查看胎位是否正常，遇到难产及时助产。胎位正常时尽量让其自在产出，不强行迁延，避免损害幼驴和母驴的生殖道。

（二）母驴的接产和护理

母驴一般多在半夜时产驹。正常情况下，母驴产驹不需助产。母驴大多躺着产驹，但也有站立产驹的。因此要注意保护幼驹，以免摔伤。若需要助产，要及时请兽医处理。幼驹头部露出后，要用毛巾把幼驹鼻内的粘液擦干净，以免粘液被吸入肺内。幼驹产出后，若脐带未断，接产人员可手握住脐带向幼驹方向捋挤，使脐带内血液流向幼驹。然后，在距幼驹腹壁2 ~ 3指处用手掐断，立即用浓碘酒棉球充分浸泡脐带断端。若用手掐止不住流血，再用消毒的线绳结扎。断脐后，应及时将幼驹移近母驴头部，让母驴舔幼驹，以增强母子感情，促进母驴泌乳和胎衣排出。

产后1 h，胎衣可以完全排出，应立即将胎衣、污染的垫草清除、深埋。若5 ~ 6 h胎衣仍未排出，应请兽医诊治。对假死亡的幼驹要及时进行抢救，应迅速把幼驹口、鼻中的粘液或羊水清除掉，使其仰卧在前低后高的地方，手握驹的前肢，反复前后屈伸，用手拍打其胸部两侧，促使幼驹呼吸。也可向幼驹鼻腔吹气，或用草棍间断刺激鼻孔，可使假死幼驹复苏。产驹后，用无味消毒水，如0.5%高锰酸钾彻底洗净并擦干母驴乳房，让幼驹吃乳。用2%来苏儿水消毒，洗净并擦干母驴外阴、尾根、后腿等被污染的部位。产房换上干燥、清洁的垫草。母驴分娩后，多不舔新生驹身上的粘液。此时接产人员在扯断脐带、用碘酒消毒后，应擦干幼驹身上的粘液，并辅助其尽快吃上初乳。

接产应在严格遵守消毒的原则下，按照以下步骤和方法进行，以保证胎儿顺利产出和母驴的安全。

工作人员仔细观察临产母驴的情况，产出期开始时，观察母驴的体质情况和母驴胎膜漏出至排出羊水这一段时间。如果胎儿正常时，三件（唇及二蹄）俱全，可等候它自然出生。头胎母驴分娩时间不超过2 h，经产母驴不超过1.5 h，如果超出要考虑助产。

产出期开始时，观察母驴的体质情况和母驴胎膜漏出至排出羊水这一段时间，一般难产主要有以下几项：如果前腿已露出很长而不见唇部；唇部已经露出而看不见一或两腿；只见尾巴，而不见一或两后腿；产道狭窄（骨盆狭窄），驴驹大；倒生（包括仰卧倒生）或仰卧顺产；母驴的产力不足（母驴患病）；双胎——一倒生一正生或四条腿一起出现（畸形）。

（三）助产

1. 助产准备工作

遇到难产时应考虑助产。首先把母驴保定，用毛巾加消毒水（新洁尔灭1%）认真擦洗母驴的外阴部及其周围，接产人员必须戴长臂手套，准备对母驴产道检查。

2. 助产前检查及矫正方式指导

检查胎位是否正常时要注意胎儿前置器官露出的情况有无异常。确定胎位异常程度，切记不要先把露出的部分向外拉，否则可能会使胎儿的难产程度加剧，给矫正工作带来更大困难。

发现顺倒生（后两腿先出产道）时直接消毒助产，但仰卧倒生（腹部朝上）时后腿看起来像前腿，易延误最佳助产时间，需要有经验的接产员。蹄子和肘关节之间有膝关节的是前蹄，而蹄和跗关节之间没有柔韧的关节是后肢，一般翻转起来困难，最好的办法是其他人用助产绳牵拉，另一个人再试图翻转仔驴身体。

发现四条腿一起出产道时一般是双胎（仔驴畸形时截胎或剖腹产），有经验的接产员以触摸的方式区分哪条腿是哪头驴的，如果其中一头仔驴正生但头部向后弯曲，另一头仔驴倒生时，两头仔驴的头部和臀部都挤在有限的产道里，而正生仔驴头部很难矫正，首先推回正生（头部向后弯曲）仔驴，试拉倒生的仔驴，如果仔驴头部能矫正时推回倒生，试拉正生仔驴。发现双胎但先后明显，第一头仔驴倒生（能触摸到后两腿）时首先助产倒生驴，如果第一头仔驴臀部出现再推回母体矫正腿后助产。

产道狭窄且胎位不正时很难矫正，需要有经验的接产员，如果骨盆狭窄，仔驴易窒息死亡，如果仔驴死亡应采取截胎术，保母驴。如果进入产道很深，不能推回，且胎儿较小，一般不严重，可先试行拉出。如果产道开张不全，胎位异常，则应先行矫正。 如果子宫颈尚未开时，一般使用催产类药物，等子宫颈打开时助产。

3. 助产

检查、矫正完成后用助产绳绑前两腿或后两腿，再用助产器往外拉，母驴和助产器必须一条水平线，然后按照母驴产力慢慢往下拉（助产器和脊椎角度为45°），从头部至胸部出来时不停留，慢慢（根据产力）拉出来。

4. 分娩结束记录工作

分娩结束工作人员记录母驴的耳号及产犊日期、时间、产仔驴过程（难产或顺产）及仔驴性别，并做相关记录。

5. 产后母驴的护理

母驴在分娩和产后期阶段，生殖器官都发生很大变化。分娩时子宫颈开张松弛，子宫收缩，在排出胎儿的过程中产道黏膜表层有可能受损伤，分娩后子宫内沉积大量恶露，这些都为病原微生物的侵入和繁衍创造了良好条件，降低母驴机体的抵抗力。因此，对产后的母驴必须加强护理，使母驴尽快恢复正常，提高抵抗力。母驴产后的前5～6d要给予品质好、易消化的饲料。在产后如发现尾根、外阴周围粘附恶露时，要清洗和消毒，并防止蚊蝇叮咬，褥草要经常更换。母驴分娩后会发生口渴现象，因此，在产后要准备好新鲜清洁的温水，以便在母驴产后及时补水，饮水中最好加入少量食盐和麸皮，使母驴增强体质，有利恢复健康。

（四）哺乳期母驴的饲养管理

在哺乳期，饲料中应有充足的蛋白质、维生素和矿物质。混合精料中豆饼应当占30％～40％，麸类占15％～20％，其他为谷物饲料。为了提高泌乳力，应当多补饲青绿多汁饲料如胡萝卜、饲用甜菜、土豆或青贮饲料等。有放青条件的应尽量利用，这样不但能节省大量精饲料，而且对泌乳量的提高和幼驹的生长发育有很大的帮助。另外，应根据母驴的营养状况、泌乳量的多少酌情增加精饲料量。哺乳期母驴的需水量很大，每天饮水不应少于 5 次，要饮好、饮足。

在管理上，要注意让母驴尽快恢复体力。产后 10 d 左右，应当注意观察母驴的发情情况，以便及时配种。母驴使役开始后，应先干轻活、零活，逐渐恢复到正常劳役量。在使役中要勤休息，一方面可防止母驴过分劳累，另一方面还可照顾幼驹吃乳。一般约 2 h 休息一次，否则不仅会影响幼驹发育，而且会降低母驴的泌乳能力。初生至 2 月龄的幼驹，每隔 30 ~ 60 min 喂乳 1 次，每次 1 ~ 2 min，以后可适当减少吮乳次数。

驴场一要改善驴群结构，提高母驴比例，母驴多了才有繁殖的基础。二要实行适龄母驴全部配种的方针，除后备驴的补充、种驴的按计划出售外，超过这些计划的、筛选后的驴驹，都可作为肉用驴进行培育。

第三节　种公驴的饲养管理

现在规模化养殖肉驴场越来越多，科学养殖繁育技术越来越普及。随着冷冻精液技术的推广，饲养种公驴的数量大大减少，而质量要求越来越高，对种公驴的选择越来越严格，培养一匹优秀的种公驴要付出相当大的代价。因此，这些优秀种公驴如何进行科学管理十分重要。

种公驴饲养管理的基本要求首先要增进种公驴的体质健康。精力要充沛，雄性优势要突出，膘情中上等，过肥、过瘦的个体均不理想。其次要提高精液品质，要求种公驴的射精量、精子活力、密度及生存指数等指标都能保持较高标准，且适宜冷冻精液的制作。通过正确的饲养管理，可延长种公驴的使用年限。

一、种公驴的饲养技术

根据种公驴营养需求特点饲喂全价配合饲料。要求适口性好、易消化，精、粗、青饲料要搭配得当，精饲料占总营养价值的 40% 左右为宜，且精料应以生物学价值高的蛋白质饲料为主，日粮的体积不可过大，长期过大易形成"草腹"影响种用效果，玉米等含碳水化合物高的饲料宜少喂，以免种公驴过肥。

成年种公驴可按 100 kg 体重每天喂精料 0 ~ 0.6 kg，干草 1.0 ~ 1.5 kg，胡萝卜 0.8 ~ 1.0 kg。在夏季可用 3 kg 青草代替 1 kg 干草或用 3 kg 青贮料代替 1 kg 干草，青贮料每天喂量不可超过 5 ~ 10 kg。在密集采精期应增加动物性蛋白饲料，每头种公驴每天应补鸡蛋 8 ~ 15 个或牛奶 2 kg，此外还应增加骨粉 100 ~ 150 g，食盐 70 ~ 80 g。每天供给足够清洁的饮水。注意在配种、采精或运动前后半小时内不饮水。

二、种公驴的饲养管理

（一）种公驴的特性

要养好种公驴，首先应了解它的特性。从生理角度有以下特性：

1. 记忆力强

种公驴的记忆力很强，对周围环境和人能记清楚。例如，兽医人员给它动过手术、打过针或鞭打过它，再接近时它就有反感表现。因此，对公驴应指定专人负责，不要随意更换。在进行治疗时饲养员应尽量避开，以免给工作带来麻烦。

2. 防御反射强

种公驴有较强的自卫性，当陌生人和它接近时，立即表现出进攻的架势。

（二）种公驴的管理要点

管理要领是恩威并施，驯教为主。饲养员平时不得随意鞭打和虐待种公驴，但要掌握厉声呵护，即驯服的技能。当公驴惊恐时，要用温和的声音使其安静。

（1）拴系。体成熟后的公驴应时常牵引驯教，养成温顺的性格，拴系要牢固，否则会发生脱缰导致事故。

（2）牵引。应坚持双绳牵导，由两人分别在驴两侧牵引，人与驴保持一定的距离。

（3）运动。种公驴必须坚持运动。要求上、下午各进行一次，每次 1.5 ~ 2.0 h。行走 4 km 左右，运动有乘、骑、拉车运动等。运动不足或长期拴系，会使公驴性情变坏，精液品质下降，易患肢蹄病和消化系统疾病等，运动过度同样会影响精液的品质。

（4）刷拭。要坚持每天定时进行刷拭，保证驴体清洁，在夏季应进行淋浴，边淋边刷拭，淋后擦干。

（5）按摩睾丸。每天 1 次，可结合刷拭进行，每次 5 ~ 10 min。

（6）护蹄。饲养员要随时检查蹄肢有无异常。要经常保持蹄壁洁净，每年春秋各修蹄 1 次。

第四节　肉驴快速肥育

一、影响肉驴肥育效果的因素

（一）品种与个体差异

不同品种的驴，在肥育期对营养的需要有较大差别。一般来说，肉用品种的驴得到相同日增重所需要的营养物质低于非肉用品种。不同驴种肥育的效果不同，如选育程度较高的关中驴、晋南驴等大、中型驴，由于早熟性好，饲料报酬相对较高。肉驴之间存在个体的差异能在生产性能中表现出来，这种个体的差异往往表现的并不明显。同一驴种的不同个体，由于体貌和体质的不同，肥育的速度也不同，正因为如此，才给驴肉用品系的选择提供了可能。驴种和个体相比较，往往品种内的差异大于品种间的差异，因而肉驴生产要重视品种内的系统选育。

（二）年龄

不同生长阶段的驴，在肥育期间要求的营养水平也不同。幼龄驴正处在生长发育旺盛阶段，增重的主要部分是骨骼、肌肉和内脏，所以饲料中蛋白质的含量应当高一些。成年驴在肥育阶段增重的主要部分是脂肪，此时饲料中的蛋白质含量可相对低一些，而能量应该高些。单位增重所需的营养物质总量以幼驴最少、老龄驴最多。但幼龄驴的消化机能不如老龄驴完善，所以幼龄驴对饲料品质的要求较高。不同的年龄阶段，驴的生长发育速度不同。驴驹生长发育快，饲料利用率高，肉质好。驴驹 0.5 岁生长发育速度最快，但产肉少，利用不划算；1.5 ~ 2.5 岁肥育效果最好。据凉州驴资料，经豆科牧草肥育 60 d，1.5 岁驴驹平均日增重 633 g，4 岁的驴平均日增重 377 g，而 12 ~ 15 岁的驴平均日增 127 g。

驴在肥育期间，前期体重的增加是以肌肉和骨骼为主，后期是沉积脂肪为主，因而在肥育前期应供应充足的蛋白质和适当的热能，后期要供应充足的能量。任何年龄的驴，当脂肪沉积到一定程度后，其生活力下降，食欲减退，饲料转化率降低，日增重降低，若再继续肥育就不经济了。通常，年龄越小，肥育期越长，如幼驹需 1 年以上；年龄越大，则肥育期越短，如成年驴仅需 3 ~ 4 个月。肥育期的长短，还受饲料品质和饲养方式的影响，放牧的饲料效率低于舍饲，所以放牧驴的肥育期比舍饲驴要长。

（三）产驹季节

驴虽春、秋两季发情，但秋配的驴初生重、断奶重、生长发育、成活率和胴体品质都远不如春产驴驹，因而不主张配秋驴。驴驹产在每年4～5月份最佳，这时候生产条件、饲料条件都是最好时期。但对肉驴生产来说，可以创造条件或改善条件，使秋产驴得以实现，增加肉驴生产的周转和生产量。肥育也是如此，严冬和酷暑对肥育不利，如能改善环境实施全年连续生产，肥育也是可行的。所以采取工厂化、集约化养驴生产，控制饲养环境是必由之路。

（四）饲料种类与肉品质

饲料种类的不同，会直接影响到驴肉的品质，通过饲养的调控，是提高肉产量和品质最重要的手段。在不影响驴的健康和消化的前提下，短期内给予的营养物质越多，则所获得的日增重就越高，每千克增重所消耗的饲料就越少，出栏提高，效益提高。驴在肥育期的营养状况，对产肉量和肉质影响很大，只有肥育度很好的驴，其产肉量与肉品质才是最好的。饲料营养的实质主要是能量和蛋白质的影响。饲料中有机物的含量及其质量决定饲料能量价值的高低，其中以粗纤维和粗脂肪的影响更为明显，粗纤维多能量就低。所以，肥育中要适当增加玉米、高粱、麦麸等含能量多的精料，才能获得高的日增重和优质肉的品质。饲料蛋白质供应不足时，驴的消化功能减退，生长、增重变慢，抗病能力减弱，会严重影响肉驴的健康和肥育。因此驴肥育时，特别是驴驹肥育或肥育前期，驴的日粮中要给予足够的豆类、饼类、苜蓿草等蛋白质含量高的饲料。

饲料的种类对肉的色泽和味道也有重要影响。如以黄玉米肥育的驴，肉及脂肪显黄色，香味浓；喂颗粒状的干草粉及精饲料，能迅速在肌肉纤维中沉积脂肪，并提高肉品质；多喂含铁量多的饲料则肉色浓；多喂荞麦则肉色淡。

（五）环境温度

环境温度对肥育驴的营养需要和日增重影响较大。驴在低温环境中，为了抵御寒冷，需增加产热量以维持体温，使相对多的营养物质通过代谢转化为热能而散失，饲料利用率下降。根据驴的生理特点，适宜的温度为16～24℃。环境温度低于16℃，饲料利用率下降；高于24℃，驴的呼吸次数增加，采食量减少，温度过高会导致停止采食，特别是肥育后期的驴膘较肥，高温危害更严重。

1. 密切关注天气变化，加固养殖场基础设施

（1）养殖场管理人员要充分利用电视、广播、手机短信、微信等多种方式，及时关注寒潮带来温度骤降或雨雪、大风等极端恶劣天气，并积极应对恶劣天气，做好防风，及时清理积雪等管理工作。

（2）维护养殖场设施结构。提前检查养殖场基础设施情况，加固老、旧、易倒塌的驴舍，防止漏风漏雪，做好保暖工作，同时及时维修水、电等，定时检查输水管道是否正常供水。确保持续供应，降低风雪危害风险。

2. 防寒保暖

俗话说"圈暖三分膘"。如果温度过低，驴则需要消耗较多的营养用于御寒和维持基础消耗，从而不利驴群的生长发育。寒潮来袭期间，幼驹难以适应此期天气变化而导致成活率低。需采取保暖措施，做好圈舍的增温保暖工作，如挂上草帘、棉被等，防止寒风入侵，尤其是繁育驴舍需增加垫料，对于哺乳期幼驹，最好提供柔软性好、足够厚度的垫料（干秸秆）或垫草，增设保暖设施。

同时，不能忽略圈舍的通风问题，圈舍封闭过严，虽然保暖，但不利空气流通，导致驴舍内湿度提高、有害气体增加等，易引发驴的呼吸道疾病。因此，既要做好保暖工作，也要适当通风。可选择晴好天气下适当通风。

对于其他肥育驴，要取消舍外运动。开放式驴舍夜间可采用帆布、塑料布等对周边进行围挡，避免冷风直吹。

所有存栏驴特别是幼驹均要饲喂温热水（15～20 ℃左右），忌喝冰水。驴群长时间饮冷水、冰冻水，一会影响机体的正常消化功能，可能会引发腹泻等消化道疾病；二会增加能量消耗、降低生长速度和饲料利用率。对于怀孕驴来说，冷水、冰冻水会导致孕驴流产。尽可能在采食后一段时间给予饮用温水，15～20 ℃最佳。

3. 加强饲养管理

定期清理饲槽，避免投喂冰冻的饲草和发霉变质的草料。低温天气驴需要采食更多的食物以抵御寒冷，因此可以在原有基础上增加10%～20%精料，同时保证营养成分全面，以减少因持续低温造成应激。适当添加维生素和矿物质等抗应激添加剂，提高驴群抗寒防冻能力，减少气温骤降对驴群的影响。对于孕驴和幼驹要提供充足的容易消化的饲草料，自由采食。

4. 加强疫病防控工作

驴受到寒冷天气刺激易导致机体抵抗力下降，冬季又是呼吸道疾病多发的季节，规模化驴场要切实增加生物安全意识，做好圈舍消毒和疾病防治工作。

5. 做好应急准备

提前准备好应急药品、足够的饲草料、可用的清洁水、发电机、充电器等物资，以便在紧急情况下能够及时采取措施保护驴群安全。

（六）适时出栏

适时出栏屠宰是肉驴生产重要的一个环节，直接影响肉驴生产效益和肉的品质，要选择最佳肥育结束期及时出栏，增加驴的周转量。驴最佳肥育结束期判断方法如下：

（1）从采食量判断。在正常肥育期，肉驴采食量是有规律的，即绝对日采食量随肥育期的增重而下降，下降量达到正常采食量的1/3或更少；或按活体重计算，日采食量（以干物质为基础）下降到体重的0.9%～1.1%或更少，这时已达到最佳肥育结束期。

（2）用肥肥育度指数来判断。可参考肉牛的指标，即利用活驴体重与体高的比例关系来判断，指数越大，肥育度越好，但不是无止境的，一般以526为最佳。

肥育度指数计算方法：（体重／体高）×100

（3）从肉驴体型外貌来判断。主要检查驴体格丰满程度，判断的标准是必须有脂肪沉积的部位是否有脂肪和脂肪含量的多少；脂肪不多的部位沉积脂肪是否厚实和均衡等。

出栏体重视市场需求而确定。不同饲料消耗量和利用率也不同。一般规律是，驴的出栏体重越大，饲料利用率就越低。

（七）阉割年龄

1.5岁的公驴可评定种用价值。此时非种用公驴阉割后肥育，活重大，肉质好。如70 d肥育晋南驴，母驴平均日增重490 g，而阉驴可达700 g。

（八）杂交的影响

利用肉驴的杂交，可以使杂种在生长速度、饲料报酬和胴体品质等方面显示出杂种优势，在肉驴生产中，可以采取二元或三元杂交，配合相应的饲料提高肉驴的生产潜力。

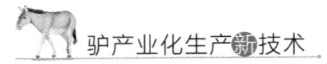

二、肉驴肥育方式

肉驴肥育由于各地具体的饲养、饲料条件不同，肉驴肥育的方式很多，但不是单一采用，而是有所交叉。要因地制宜地选择肉用驴的生产肥育方式。根据肉用驴产业化的要求，采用工厂化、集约化的肥育方式，可以大幅度地提高劳动生产率，是现代肉驴生产的必由之路。生产实践中可以采用的方式有如下几种：

（一）舍饲肥育

在舍饲的条件下，应用不同类型的饲料对驴进行肥育。这种肥育方式由于肥育驴类型和采用饲料类型不同，肥育效果也不同。例如，对老龄凉州驴用单一的豆科干草肥育 60 d，平均日增重 247 g。对老龄关中驴、凉州驴采用麦草精料型的日粮肥育 25 d，平均日增重 435 g，肥育 35 d 平均日增重为 299 g；而对老龄驴占 60% 的晋南驴进行 70d 的优质豆科、禾本科干草精料型日粮肥育，前 30 d 平均日增重为 700 g，31 ～ 50 d 的平均日增重为 630 g，而 51 ～ 70 d 的平均日增重为 327 g，全程 70 d 平均日增重为 574 g。相比而言，干草精料型日粮较为优越。

为了使饲料增重比经济合理，驴的舍饲肥育不宜积累过多的脂肪，达到一级膘度就应停止肥育。优质干草精料型的日粮以肥育 50 ～ 80 d 为好。高中档驴肉肥育的时间要长，肉的售价也高。驴在正式进入肥育期之前，都要达到一定的基础膘度。

（二）半放牧、半舍饲肥育

在马属动物中，驴的放牧能力较差。但是，如有良好的豆科与禾本科人工牧地，驴能进行短期的强度放牧肥育，使其达到中等的膘度，再经过短期的 30 ～ 50 d 的舍饲肥育，这样不仅节约了成本，而且可以取得良好的肥育效果。

（三）农户的小规模化肥育

在农村有些地方以出售老残和架子驴居多。对于有条件的养殖户可就地收购肥育，这样可减少外来驴由于条件的改变而产生的应激和换料的不适，缩短肥育时间，提高经济效益。驴群可大可小，一年可分批肥育几批驴。

（四）集约化肥育

集约化肥育是肉用驴肥育的发展方向。其特点是要建设专门化的养驴场，进行大规模集约化生产，通过机械化饲喂和清粪，大大提高劳动生产率。这种肥育方式，要求在厩舍内将不同类型的驴分成若干小群，进行散放式管理，小群间的挡板为移动式的，有利于适应驴群数量的变化和机械清理粪便。炎热季节肥育驴可在敞圈或带棚的圈里，冬季应在厩舍里。肥育场和厩舍小圈内都设有自动饮水器和饲槽。厩舍地面硬化，给料由移动式粗料分送机和粉状配合饲料分送机完成。出粪由悬挂在拖拉机上的推土铲完成。要求同批肥育的驴（50～100头）有一致的膘度。驴驹的肥育应单独组群。接受肥育前，要对驴进行检查、驱虫、称重确定膘度，然后对驴号、性别、年龄和膘度进行登记。把肥育效果差的驴（如老龄、胃肠疾病和伤残等）在预饲期开始的10～15 d中查明原因，剔出肥育群，再进行集中肥育。肥育群驴经合理饲养后屠宰。

（五）自繁自养式肥育

集驴的繁育和肥育为一体。小规模的零星养殖户可采用这种方式，现代化大规模生产也可采用。现代化大规模生产需要形成一个完整的体系，要有肉驴的育种场、繁殖场、肥育场等，各负其责，不仅便于肉用驴专门化品系的选择、提高，也利于驴肉的高质量标准化生产和效益进一步提高。

（六）异地肥育

异地肥育是指在自然和经济条件不同地区分别进行驴驹的生产、培育和架子驴的专业化肥育。这可以使驴在半牧区或产驴集中而经济条件较差的地区，充分利用当地的饲草饲料条件，将驴驹饲养到断奶或1岁以后，再转移到精饲料条件好的农区进行短期强度肥育后出售或屠宰。

异地肥育驴的选购要坚持就近的原则，可减少驴的应激反应，减少体重消耗和运输费用，异地肥育驴的运输要注意安全，可根据不同的距离确定运输工具（汽车、火车及船等），近距离可以赶运。

运输时应注意切实做好并落实运输前的一切准备工作，此外还要预防运输中应激反应。肥育驴在运输过程中，不论是赶运，还是车辆运输，都会因生活条件及规律的剧烈改变而造成应激反应，即驴的生理活动的改变。减少运输过程中的应激，是肥育驴运输的主要环节，必须予以重视。常用的措施有如下几点。

（1）口服或注射维生素A。运输前2～3 d开始。每匹驴每天口服或注射维生素A 25万～100万国际单位。

（2）注射氯丙嗪。在装运前，肌内注射2.5%的氯丙嗪，每100 kg体重剂量为1.7 mL，此法在短期运输中效果较好。

（3）装运前合理饲喂。装运前 3 ~ 4 h 应停止喂饲具有轻泻性的饲料。装运前 2 ~ 3 h，不要过量饮水。

（4）赶运或装运过程中，切忌任何粗暴行为或鞭打。

（5）合理装载。如用汽车装载。每头驴根据体重大小应占一定面积，大致为 1.5 ~ 1.8 m^2。

驴运到目的地后，要安置在清洁、清静的处所，加强饮水管理，防止在运途过程饥渴，见水暴饮而受伤害，投给优质干草。管理上要加强观察、细心照料，消除运输途中造成的影响。

对异地肥育驴，应注意必须从非疫区引入，经兽医部门检疫，并且有检疫证明，对购入的驴最好要在装车前进行全身消毒和驱虫后方可引入场内。进场后仍应隔离于 200 ~ 300m 以外的地方，继续观察 1 个月左右，进一步确认健康后，再并群肥育。

异地肥育的好处是它可以缓解产驴集中的地区肉驴出栏时间长、精料不足、肥育等级低、经济效益低等问题，可以加快驴的周转速度，搞活地区经济。

三、不同类型驴的肥育方案

通过驴的肥育，不仅可以增加驴体重，而且可以改善肉质（肌间脂肪含量增加，驴肉的大理石状花纹明显，肉的嫩度、多汁性及香味都有所改善），增加收益。为了尽快地肥育，饲喂的营养物质必须高于维持正常生长发育的需要，在不影响正常消化吸收的前提下，在一定范围内，给肥育驴的营养物质越多、所获得的日增重就越高，并且每单位增重所耗的饲料也越少，出栏时间越早。如果希望获得含脂肪少的驴肉、则肥育前期日粮能量水平不能过高，而蛋白质数量应充分满足，到肥育后期再将能量水平提高一些，否则将会获得含脂肪过多的驴肉。

（一）驴驹的肥育

驴驹的年龄一般在 1.0 ~ 1.5 岁，这时是驴驹生长发育的一个高峰。肉用驴驹多为超过驴群补充和种驴出售计划的那部分驴驹。作为肉用，驴驹的选择除要重视其遗传因素外，还要注意这些驴驹均应受到后天良好的培育。一般来说，中、小型驴因为驴驹绝对生长低、体重小、产肉量少而不主张此时肥育。

驴驹肥育时间为 50 ~ 80 d，日粮可消化粗蛋白质水平应在 16% ~ 18%。这一时期驴驹增重的主要部分是肌肉、内脏和骨骼。应给驴驹优质的饲草、饲料，日采食干物质总量应占体重的 2% 以上。如不能做到自由采食，每天应比成年驴增加 1 ~ 2 次饲喂次数。

幼驴肥育是否成功，取决于肥育驴本身生产性能、肥育期的饲养管理技术、饲养环境条件、市场需求的质与量以及经营者的决策水平。

幼驴肥育时肥育前期日粮以优质精料、干粗料、青贮饲料、糟渣类饲料为主，肥育后期适当提高优质精料的比例，以生产量多、质优的驴肉为主要目标，提高胴体质量，增加瘦肉产量。

幼驴肥育在设计增重速度时，要考虑三个方面，即胴体脂肪沉积、胴体体重和饲养成本。品种不同，设计的增重速度也要不同。

幼驴肥育时应群养，无运动场，自由采食，自由饮水，圈舍应每日清理粪便 1 次，及时驱除体内外寄生虫，防疫注射采用有顶棚、大敞口的圈舍或者采用塑料薄膜暖棚圈技术。及时分群饲养，保证驴生长发育均匀。及时变换日粮，对个别贪食的驴限制采食，防止脂肪沉积过度，降低驴肉品质。

初生驴驹除了按正常的方法饲喂外，一般在 15 d 开始训练其吃精料，可用玉米、大麦、燕麦等磨成面，熬成稀粥，加上少许糖诱其采食。

驴入栏稳定 2 ～ 3 d 后即可进行驱虫健胃。用虫克星驱除驴的体内寄生虫，其粉剂口服的用量为每千克体重 0.1 g，针剂皮下注射的用量为每千克体重 0.2 mL。健胃通常在驱虫 3 d 后进行，给每头驴口服人工盐 60 ～ 100 g 或口服健胃散 450 g。

（二）青年架子驴的肥育（高、中档驴肉的生产）

这种驴的年龄为 1.5 ～ 2.5 岁，肥育期一般为 5 ～ 7 个月。2.5 岁以前肥育应当结束，形成大理石状或雪花状的瘦肉，肉质较好。饲养要点如下：

（1）过渡适应期。除自繁自养的驴外，对新引入的青年架子驴，因长途运输和应激强烈，体内严重缺水，所以要注意水的补充，投以优质干草，2 周后可恢复正常。对这些驴要按强弱大小分群，注意驱虫和日常管理工作。饲喂方法分自由采食和限制饲喂两种，自由采食工作效率高，适宜机械化管理，但不易控制驴的生长速度；限制饲喂饲料浪费少，能有效控制驴的生长，影响驴的生长速度。总的来说，自由采食法比限制采食法理性，也是今后肉驴饲养的方向。

（2）生长肥育期。重点是促进架子驴的骨骼、内脏、肌肉的生长。要饲喂富含蛋白质、矿物质、维生素的优质饲料，使青年驴保持良好生长发育的同时，消化器官得到充分发育。此阶段能量饲料要限制饲喂，肥育时间为 2 ～ 3 个月。

（3）成熟肥育期。这一阶段饲养任务主要是改善驴肉品质，增加肌肉纤维间脂肪的沉积量。日粮中粗饲料比例不宜超过 30% ～ 40%，饲料要充分供给，以自由采食效果较好。肥育时间为 3 ～ 4 个月。

（三）成年架子驴的肥育

这种驴指的是年龄超过 3 ～ 4 岁，淘汰的公母驴和役用老残驴。这种驴肥育后肉质不如青年驴肥育后的肉质，脂肪含量高，饲料报酬和经济效益也较青年驴差。但经过肥育后，经济价值和食用价值可以得到很大改善。

架子驴的快速肥育，要加强饲养管理。肥育时间在 65 ～ 80 d。可分为 3 段管理。

（1）过渡驱虫阶段。需经 15 d 左右，此期间，其一，将肥育的驴按体质、体重、健康状况相近的架子驴分成不同群，以便饲养管理；其二，让肥育的驴相互熟悉、了解环境，减少应激反应，逐渐恢复正常；其三，要观察驴群的状态，防止咬斗，还要观察个体健康状态，对驴群进行健康检查，实行健胃、驱虫，对公驴要实行去势等；其四，要注意优质草料的投给，饮水要科学，在喂草料时切忌饮水，一定要在饲喂草料以外的时间给以饮水。此期间要以粗料为主，精料少投为辅。

（2）肥育前阶段（肥育前期）。时间 50 d 左右（45 ～ 60 d），此期为肥育肉驴的关键阶段。要限制运动，日粮可消化蛋白质水平要提高到 13% ～ 15%，粗精比例为 6：4 左右，以后逐渐调整增加精料的比例，减少粗精比例。这阶段主要调整肥育驴对精料的逐渐适应能力，要防止消化不适、肚胀、腹泻，要避免粗精比例相等的情况出现，时间太长，影响消化率。本阶段主要是使粗精比例倒转为 4：6，为肥育后期打好基础。

（3）肥育后阶段（肥育后期）。一般为 20 d 左右，目的是通过增加肌肉纤维之间的脂肪沉积量来改善肉驴肉的品质，使之形成大理石状花纹的瘦肉。本阶段为强度肥育期，日粮浓度和数量均增加，尽量增加肉驴的采食量，精料比例可增加至 70% ～ 85%。同时，根据情况也可适当增加饲喂次数，以达到快速增重的目的。

（四）阉驴的肥育

阉驴是指非种用的公驴或杂种驴在 1.5 岁左右阉割后的肉用驴。阉驴肥育日增重快，饲料报酬高，肥育后的肉质好。阉驴肥育常用的方法有：精料型模式、前粗后精模式、糟渣类饲料肥育模式和放牧肥育模式。

（1）精料型模式。以精料为主，粗料为辅。该模式可扩大肥育规模，便于多养，可满足市场不同档次的需要，同时要克服饲料价格、架子驴价格、技术水平和屠宰分割技术等限制因素。

（2）前粗后精模式。前期多喂粗饲料，精料相对集中在肥育后期。这种肥育方式常常在生产中被采用，可以充分发挥驴补偿生长的特点和优势，获得满意的肥育效果。在前粗后精型日粮中，粗饲料是肉驴的主要营养来源之一，因此要特别重视粗饲料的饲喂。将多种粗饲料和多汁饲料混合饲喂效果较好。前粗后精肥育模式中，前期一般为 150 ～ 180 d，粗饲料占 30% ～ 50%；后期为 8 ～ 9 个月，粗饲料占 20%。

（3）糟渣类饲料肥育模式。糟渣类饲料在鲜重状态下具有含水量高、体表面积大、营养成分含量少、受原辅料变更影响大、不易贮存、适口性好、价值低廉等特点，是城郊肉驴饲养业中粗饲料的一大来源，合理应用可以大大降低肉驴的生产成本。糟渣类饲料可以占日粮总营养价值的 35% ~ 45%。利用糟渣类饲料饲喂肉驴时应当注意：不宜把糟渣类饲料作为日粮的唯一粗饲料，应和干粗料、青贮料配合；长期使用白酒糟时日粮中应补充维生素 A，每头每日 1 万 ~ 10 万国际单位；糟渣类饲料与其他饲料要搅拌均匀后饲喂；糟渣类饲料应新鲜，若需贮藏，以容贮效果为好，发霉变质的糟渣类饲料不能用于饲喂。各种糟渣因原料不同、生产工艺不同和水分不同，其营养价值差异很大，长期固定饲喂某种糟渣时，应对其所含主要营养物质进行测定。

（4）放牧肥育模式。肥育驴的营养来源以牧草为主，在枯草季节适当补饲精料。实行放牧肥育的前提条件是要有广阔的草地，能提供驴生长所需的大部分营养。在我国主要适合于草原地区或部分丘陵地区。其优点是成本低，劳动力消耗少，无需考虑粪便污染。缺点是营养难以控制，肥育时间长。

放牧肥育既要做好组织工作，也要做好技术工作。

①合理分群，以草定群。一般 30 ~ 50 头为一群较好。不同体重驴要求草场的面积不同，要根据体重合理配置。

②合理放牧，南方地区可全年放牧肥育，北方可在每年 5 ~ 11 月份作为放牧肥育期。放牧的最好季节是牧草结籽期，每天应不少于 12 h 放牧，至少补水 1 次，同时注意补盐。

③放牧肥育驴要定期驱虫、防疫。

④放牧期，夜间应补饲适量混合精料，每天补给精料量为肥育驴活重的 1% ~ 1.5%，补饲后要保证饮水。

三、肉驴喂料注意事项

肉驴喂料要做好"四看"。

（1）看食槽。驴犊没吃净食槽内的饲料便抬头渐渐走开，表明料量过大。如食槽底和壁只留下像地图的料渣舔迹，表明喂料量适中；假如食槽被舔得像镜子相同洁净，表明喂料缺乏。

（2）看大便。驴犊大便日渐增多，大便比吃纯奶时较粗稍稠，表明料量正常，假如肉驴拉出的大便像粥，表明精料过量；假如大便像泔水一样稀，而且臀部粘粪则表明料量太大，或料水太凉。这时停喂两次，给其添加粉状玉米、麸皮等，拉稀可中止。

（3）看食相。假如肉驴天天守时跑来寻食，表明喂料正常；假如肉驴吃净食料后，在料槽前向饲养员徜徉张望，不肯离去，表明喂料缺乏；喂料时，肉驴不肯到槽前来，饲养员呼喊也不理会，表明前次喂料过多，或有别的问题。

（4）看肚腹。喂养时，假如驴犊腹陷很明显，不肯到槽前吃食，驴犊可能受凉伤风；假如驴犊腹陷很明显，食反响也激烈，但到槽前仅仅闻闻，一瞬间就走开，表明饲料改换

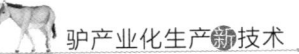

大不适口，或料水温度过低；假如肉驴肚腹胀大，不吃食，表明前次吃食过量，可停喂一次，即可好转。

四、肉驴养殖技术及要点

肉用驴性情温顺喜欢群居，既可利用果园、山坡地放养或圈养，用普通饲料加青草即可喂养，一般草类占饲料的 80% 左右，小杂粮是其精饲料，小杂粮秸秆是其粗饲料。也适宜工厂化饲养，若需加快其生长速度，饲喂可配合饲料或全价颗粒饲料。

（一）肉驴选种

依据当地饲养环境和市场需求选择合适的肉驴品种是投资的要点。肉驴的优劣直接关系到肥育效益和日后的发展。选择父母代品系良好的驴，选择食欲旺盛、生长快、满 2 年龄、体重在 120 kg 以上的驴。我国的驴按体格大小分三类：大型驴有陕西关中驴、山东德州驴（渤海驴），体重在 250 ~ 290 kg 之间，种公驴亦有在 350 kg 以上的；中型驴有山西晋南驴、广灵驴、河南淮阳驴、甘肃庆阳驴，体重在 220 ~ 250 kg 之间，种公驴亦有在 300 kg 以上的；小型驴有河南毛驴、陕西滚沙驴、内蒙古库伦驴、宁夏西吉驴、甘肃凉州驴、四川驴、云南驴、西藏驴、辽宁驴，体重在 160 ~ 220 kg 之间，种公驴亦有在 250 kg 以上的。养肉驴宜选中型驴，次之为大型驴，而小型驴多用作制阿胶，其肉亦投放市场。

（二）肉驴配种

配种的母驴须达到 2 年龄，体重在 150 kg 以上。准母驴的发情期采取"老早配，小晚配，不老不小中间配"的原则。母驴产驹必须掌握在气候温和的春季，即 6—7 月配种，3—4 月产驹。

（三）肉驴喂养

新购入的肉驴，第 1 天光饮水；第 2 天饮水，加喂青草或干草；第 3 天饮水，自由采食青草或干草，加喂麦麸 0.5 kg；第 4 ~ 6 天同上，加喂玉米 1 kg。经 6 d 过渡期后，即可进入肥育期，粗饲料谷草、棉籽皮、大豆秸、玉米秸等自由采食；混合精料每头日喂 3.5 ~ 4 kg，其组成为：棉籽饼或大豆粕、花生饼 50%，玉米面 29%，麦麸 20%，食盐 1%，另每头每天加喂碳酸氢钠 20 g。肥育期间要限制运动，供给清洁饮水，每天刷拭驴体，保持圈舍和周边环境干燥卫生。肥育 60 ~ 70 d 即可屠宰。

（四）冬季养殖肉驴要点

肉驴冬季经过短期肥育，即可出售，按当前的行情计算饲养一头驴可获利 2 000 元左右。因此，冬季养殖肉驴是一项很好的致富项目。

肉驴的品种选择，一是选择生长发育迅速，饲养效益高；二是体型大，屠宰出肉率高；三是体格要健壮，抗病能力强。山东德州驴和陕西关中驴是首选两大优良肉驴品种。这两种杂交肉驴肥育后体重可达 250 ~ 290 kg。想要加快肉驴生长发育，必须建造冬季保暖的驴舍。驴舍应选择背风、向阳、干燥、温暖而又通风的房屋，并且要根据肉驴的年龄、体况、公母、强弱进行分槽饲养。驴舍、饲槽要保持干净，及时打扫，防止疾病发生。在购买大小驴种后入栏 3 ~ 4 d 后，即可对其驱虫健胃，用"虫克星"驱除驴体内寄生虫，粉剂口服量为每公斤体重 0.1 g，或针剂皮下注射，每公斤体重 0.2 mg；健胃通常在驱虫 3 d 后进行，每头驴口服人工盐 60 ~ 100 g 或口服健胃散 450 g。新购进的小驴应加强训练，使其逐步适应当地的喂养条件。初始可将玉米、小麦、小米等磨成粉，熬成稀粥后加入少许食糖诱其采食，糖不宜过多。数日后除正常喂草外，每日喂 80 ~ 100 g 混合精料，其配方为：大豆粕加棉仁饼 50%、玉米面 29%、麦麸 20%、食盐 1%，逐渐增加到 100 ~ 200 g，以后逐渐增加。全期共用精料 500 kg 左右。新购进的成年驴或是淘汰的役驴，要先喂一些干草、麦麸等易消化的饲料，饲喂时要少喂勤添，每天喂七成饱即可。经一周的观察，待其表现正常后再进入肥育期，这时期的粗料以干草、玉米秸粉、豆荚皮为主；混合精料配方为：棉籽粕（豆饼等）50%，玉米面 30%，麸皮 20%、食盐少许。要固定槽位，拴短缰绳，每天按早、中、晚、夜 4 次喂料，冬天白天可少喂 1 次，但夜间一定要喂 1 次。肥育驴一天喂 2 次精料，夜间只给粗饲料，喂八成饱即可。经 2 ~ 3 个月的饲养，即可出售。在肥育过程中每驴每天用白糖 100 g 或红糖 150 g 溶于温水中，让驴自饮，连饮 10 ~ 20 d 能有效提高肥育速度。在肥育过程中再添加适量微量元素锌，可预防脱毛及皮肤病。

加强管理日常饲养管理应注意：

（1）注意给肉驴保温。天冷时要采取保暖措施。

（2）适当让肉驴运动。每天要保证肉驴有 1 h 左右的运动时间。

（3）每天刷拭驴体 1 ~ 2 次，保持体表健康。

（五）保证驴场养殖环境

1. 消毒

（1）环境消毒：养殖场周围环境每隔 15 ~ 30 d，用 2% 火碱或石灰乳喷雾消毒。驴场内的污染池、排污口每月用漂白粉消毒 1 次。驴场入口处消毒池，定期更换消毒液，使之保持有效浓度。

（2）人员消毒：饲养员、工作人员、外来人员进入生产区净道及驴舍，应更换工作服、穿工作鞋，并经过紫外线照射 5 min 以上方可进入。

（3）驴舍消毒：可采用喷雾方式消毒。种驴舍、产房按生产程序消毒，对发生传染病的驴舍，用 2% ~ 4% 烧碱溶液消毒。

（4）用具消毒：定期对补料槽、饲料车、饮水槽、配种架等用具定期用 1% ~ 3% 来苏儿或 0.1% 新洁尔灭溶液进行消毒处理。

（5）带驴消毒：可用 1 :（1 800 ~ 3 000）的百毒杀溶液定期带驴消毒，有效降低周围环境中的病原微生物数量。

2. 废弃物处理及利用

20 世纪 80 年代以来，随着我国畜牧业生产集约化、商品化地快速发展。畜牧生产形成规模化养殖数量地增加，饲养场生产的废弃物（包括粪尿、垫草、废饲料及散落的毛羽等固体废弃物）排放量也随之增加，处理不当或不及时处理而造成对环境的污染也逐渐严重。虽然人们在多方面采取一些措施，减轻排放量，使养殖场环境卫生得到改善，又增加投入，减少对环境的污染。但总的形势仍不容乐观。有的养殖场废弃物仍没有开发和利用而造成资源的浪费和环境的污染。因此，国家提出《畜禽养殖污染防治管理办法》，对污染防治实行综合利用优先，资源化、无害化和减量化的原则。该办法共 21 条。广大养殖场及其经营者应认真遵守国家法规。

养殖场通常会设置安全填埋井对病驴尸体进行无害化处理。而驴的粪便排量比较大，是废弃物中的主要部分，如果处置管理不当可变成主要的环境污染源。但如果经过无害化处理，并加以科学合理利用，则可以变为宝贵的资源。所以，当今的现代化、规模化养殖生产中废弃物处理和利用是不容忽视的、最迫切的问题。况且，养殖场废弃物利用的前景广阔，资源丰富，途径较多。

（1）用作肥料。当今世界各国对畜禽粪便利用的主要途径是用作肥料，也是生态农业的一种方法，经过腐熟后用作肥田，有的国家也用作草场肥料等，驴粪当然是其中之一。

（2）用作饲料。猪粪、鸡粪经无害化处理后，可作牛、羊、马、驴等动物的饲料。

（3）用作肥田和沼气原料。草食动物的粪尿可以发酵，腐熟后可用作肥田和生产沼气的原料。

（4）用作培养料。部分废弃物可作为食用菌的培养基料，生产食用菌。

我国几千年来都是以畜禽粪便作为肥料被农田消纳，随着农区畜牧业地不断发展，养殖废弃物的消纳会更有作为。它可以减少排放，减轻污染，增加农牧业的生态效应和养殖业的经济效益。

（六）其他注意事项

1. 驱虫

肉驴消化道内易感染胃蝇蛆、蛲虫、丝虫，体外易感染虱、蜱、蝇蛆、疥螨等寄生虫。感染寄生虫后，肉驴出现食欲减退、消化不良、皮肤松弛、被毛无光泽或脱落、日渐消瘦、精神沉郁、不合群等症状，饲料利用率降低、生产性能下降，进而影响经济效益。因此，肉驴必须开展驱虫工作。

（1）驱虫药物选用广谱、高效、安全的驱虫药物，根据药品说明结合驴体重，确定给药量、给药途径、用药次数。常用伊维菌素、虫克星肌注或精制敌百虫、左旋咪唑、丙硫咪唑口服驱虫，也可配成2%的敌百虫溶液喷洒驴体。

（2）驱虫时间一般在春秋两季，对新购入的驴，在入栏稳定3～5d后即可驱虫。

（3）驱虫在下午或晚上进行。给药前停喂一顿，供足饮水，将药物与少量精料拌匀，让驴一次吃完。给药后仔细观察驴药物反应。若出现呕吐、腹泻等中毒症状，应立即赶出栏舍让其自由活动，缓解症状；中毒严重的可饮服煮六成熟的绿豆汤；对拉稀的肉驴，取木炭或锅底灰50g拌入饲料中喂服，连服2～3d。驴驹在45～60d首次驱虫，隔60～90d再次驱虫，每次驱虫期6d。及时清扫驱虫后的粪便并进行无害化处理，地面、墙壁、饲槽应用5%的石灰水消毒，以防寄生虫重新感染。母驴怀孕期间要谨慎驱虫，防止流产。

2. 健胃

肉驴易消化不良，通常在驱虫3d后健胃保健，以增加食欲，改善消化机能。给驴口服人工盐60～100g或口服健胃散（山楂，麦芽，神曲，槟榔）450g。若驴出现口干、色红、苔黄、粪干等症状时，宜选用龙胆、大黄等苦味健胃药以散剂或酊剂经口投药；若有口湿润、色青白、舌苔白、粪松软等症状，则宜选用人工盐配合大蒜酊。

3. 修蹄

肉驴基本不使役，在圈内运动不足，蹄部极易长歪或长斜。若不及时修蹄，会引起蹄部结构改变，出现蹄部疼痛、变形等症状，严重的会引起蹄叶炎、蹄漏等肢蹄疾病，影响驴健康（图7-2）。

（1）修蹄标准。修蹄时切除多余蹄壳，修正肉蹄高度低于蹄壳部，保证前蹄角度50°～55°，后蹄55°～60°，蹄部负重部位是蹄壳部（蹄白线外）。

（2）注意事项。若驴蹄系部过长或蹄角度倾斜严重的，要分2～3次慢慢修正，每次间隔15d。对阴阳蹄或者双蹄的高度不一致的，要修至同一高度，让负重在一个水平线上。母驴修蹄尽量安排在妊娠前期或空怀期进行,产前产后 1 月内禁止修蹄,若在妊娠 4 ~ 7 月龄进行修蹄,修蹄幅度要小于平时。每 2 ~ 3 个月检修一次蹄部,及时修正歪蹄和裂蹄。

（3）蹄病治疗。发现蹄病要及时治疗。先彻底削除腐烂的角质及污物,用 3% 来苏尔或 1% 高锰酸钾溶液清洗后,在蹄叉处涂 5% 碘酊,再灌入热松馏油,绷带包扎或棉球塞紧。

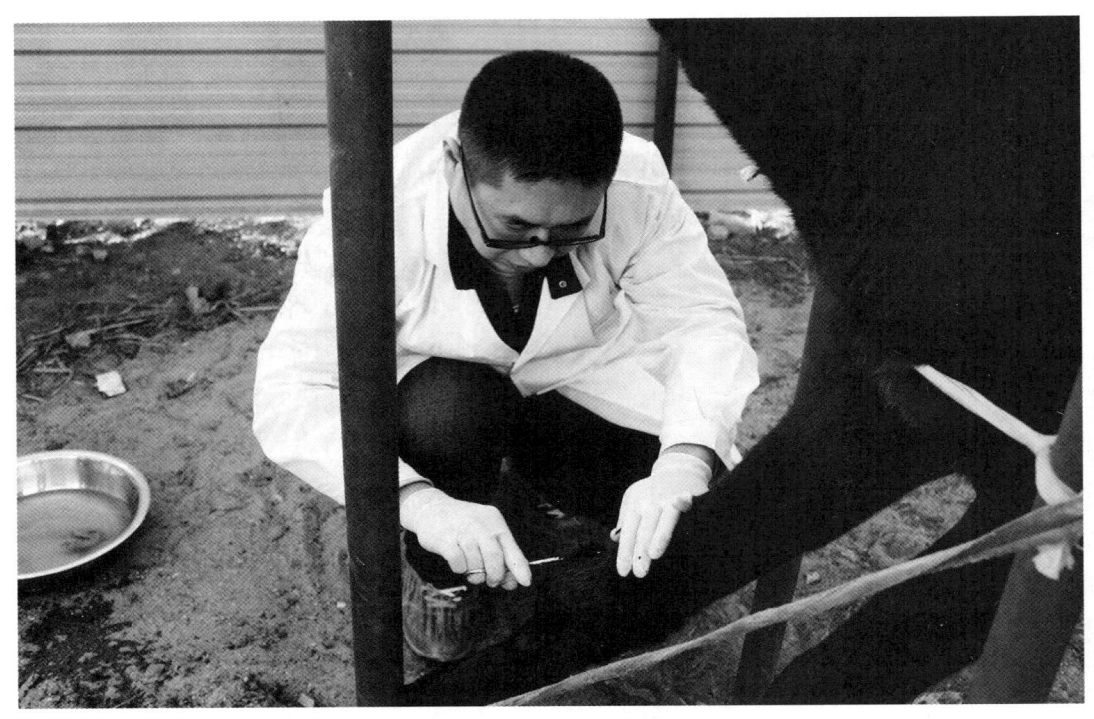

图7-2 修蹄

4. 刷拭

刷拭是驴保健的重要手段,对清除皮垢、灰尘和寄生虫,增强体表运动、促进血液循环、加强生理机能,消除疲劳,提升驴健康有重要作用,还可及时发现外伤,增强人畜亲和。肉驴每次进出圈时,让其痛痛快快打几个滚,并逐个刷拭。

（1）刷拭方法。用软毛刷或草根,按照从前往后、从上往下的顺序进行刷拭。对规模养殖场,可在运动场区设置全自动摆动式驴体滚刷。

（2）刷拭次数。每周至少要保证刷拭 2 次,3 ~ 5min/ 次,建议刷拭 2 次 /d。

5. 免疫接种

接种疫苗是预防传染病的主要方法之一，驴同骡马一样，容易患传染性贫血、鼻疽和破伤风等。应结合本地及周边地区疫情，制定科学的免疫程序，适时开展免疫接种（图7-3）。每年春季接种炭疽芽孢杆菌疫苗，定期注射破伤风类疫苗。

图 7-3 驴接种疫苗

第五节　驴场药品的贮存与管理

一、严把进货渠道

一是从正规生产兽药的厂家直接购进。二是从辖区内较大的批发企业购进。三是可以通过农业部权威网站——中国兽药信息网的国家兽药基础信息查询系统，去查询兽药生产企业数据、兽药产品批准文号数据、进口兽用生物制品批签发数据、国产兽用生物制品批签发数据、化药监督抽检结果数据、生药监督抽检结果数据等信息进行验证。

二、坚持"索票、要证"制度

必须从具有《药品生产许可证》《药品经营许可证》和《营业执照》的药品生产、经营企业购进药品。并向供货单位索取以下资料备查：①加盖供货单位原印章的《药品生产许可证》《药品经营许可证》和《营业执照》复印件。②注明质量条款的书面合同或质量保证协议。③企业法人代表签字或盖章的销售人员"授权委托书"。④销售人员的身份

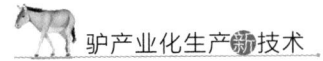

证复印件。⑤合法票据。

三、药品的保管

（一）适宜的温度

温度过高或过低都能使某些兽药变质。因此，药品在储存时要根据其不同性质，选择适宜的温度。保管方法如下：室温指 1 ~ 30 ℃；阴凉处或凉暗处是指不超过 20 ℃；冷处是指 2 ~ 10 ℃。一般兽药储存于室温即可。通常受热易挥发、分解和易变质的兽药，须在 3 ~ 10 ℃温度下冷藏保存。

（二）防潮

无论是内服药还是外用药，一定要注意防潮。装药的容器应当密闭，如是瓶装必须盖紧，必要时用蜡封口。

（三）防光照

兽药大多是化学制剂，日光中所含有的紫外线，对兽药变化常起催化作用，能加速兽药的氧化、分解等，使兽药变质。例如维生素、抗生素类药物，遇光后都会使颜色加深，药效降低，甚至变成有害的有毒物质；肾上腺素、硝酸类药物也怕阳光。

遇光易引起变化的兽药，采用棕色瓶或用黑色纸包裹的玻璃器包装，以防止紫外线的透入；需要避光保存的兽药，应放在阴凉干燥、光线不易直射到的地方；见光容易氧化、分解的兽药，如肾上腺素，必须保存于密闭的避光容器中。特别注意，买兽药时配来的药物瓶是棕褐色和蓝色的不宜更换，应以原瓶保存。

（四）避免超过保质期

大多数兽药因其性质或效价不稳定，尽管储存条件适宜，时间过久也会变质、失效。因此，超过有效期的药物不仅失效，而且许多药物还会产生或增加毒性和副反应。为此，规模驴场储存兽药应分期、分批储存，并设立专门卡片，接近保质期的先用，以防过期失效。如发现储存的兽药超过保质期，应及时处理和更换，避免使用超过保质期的兽药。

（五）遵守规定用药

严格按照兽药管理法规、规范和质量标准使用兽药，严格遵守休药期规定。禁止使用国家明文禁用的和未经国家兽医行政管理部门批准的药品和其他化学物质；禁止使用禁用于泌乳期动物的兽药种类。

（六）建立并保存驴的患病治疗记录和用药记录

治疗记录应包括：患病驴的畜号或其他标志、发病时间及症状。用药记录应包括：药物通用名称、商品名称、生产厂家、产品批号、有效成分、含量规格、使用剂量、疗程、治疗时间、用药人员签名等。预防、治疗驴疾病的用药要有兽医处方，并保留备查。

兽医室在调配过程中发现假劣药品的，应当立即封存，并及时向所在地药品监管部门报告。

（七）不乱扔过期剩余兽药

淘汰过期的兽药随地乱扔，不但污染环境，更为严重的是一些特殊性质的药品（如青霉素），如果自行处理，防护不当或者散发空气中，可能造成过敏意外，甚至死亡。因此，对没有使用价值的兽药应彻底销毁，最好交回兽药店集中处理。

第六节　肉驴养殖福利

驴为马属动物，在世界范围内分布广泛。随着时代变迁和社会发展，驴作为役畜的区域范围日渐缩小，但在一些少数民族聚居地、贫困地区及山区丘陵地带，驴仍然发挥重要的役用价值。因此，马属动物一直被认为是贫困人口维持生计的重要畜种。中国有近4000 年的养驴史，驴的种质资源丰富，尤其是一些地方驴种具有种质特异性和较强的适应性。马驴杂交后代为骡，有种间杂种特性，在体尺、利用年限和工作性能上均超越其父母代，适于农业耕种、运输货物及军事用途。

近年来，阿胶市场极大刺激和推进了肉驴产业发展，同时国家也推出一系列政策鼓励产业发展：2016 年—2020 年将马驴等草食家畜归为特色畜禽；2018 年原农业部将马驴产业发展列入原畜牧业司的重点工作。此外，驴产业在精准扶贫及乡村振兴中也发挥了积极作用。马属动物是肉食、阿胶、乳制品以及相关生物制品等的重要来源，为人类社会发展作出了巨大贡献。但肉驴产业研究起步较晚，在饲养和管理方面的认识不够，尤其是养殖福利问题几乎被忽视。动物福利直接影响动物生产性能及畜产品质量安全，如动物在生产环节、运输和屠宰中的应激等可导致畜产品品质下降。目前，中国动物养殖福利状况很不乐观，需做进一步的改善。随着人们对肉、皮、乳等原料及副产品需求日益增加，马属动物养殖福利也逐渐引起研究者的关注。一部分收益回报社会，充分说明良好的动物福利可以促进社会福利。同时，把握好动物福利和社会环境之间的关系，促进动物福利和社会福利的良性循环，有助于促进食品安全和减贫致富等重大目标的实现。现代养殖业正面临动物养殖加工过程中推进福利化管理模式的转型压力，因而大力宣传和倡导动物福利理念，构建福利化养殖模式，可以有效促进健康养殖、提升养殖效率、保障畜产品质量安全，并推动中国马、驴产业的健康发展。

一、驴养殖福利发展

（一）动物福利评估

动物福利可以看作是为畜禽提供良好喂养、住所、健康和适当行为的多维综合体，贯穿于整个生产环节，包括养殖、运输、屠宰等，需要客观地评估。福利评估由动物的行为、健康和情绪统计等不同的指标组成，要检测这些指标是否合格，需要用科学的方法来衡量。动物福利指标为此提供了可行、可靠和有效的工具来评估动物在饲养管理系统中的各项健康状况，如脱毛、局部肿胀、皮肤损伤等。在养殖场福利评估方案中基于各项综合指标的可靠性基础使用 AWIN 协议可获取有关马、驴福利评估的相关信息，便于促进马、驴的养殖发展。此外，定性行为评估（QBA）是评价动物行为和情感表达的一种较新的科学方法，集成并总结了动物与环境的互动方式。QBA 结合其他福利指标或传统的行为学指标可以检测动物的情绪状态，有助于减少主观判断与科学测量之间存在的误差。随着生物科学技术的发展，人们也逐步认识到动物福利与养殖场生产效益息息相关。因此，养殖者重视动物福利的意识日渐增强，并愿意为保障动物福利投入更多的资金支持。

（二）饲养管理福利

饲养福利包括动物的饮水和饲料供应。自由饮用洁净和新鲜的水是满足动物福利的基本要求，对于驴来说更为重要，限制自由饮水会导致脱水和绞痛等特定的健康问题，会对驴的心理健康产生有害影响。在饲料供应上除满足营养需求外，饲料种类、加工工艺和动物进食方式也十分重要，如驴充分咀嚼硬饲料或者高纤维饲料可刺激唾液产生，而唾液具有缓冲胃泌素的作用，可促进胃肠道健康。福利要求满足动物的需求和人性化的训练，这包括了解动物在自然条件下的行为、训练过程和早期经历等。尽管现行的肉驴护理和健康等管理都是建立在传统做法和便利的基础上，但实践中却忽略了其养殖福利。

（三）行为管理福利

驴的福利对调节驴的心理属性和行为评估都十分重要。研究表明，人类的态度可影响驴的行为反应，其至影响心率等生理参数，如饲养员的积极态度可使驴耳的活动行为发生改变，通常表现为频繁向前摆动，更愿意接近人类。驴常见的不良行为是靠近人类时的恐惧情绪或回避反应，这可能与穿戴不合适的蹄铁或是其体内深部病变有关。研究分析显示，不适当的饲养管理方式也可导致驴的行为出现问题。对于异常行为首先应进行主观评估，消极的福利行为包括刻板动作、过度侵犯、盲目转圈等。在评估福利时，必须了解所测定动物的福利状况，以及各种行为对动物健康产生的影响。例如，驴是适应社会群体生活的动物，其社会行为习惯对福利评估至关重要。当动物无法应对环境中出现的重大偏差时，就会感到压力，行为表现异常，从而影响机体健康。因此，为改善驴行为福利，需事先了解和满足驴的行为和心理需求。

（四）健康管理福利

1. 驴的身体状况（BCS）评估

驴的 BCS 可以体现出驴的健康管理水平。据调查，贫困地区的驴仍以役用为主，其 BCS 较差，较易发生疾病，如呼吸系统疾病、意外创伤、寄生虫、牙齿问题和跛足等。驴反应迟钝的现象常与疾病、疲劳、慢性疼痛或类似抑郁的状态有直接关系。蹄部状况作为衡量福利的基础指标，加强护理可有效预防蹄部受损。目前，尽管关于肉驴健康的信息越来越多，但驴 BCS 福利的研究却鲜有报道。驴的 BCS 福利水平下降与管理因素有关，如饲草喂量低、喂养时间短、无节制训练等。通过提高养驴者的饲养管理技能，可以大大提升驴的健康管理福利。

2. 疾病预防与诊断

除了寄生虫和皮肤感染等可预测的因素外，毛发状况反映了内部或全身疾病的存在。有研究表明记录毛发状况在福利评估中发挥重要作用。内分泌功能障碍可能引发营养缺乏、器质性病变和发烧等疾病，而且不利于毛发的生长。此外，外寄生虫会引起皮肤发炎、瘙痒和失血，导致毛发变暗、皮肤干燥、脱毛等。大多数养殖者可对动物的毛发生长状况、健康程度、异食癖及生长速度等指标进行视觉评估，从而判断牛群矿物质的摄取情况，这种视觉评估方法可以借鉴到马驴的福利研究中。马属动物可用心电图（ECG）诊断技术进行检测，比如不明原因的心律失常、心动过速或过缓。运用现代数字心电图机记录驴的 ECG 变化对病驴的疾病诊断至关重要。总之，通过早期预防早期诊断早期治疗，及时发现并解决疾病问题。

（五）马、驴福利的差异性

马、驴在特性上以及在某些管理问题上的差异，尤其品种，都是影响动物福利的关键因素。驴的耐粗饲性能良好，并不代表驴比马更健壮，而是驴对干旱和劣质饲料的容忍度相对较高，但较老和较瘦的驴极有可能被检测到 BCS 不良的问题。驴患足底畸形的概率几乎是马或骡子的四倍，而且步态异常、行为冷漠、多动症和腹泻的发生率也较高。马患外寄生虫病并表现出攻击行为的可能性较高。驴独特的行为方式如谨慎、倔强、不屈服等使人们对其脾性易产生误解。传统的马管理方法不适用于驴，驴在遇到危险时会坚守阵地，而马首先选择逃离，若被即时阻止，马可能会出现异常行为。

二、福利养殖对驴生产性能的影响

（一）饲养环境的影响

由于动物的种类、年龄、体况、生理阶段、皮毛状态、管理水平、饲养方式以及生产力水平的差异，导致动物对环境的变化十分敏感。具有不同遗传背景的个体在相似或相同环境中有不同的反应，表现出的福利水平也有所差异。为驴提供一个舒适的生存环境是提升动物福利的必要条件，但中国驴的养殖条件普遍较差，主要表现在设施设备的落后与匮乏（图7-4）。一些集约化养殖场或试验研究过程中还运用限位栏，大大降低了驴的福利。长期处于恶劣的养殖环境中，驴会持续处于亚健康水平，导致抵抗力低下，影响动物产品的质量。因此，在畜舍的环境控制、卫生条件上还需给予更多关注。驴舍的建设应远离村庄，舍内保持干燥清洁并通风良好。舍外要设置运动场所，使驴能在温暖季节打滚儿和自由活动，并且每周喷洒一次消毒剂来保持驴舍和舍外运动场的卫生。为避免成年驴群居相互打斗，需单独饲喂并用栅栏隔开。当母畜临近分娩时用单槽喂料，顺利产驹后可与幼驹一同饲养，方便定时喂奶和休息，冬天还需有供暖设备和充足的青干草。另外，饲养方式和环境条件要顺应驴的自然生长需求，若违背生长规律，驴会出现一些强烈的应激行为，对生产性能产生不利影响。

（二）饲喂管理的影响

福利化养殖要重视饲喂管理，保障驴在整个生产阶段都能维持良好的福利状态。依据驴群不同生长阶段（如肥育期、妊娠期），管理人员需供给精准营养的饲料。在饲喂时讲究少喂勤添，合理搭配可利用豆饼、棉饼、黑豆等豆类资源来满足驴对蛋白质的需求，也可使用非蛋白氮（NPN）尿素等蛋白代替物来进行补充，补饲玉米可为驴提供能量，同时在秸秆和精料中加入添加剂来满足驴对多种营养元素的摄入。在饲养管理中注意

图7-4 驴厂饲养环境

定期观察，发现驴有不适或食欲减退的情况应立即请兽医前来处理。驴的饮水问题也很重要，驴在下槽离圈时，应保证充足清洁的饮水。建议在寒冷潮湿季节驴的适宜饮水量大约为12 L/d，炎热干燥季节为15 L/d。

（三）疾病预防的影响

发展中国家对受伤或生病的驴一般不予处理，除非有机构（如动物保护协会）提供免费兽医服务。因此，这些驴在病痛中煎熬，疾病得不到缓解和治疗。作为家养驴，由于受到活动限制、环境干扰、采食量偏差等诸多因素影响，最大的福利管理问题很可能为肥胖和肌腱炎。另一个问题是驴坚忍的特性，这使得养殖者很难发现驴疼痛或绞痛的迹象。此

图7-5 记录驴体温

外，在驴的疾病治疗问题上由于无法明确一些最基本的保健参数，如血液生化指标和红细胞指标，使许多危害动物健康的慢性疾病被忽视。只有对物种了解更多，才能更准确、更迅速地处理与福利相关的问题。

驴进出圈厩，特别是使役结束后，让驴在地面打滚并逐个进行刷拭，可使其得到放松。刷拭驴体不仅可清洁体表皮肤，还能促进血液循环、增强生理机能、避免疲劳压力和改善健康状况。为清除驴体表灰尘、皮垢和寄生虫，刷拭工作需每天进行 1 ~ 2 次。驴在高压状态下或生病时更易发生高脂血症，要尽早发现及时治疗，促使病驴恢复健康，继续存活。对驴的术前评估应像马一样彻底，包括准确记录体重、体温、心率、呼吸频率及血液生化指标等（图 7-5）。驴通常在麻醉后恢复良好，但尝试站立的时间往往比马长。必须注意确保其气道通畅，"打鼾"的噪音可能表明部分气道阻塞，可通过伸直驴的头部和脖子或通过一个小的鼻咽管进入上呼吸道来缓解。总之，养殖福利对于提高驴的疾病抵抗力和自身免疫力都有极大帮助，从而提高驴群整体的健康水平和维持良好的生产性能。

动物福利是一个与畜牧业生产水平和畜产品质量安全息息相关的系统工程，实施动物福利可促进中国畜牧业健康可持续发展。做好驴的疾病预防和饲养管理工作、降低群体应激反应、尽量满足其生理和精神方面的需求以及天性的自由表达都将有助于开展肉驴福利。将动物福利始终贯穿在养殖各环节，不仅有利于提高肉驴的群体免疫力和健康水平，还能有效地减少疫病发生与死亡，降低养殖风险，增加养殖收益。

参考文献

[1] 方贺. 如何养殖肉用驴[J]. 农村养殖技术,2006(11):23.

[2] 孟玉学,杨为敏. 繁殖母驴的饲养管理[J]. 猪业观察,2008(23):9-10.

[3] 荣海林,岳丽君,荣柏庆,等.分娩前后母驴的饲养管理[J].黑龙江动物繁殖,2011,19(05):36-37.

第八章　驴饲料

第一节　驴的消化生理及其对饲料利用

一、驴的消化生理特点

驴的上下唇灵活，采食饲料（图8-1）时，用唇将草料纳入口中，用切齿切断、臼齿咀嚼磨碎，同时混合大量唾液，形成食团咽下。驴的唾液腺发达，只有在咀嚼食物时才分泌唾液，反复咀嚼的时间越长，唾液分泌量就越多。不同性质的饲料，能引起驴分泌不同量和不同成分的唾液。饲喂切碎的鲜干草时，唾液的分泌量最多，约是干草重的4倍；饲喂鲜草时，唾液的分泌量很少，是鲜草重的0.5～1.0倍。另外，饲料中增加调味剂（如食盐、酵母等）能刺激驴分泌唾液。驴的口裂脚较小，每次采食的饲料量较少，大约50～100 g，所以，为了满足其生长和生产需要，应给予驴较长的日采食时间。

驴的胃容积小，只相当于同样大小的牛的1/5。胃液的分泌是连续性的，但到了日常饲喂时间，分泌量就开始增加，驴采食鲜干草、麦麸时胃液分泌多，采食陈旧的干草时分泌少，采食青草时分泌量居中。饲料中添加食盐和酵母等调味品或将饲料炒熟、磨碎等，都可刺激胃液的分泌。食团与胃液混合后形成食糜，食糜在胃内停留时间很短，4 h后，胃内容物基本转移至肠道，驴一次饲喂量不应超过胃容积的2/3，且饲喂时间不宜过长。因为驴的呕吐中枢不发达，所以不能呕吐，一次采食过多的饲料易造成胃扩张，严重者有胃破裂的危险。因此，喂驴要定量和少喂勤添，注意选择疏松、易消化、便于转移、不致在胃内形成黏块而酵解产气的饲料，如精料和切碎青粗饲料拌匀饲喂，有利于驴的咀嚼消化和转移，减少消化道疾病。

驴的夜间饲喂很有必要，特别是对于饲养水平低、粗料多精料少的驴，夜间饲喂就更必要。对精料饲喂量过大的种驴，夜间仅投给适量的干草或粗饲料，任其自由采食即可。夜间饲喂并不会影响驴的休息和睡眠，因为驴需要睡眠的时间较其他动物短，每天6～7 h就足够，且分散在一天的多次休息中，夜间的深睡只有2～3 h。

驴的肠道大，容积大，饲料的消化吸收主要在肠道中进行。正常情况下，食糜在小肠接受胆汁、胰液和肠液多种消化酶的分解，营养物质被肠黏膜吸收，通过血液输往全身。但是，驴没有胆囊，胆汁稀薄，在粗大的胆管内排到小肠后，对相关的营养物消化吸收力就差，特别是对脂肪。未被消化吸收的物质，特别是纤维素被送入大肠，驴的盲肠非常发达，其功能与反刍动物的瘤胃相似，对粗饲料的消化起着重要作用。食物在盲肠中滞留的时间为 18 ～ 24 h，占食物在消化道滞留时间的 1/3 以上。盲肠中有大量的微生物，可使饲料中纤维素酵解成碳水化合物而被驴吸收。盲肠消化吸收的纤维素占 40% ～ 50%，蛋白质占 39%，碳水化合物占 24%，盲肠是纤维素被大量的细菌和微生物发酵、分解、消化的地方，但由于它位于消化道中下段，因而对纤维素的消化利用远远不如牛、羊的瘤胃。驴的肠道直径粗细极不均匀，驴盲肠的胃状膨大部和大结肠内径都很粗，可达 30 cm；但小肠、小结肠内径却很狭小，仅 5 ～ 6 cm。尤其是一些肠道的入口部，如盲结口、回盲口、结肠起始部均很狭小。因此，粪便容易在这些较细的部位形成秘结而致病，即所谓便秘症（结症）。饲养时必须注意饲喂方法、饲料种类和管理，预防结症发生。以放牧为主的驴很少发生便秘，可见便秘发生的原因并非仅仅是肠道结构特殊。舍饲和半舍饲的驴发生便秘的主要原因有以下几点：

（1）使役重，采食粗饲料量过大，肠道负担过重。

（2）饲喂的饲草粗纤维过高，如秸秆饲料多。

（3）饲料的加工、调制不当，如秸秆饲草应粉碎或铡短，"寸草铡三刀，无料也上膘"，说明了饲草加工的重要作用。青饲料或纤维细致的青干草，可以整喂。

（4）饮水不足，特别在缺水或脱水时，易造成肠道消化液量减少，以致秘结。

（5）突然变换饲草，如由青草突然换喂干草，或由喂干草突然变换喂青贮，都容易造成肠道疾病。所以变换饲草时，应有 5 ～ 7 d 的过渡预饲期，使驴逐渐适应新的饲料环境。

驴的消化道在一天中能分泌大量的消化液，分泌量为 70 ～ 80 L。其中唾液约 40 L，胃液 30 L，胆汁 6 L。因此，给驴充足的饮水是十分重要的。消化液的分泌量与饲料种类、饮水和饲料的含水量有直接关系。喂驴应根据驴的肠道解剖和消化特点，正确饲养管理，以减少消化道疾病的发生。

二、驴对饲料利用的特点

驴是草食动物，但其对粗饲料的利用明显低于反刍动物，具有马属动物的共性，主要有以下特点：

（1）对粗纤维的利用率低，不如反刍动物。驴对纤维素的利用率与纤维的质地和含量有密切关系。纤维含量低，质地柔软的饲草，如青草、苜蓿干草、青干草等，消化利用率与牛近似；纤维素含量高、质地粗硬的饲草，如以秸秆类的麦秸为例，驴的消化率为18%，而牛则高达 42%，消化利用率低于牛。但驴比马粗纤维消化能力高 30%，所以驴比马耐粗饲。

（2）对脂肪消化能力差。以青草为例，驴对其中脂肪的消化率为 35%，而反刍动物可达 57%。对油饼类饲料中的脂肪，驴的消化率为 53%，而反刍动物可达 92%。所以，选择驴的饲料，应选择脂肪含量低的饲料，如用黑豆、黄豆等油脂多的饲料喂驴，就不如先榨油，再以豆饼喂驴为好。

（3）对蛋白质的利用率与反刍家畜相近。驴对不同饲料中蛋白质的利用率不同，对玉米中的蛋白质，驴的消化率为 76%，牛为 75%。对粗饲料中的蛋白质，驴的消化率略低于反刍动物，例如对苜蓿蛋白质的消化率，驴为 68%，牛为 74%，这是因为反刍动物对蛋白氮的利用率高于驴。另外，日粮中纤维素含量过高，超过 30%～40%，则影响蛋白质的消化。一般驴日粮中纤维素适宜含量为 20% 左右，相同的日粮与马相比，驴消化能力要高 20%～30%。对幼驹和种驴应注意蛋白质的供应。

图8-1 驴吃料

第二节　驴的营养需要和饲养标准

一、驴对营养物质的需要和饲料营养物质相对应

驴所需营养物质除水之外，主要包括蛋白质、能量（碳水化合物、脂肪）、矿物质、维生素等。目前，对驴的营养需要研究虽然积累了一定的资料，但还不够。现在提出的营养需要，仅是保持驴体健康和生产的最低标准，使用时还应考虑驴个体间的差异、养分间

的关系、驴的营养状况、疾病和环境条件等酌情变化。

驴的营养需要与其他畜禽一样，分为维持需要和生产需要。维持需要是驴在休闲中仅维持正常的生命活动，不进行生产，体重不增不减所需的热能。生长、繁殖、泌乳、妊娠的营养需要则为生产需要。表8-1所列为200 kg左右体重的中型驴的营养需要。体重不一，营养需要也随之变化。对营养需要，只可作为参考，不可奉为教条。饲养者必须经常观察饲喂效果，灵活地调整日粮。

表8-1 体重200 kg成年驴的营养需要

项目	体重/kg	日增重/kg	日采食干物质量/kg	消化能/MJ	可消化粗蛋白质/g	钙/g	磷/g	胡萝卜素/mg
成年驴维持需要	200	—	3.0	27.63	112.00	7.2	4.8	10.0
妊娠末期90天母驴	—	0.27	3.0	30.89	160.00	11.2	7.2	20.0
泌乳前3个月母驴	—	—	4.2	48.81	432.00	19.2	12.8	26.0
泌乳后3个月母驴	—	—	4.0	43.49	272.00	16.0	10.4	22.0
哺乳驹3月龄	60	0.70	1.8	24.61	304.00	14.4	8.8	4.8
除母乳外需要	—	—	1.0	12.52	160.00	8.0	5.6	7.6
断奶驴驹（6月龄）			0.5	2.30	29.47	248.0	15.2	11.2
1岁	140	0.20	2.4	27.29	160.00	9.6	7.2	11.0
1.5岁	170	0.10	2.5	27.13	136.00	8.8	5.6	12.4
2岁	185	0.05	2.6	27.13	120.00	8.8	5.6	12.4
成年驴轻役	200	—	3.4	34.95	112.00	7.2	4.8	10.0
成年驴中役	200	—	3.4	44.08	112.00	7.2	4.8	10.0
成年驴重役	200	—	3.4	53.16	112.00	7.2	4.8	10.0

注：每头驴每天给食盐15～30 g

二、驴饲料中的营养物质与功能

根据饲料营养成分的特点，可将饲料分为青饲料、粗饲料、青贮饲料、能量饲料、蛋白质饲料、多汁饲料、矿物质补充饲料、维生素补充饲料等。此外还有一种添加剂饲料。多用于工厂化高产畜禽。

饲料中能被家畜采食、消化、利用的物质称为营养物质，它包括六大部分。

（一）水分

水分是驴体中最多、最重要的成分。水对驴体的正常代谢有特殊作用，营养物质的消化、吸收一系列复杂过程，都是以水为媒介，在水中进行的。机体代谢的废物也是通过水而排出体外。水还能调节体温、润滑关节和保持体形。缺水比缺饲料更难维持生命。水分以与其他物质结合状态或溶液状态存在。驴体内水分含量占体重的50%～70%。老龄驴、瘦驴和弱驴体内水分少于幼龄驴和肥育驴，这是幼龄驴和肥育驴肉味美、肉嫩的一个原因。水分对驴的生长和肥育的生理意义在于：作为一种溶剂，溶解营养物质输送到全身；作为一种媒介物，使体液内各种物质溶液连续反应；通过呼吸等排出体内多余的热量；对外界温差的变化反应慢，保持机体稳定。驴利用的水分主要来自饮水及饲料中水分和代谢水。

驴必须每天饮水，每100 kg体重需饮水5～10 kg，是风干饲草摄入量的2～3倍。多饮水有利于减少消化道疾病，有利于肉用驴肥育。妊娠后期和哺乳期母驴的需水量和饮水量明显增加，这时应不限制饮水供应，任其自由饮用。

（二）蛋白质

蛋白质是组成驴体所有细胞、酶、激素、免疫体的原料，机体的物质代谢也靠蛋白质维持，所以蛋白质是其他营养物质不可代替的。对于驴驹和种用公母驴以及肉用驴来说，蛋白质的消化吸收影响其日增重。饲料中的蛋白质是由25种以上氨基酸按不同的顺序和构型构成的。蛋白质是饲料营养成分中最重要的一种，它是驴生命和生产必需的营养物质。驴的肌肉、内脏、乳汁等，主要是由蛋白质构成的。驴身体的1/5构成来自蛋白质，因此，需要进食相当数量的饲料蛋白质才能满足生产的需求。

在饲养肉驴时，日增重较高，其增重部分大多来自肌肉的生长，而肌肉的形成要靠蛋白质。日粮中能量不足常会增加体内蛋白质的分解，以补足肉驴对能量的需要。因此，肉驴肥育日粮中必须含有规定量的能量，避免因能量不足而动用体蛋白，影响肥育效果。

饲料中蛋白质不足，驴体内的蛋白质代谢变为负平衡，会导致驴体重减轻，产乳量及生长率均降低。蛋白质不足还会影响到驴的正常繁殖，公驴精子数量下降，品质降低，母驴发情及性周期异常，不易受孕，即使受孕胎儿也发育不良，甚至产生怪胎、死胎及弱胎，甚至流产。

（三）碳水化合物

碳水化合物是饲料的主要成分，这包括粗纤维、淀粉和糖类。前者主要存在于粗饲料中，它虽不易被消化利用，但它能填充胃肠，使驴有饱感，还能刺激胃肠蠕动，因此是重要的物质。淀粉和糖主要存于粮食及其副产品中，碳水化合物是驴体组织、器官不可缺少的成分，又是驴体热能的主要来源，余下的还能转化成体脂肪，以备饥饿时利用。碳水化合物是驴体内最主要的供能物质，根据分子结构可分为单糖、双糖和多糖。日粮中的糖是驴能量的主要来源。纤维素是驴日粮的重要成分，而木质素不能被驴利用。

驴生产中形成的脂肪，主要是靠日粮中碳水化合物转化过来的。驴常用的玉米等饲料，均属于高能量饲料，其作用是增加进食饲料的能量，使之变为脂肪。饲料营养成分表上用"碳水化合物"或"无氮浸出物"表示饲料中碳水化合物的含量，用"粗纤维"表示纤维素和木质素含量。

（四）脂肪

脂肪是驴体的重要组成部分。驴体的各种器官和组织，如神经、肌肉、骨骼和血液等的组成中，均含有脂肪。脂肪同时也是驴的重要能量来源。脂肪在体内产生的热量是同等数量的碳水化合物产生热量的 2.25 倍。脂肪体积小，蕴藏的能量多，是驴贮存能量的最佳形式，贮积的脂肪还具有隔热保温、保护脏器和关节的作用。脂肪贮存于各器官的细胞和组织中，同时它也是母驴乳汁的主要成分之一。脂肪还是维生素 A、维生素 D、维生素 E、维生素 K 和激素的溶剂，它们需借助于脂肪才能被吸收、利用。对幼畜来说，脂肪为其提供了必需的脂肪酸。脂肪中的十八碳二烯酸（亚油酸）、十八碳三烯酸（亚麻酸）及二十碳四烯酸（花生四烯酸）对幼畜具有重要作用，为必需脂肪酸，也是激素的重要成分。缺乏必需脂肪酸表现为代谢紊乱、皮肤鳞化病变、生长受阻、繁殖机能降低等。饲料营养成分表上用"粗脂肪"表示脂肪含量。

（五）矿物质

矿物质是一类无机的营养物质。矿物质占驴体重的比例很小，但却是生命活动的必需物质，几乎参与机体内所有的生理过程，而且也是驴体骨骼的组成成分。矿物质分为常量元素和微量元素两大类。常量元素是指钙、磷、钾、钠、氯、镁和硫，占驴体矿物质总量的 99.95%。微量元素是指占驴体重 0.01% 以下的元素，主要有铁、锌、铜、锰、钴、碘、钼、硒和铬等，占驴体矿物质总量的 0.05%。这些物质只能从饲料中摄取，不会在体内合成，供给不足或比例失调，就会发生矿物质缺乏症或中毒症。

（1）钙和磷：80% ～ 90% 的钙、磷以羟基磷灰石的形式存在于骨骼和牙齿中，其余 10% ～ 20% 分布于软组织和体液中。钙除了是组成骨和牙齿的主要成分外，其主要功能是维持神经、肌肉的兴奋性及参与凝血酶的形成等。磷主要以磷酸根的形式参与代谢，在高能磷酸键中贮存能量，参与许多酶和辅酶的合成，在脂类代谢中起重要作用。长期喂给缺乏钙、磷或钙、磷比例不当的日粮，驴会出现钙、磷缺乏症，引起代谢障碍，发生软骨症，出现营养性骨纤维增生。幼驴易患佝偻病，成年驴易患骨质疏松症。血钙过低会引起驴痉挛，抽搐，肌肉和心肌强烈收缩。缺乏钙、磷最初表现为异食，如啃泥土、石块、破布等，或相互舔食皮毛，尤其是缺磷时特别明显。

（2）镁：约有70%的镁存在于骨骼中，多以磷酸盐和碳酸盐的形式存在，其余的分布于软组织细胞和体液中。

镁是构成骨骼和牙齿的成分，也是体内许多酶系统中所必需的催化剂，在糖和蛋白质代谢中起重要作用。一定浓度的镁维持神经肌肉的兴奋性，当血镁浓度低时，神经肌肉兴奋性提高；浓度高时，兴奋性则被抑制。

一般植物性饲料中含镁较丰富，如棉籽饼、亚麻饼等含镁特别丰富，青饲料、糠麸类也是镁的良好来源。一般不另加，缺镁时可用硫酸镁、氧化镁、碳酸镁等补给。

（3）钾、钠、氯：这三种元素绝大部分存在于软组织及体液中。钾主要存在于细胞内，约占体内总钾量的90%，钠主要分布于细胞外液中，氯主要存在于细胞液中。

钾、钠、氯作为电解质共同维持渗透压和机体的酸碱平衡，控制水的代谢。钠可调节正常肌肉、神经的兴奋性和心脏的活动。钾可维持心、肾、肌肉的正常活动，促进细胞对葡萄糖的吸收，影响蛋白质和糖的代谢。氯是胃酸的组成部分，保证胃蛋白酶作用所必需的酸、碱度，氯和钠组成食盐，还具有调味和刺激唾液分泌的作用。

植物性饲料中钾含量丰富，无需额外补充。钠和氯在植物性饲料中含量很少，在日粮中应补加食盐。

（4）硫：硫约占体重的0.15%，主要以有机形态组成蛋氨酸和胱氨酸，广泛存在于驴体的每个细胞内，在角蛋白中最集中。

硫是能量代谢中起重要作用的辅酶A的成分，是碳水化合物代谢中起重要作用的硫胺素的成分，是蛋白质合成过程中所必需的含硫氨基酸的成分，是脂类代谢中起重要作用的生物素的成分，也是某些激素的成分。

一般日粮中含硫量能满足硫的需要，很少出现缺乏症。在缺硫情况下，可补充无机硫酸盐。

（5）铁：铁作为氧的载体以保证机体组织内氧的正常输送，并与细胞内生物氧化过程有密切关系。体内铁60%～70%存在于红细胞的血红蛋白和肌红蛋白中，20%左右的铁与蛋白质结合成铁蛋白，存在于肝、脾和骨骼中，其余存在于含铁的酶类中。

缺铁主要导致低色素小红细胞性贫血，临床表现为可视黏膜苍白，呼吸困难，皮肤粗糙，食欲不振和生长受阻。铁进食过量会中毒。为防止缺铁，一般用硫酸亚铁、氧化亚铁和硫酸铁等补充。

（6）铜：主要分布于肝、脑、心、肾及被毛中。作为金属酶的组成成分，铜直接参与体内代谢。铜能维持铁的正常代谢，生成血红蛋白和红细胞成熟均需铜的参与。日粮缺铜时影响造血功能。缺铜还使母驴繁殖性能下降。饲料中铜含量较多，一般情况下很少出现铜的缺乏。缺铜地区的牧草和饲料中，可直接给放牧驴补饲硫酸铜，或将硫酸铜喷洒在草上，舍饲日粮中也可补饲硫酸铜。

（7）钴：钴分布于驴的所有器官中。主要作为维生素 B_{12} 的成分，占其重的 4.5%。驴的缺钴症实际是维生素 B_{12} 的缺乏症，表现为贫血，消化功能紊乱。

（8）锌：骨骼是锌的主要贮存器官，皮毛中含锌量也较多。锌参与体内酶的组成，对激素的形成、贮存和分泌均具有作用。缺锌造成食欲减退，生长缓慢。公驴长期缺锌，会使睾丸发育不良，精子生长完全停止，母驴缺锌受胎率降低。

（9）硒：硒分布于全身所有组织器官中，以肝、肾和肌肉中含量最高。硒参与谷胱甘肽过氧化物酶的组成，和维生素 E 具有相似的抗氧化作用，能分解脂类氧化产生的过氧化物，保护细胞膜结构完整和功能正常，从而保证肠道脂酶活性，促进脂类及脂溶性物质消化吸收。缺硒具有明显的地区性。一般缺硒时用亚硒酸钠补充。

（10）锰：锰分布于所有体组织中，主要存在于骨骼、肝、肾、脾、胰脏和脑垂体中。锰在碳水化合物、脂类、蛋白质和胆固醇代谢中作为酶活化因子或组成部分，参与形成骨骼基质中的硫酸软骨素，是维持大脑正常代谢功能必不可少的物质。

缺锰幼驹生长缓慢，采食量下降，骨异常，共济失调。缺锰还会影响驴的繁殖，使母驴发情不明显，妊娠初期易流产。

植物性饲料锰的含量差异较大，青绿饲料、糠麸类含锰丰富。禾本科籽实及块根、块茎含量较少，动物性饲料含锰很少。生产上常以硫酸锰、碳酸锰和氧化锰来补充。

（六）维生素

维生素是调节动物生长、生产、繁殖和保证动物健康所必需的有机物质，是机体维持生命代谢不可缺少的物质。它也是酶的组成成分，在生理活动中起"催化剂"的作用，以保证驴正常的生活、生长、繁殖、生产。如果缺乏会引起各种维生素缺乏症。由于植物性饲料中维生素含量较多，有的在体内还可以合成，因而驴一般不会缺乏维生素。维生素可为脂溶性维生素和水溶性维生素。

（1）脂溶性维生素：包括维生素 A、维生素 D、维生素 E、维生素 K，它们均能溶解于脂肪，在消化道内随脂肪一同被吸收。凡有利于脂肪吸收的因素，均有利于脂溶性维生素的吸收。

①维生素 A：对于维持正常视觉，维持上皮细胞的正常生长和结构，保持呼吸道、消化道及生殖系统黏膜的健康，对各种营养物质的代谢起调节作用，还可以促进生长发育，维持骨骼的健康。

②维生素 D：在体内转化成具有活性的物质，然后发挥其生理功能，主要调节钙、磷代谢，促进骨骼和牙齿的正常发育。维生素 D 不足，会引起驴体内钙、磷代谢紊乱，从而

导致骨骼疾病，使幼驹出现佝偻病，成年驴出现骨质疏松症，行走困难，甚至不能站立，四肢关节及肋骨变形，神经活动障碍等疾病。

③维生素E：又称生育酚，其主要功能是抗氧化作用，与硒协同保护多种不饱和脂肪酸，维持细胞膜的正常结构。维生素E还对生殖机能有重要作用，促进性腺发育，调节性激素分泌，防止流产等。另外，维生素E还具有对黄曲霉素、亚硝基化合物等的抗毒作用。维生素E缺乏时，幼驹发生肌肉营养不良，即白肌病和僵硬病，表现为运动机能障碍。维生素E缺乏还会严重影响繁殖机能，公驴尤为明显，精细胞形成受阻，精液品质差，易发生不育，母驴受胎率下降。

④维生素K：是一类促进血液凝固的萘醌衍生物，具有促进肝脏合成凝血酶原及凝血活素的作用，从而保证血液的正常凝固。维生素K缺乏时，创伤的凝血时间延长，驴的大肠微生物可以合成维生素K，因此，一般很少发生缺乏症。

（2）水溶性维生素：包括B族维生素和维生素C。该类维生素均溶于水，分布相似，常相伴存在。除维生素B_{12}外，在体内贮存量很少，具有多吃多排的特点，其主要功能是作为酶或辅酶的成分，参与体内营养物质的代谢。因此，长期缺乏和不足，均会引起体内酶活性降低，影响机体代谢和生产力。

第三节　驴常用饲料的种类及营养特性

根据饲料营养成分的特点，可将饲料分为青饲料、粗饲料、青贮饲料、能量饲料、蛋白质饲料、多汁饲料、矿物质补充饲料、维生素补充饲料8种。

一、青饲料

青饲料（图8-2）含水都在60%以上，富含叶绿素，以青绿颜色而得名。各种野草、栽培牧草、农作物新鲜秸秆，都属青饲料。

优质的青饲料粗蛋白质含量高，品质也好，必需氨基酸全面，维生素种类丰富，尤其是胡萝卜素、维生素C和B族维生素。优质的青饲料中钙、磷含量多，且比例合适，易被机体吸收，尤其是豆科牧草的叶片含钙更多。青饲料粗纤

图8-2 青饲料

维含量少，适口性好，容易消化，有防止便秘的作用。

二、粗饲料

粗饲料（图8-3）是含粗纤维较多，容积大，营养价值较低的一类饲料。它包括干草、秸秆、干蔓藤、秕壳等。粗饲料的特点是粗纤维含量高，消化率低。粗蛋白质的含量差异很大，豆科干草含粗蛋白质为10%~19%，禾本科干草含6%~10%，而禾本科的秸秆和秕壳含3%~5%；粗蛋白的消化率也明显不同，依次为71%、50%和15%~20%。粗饲料中一般含钙较多，含磷较少，豆科干草和秸秆含钙高（1.5%），相比禾本科干草和秸秆则含钙少（仅为0.2%~0.4%）。粗饲料中含磷低，仅为0.1%~0.3%，秸秆甚至低于0.1%。粗饲料中维生素含量差异也大，除优质干草特别是豆科干草中胡萝卜素和维生素D含量较高外，各种秸秆、秕壳几乎不含胡萝卜素和B族维生素。

图8-3 粗饲料

三、青贮饲料

青贮饲料（图8-4）是将新鲜青饲料，如玉米秆、青草铡短、压实、密封在青贮窖（塔）中，经发酵使其保持青绿、多汁、芳香的饲料。青贮饲料可有效地保持青饲料中的营养成分，适口性和消化率都很好，可以弥补冬、春季节驴的青饲料来源的不足。

图8-4 青贮饲料

四、能量饲料

能量饲料是指干物质中粗纤维低于 18%，粗蛋白低于 20% 的那部分精料，如玉米、高粱、大麦、燕麦及其加工副产品的米糠、麦麸、玉米粉渣等。谷实类饲料，总体无氮浸出物含量较高，可占干物质的 70%～80%，其中主要是淀粉，其体积小，消化率高，适口性好。粗蛋白质一般只含 8%～13%，且色氨酸、赖氨酸较少，脂肪含量较低，一般为 2%～5%，多由不饱和脂肪酸组成。钙含量少。有机磷虽较多，但主要以磷酸盐形式存在，故不易被吸收。维生素 A 和维生素 E 含量丰富，维生素 D 缺乏。其加工的副产品，因大量淀粉提出，相应增加了粗纤维、粗蛋白质、矿物质和脂肪的含量，体积增大，适口性略差。麦麸中含镁盐较多，有轻泻作用。

五、蛋白质饲料

凡干物质中粗蛋白质含量在 20% 以上，粗纤维在 18% 以下的饲料，均属蛋白质饲料。驴的蛋白质饲料主要是豆科籽实和榨油后的副产品（饼粕类）。

这类饲料蛋白质含量丰富，比能量饲料高 1～3 倍；品质好，必需氨基酸全面，特别是赖氨酸比能量饲料多。钙含量高，钙、磷比例不适宜。豆科籽实中含有不良物质，如抗胰蛋白酶，需加热（110 ℃，3 min）处理后才可利用。

六、多汁饲料

多汁饲料主要指块根、块茎和瓜类饲料。其特点是含水高达 75%～95%，易消化，有机物的消化率为 85%～90%，配合秸秆、干草喂驴，可提高适口性和饲料利用率。

多汁饲料粗纤维少（不超过 10%），富含淀粉和糖类，但蛋白质含量低，一般为 1%～2%。营养物质含量随品种、收获期不同，变化幅度较大。

七、矿物质补充饲料

主要补充食盐和含钙、磷的矿物质。如骨粉、石粉、磷酸二氢钙等。

八、维生素补充饲料

主要是单一维生素和复合维生素，驴一般不缺乏。

第四节　驴饲料的调制

一、青贮饲料的调制

（一）青贮饲料的基本原理

所谓青贮饲料，是指牧草、饲料作物或农副产物等在含一定水分时，切碎装入密闭的容器（塔、壕、窖、袋、堆）内，通过原料中含有的糖和乳酸菌在厌氧条件下进行乳酸发酵的一种贮藏饲料。青贮饲料通过有效的乳酸发酵，产生的 pH 和乳酸含量，以及一定的二氧化碳和氮，既可使饲料长期安全保存，又可保持最低的养分消耗。

青贮饲料的发酵是由微生物、化学、物理等因素相互作用而进行的。所以要想调制出优质、稳定并在贮藏时保持最低的养分消耗，必须充分掌握青贮的原理和基本知识。青贮饲料的发酵是一个复杂的微生物活动和生物化学变化过程。青贮发酵过程中，参与活动和作用的微生物很多，但以乳酸菌为主。青贮的成败，主要取决于乳酸发酵过程。刚收割的青饲料，带有各种细菌，如霉菌、腐败菌、大肠杆菌和少量乳酸菌等。每克新鲜青贮玉米，含腐败菌 4 200 万个、乳酸菌 17 万个、酵母菌 50 万个、大肠杆菌 300 个、酪酸菌 100 个等。

当青贮原料铡碎入窖后，植物细胞继续呼吸，有机物进行氧化分解，产生二氧化碳、水和热量，由于在密闭的环境内空气逐渐减少，一些好气性微生物逐渐死亡，而乳酸菌在厌氧环境下迅速繁殖扩大，1 d 后每克青贮料中就达 16 亿个，4 d 后大肠杆菌、酪酸菌即全部死亡。这时的 pH 就达 4.4 ~ 4.3，乳酸含量已占干物质的 5.13%，7 d 后即处于相对稳定阶段。随着日期的延长，乳酸含量日渐增多，至 146 d 后仍有缓慢增加。此时的青贮饲料，像罐头一样处于相对密闭状态下，可长期保存，不会腐烂。

表8-2　玉来青贮发酵过程中微生物数量变化

青贮日数	每克饲料中细菌数（万）			pH
	乳酸菌	大肠杆菌	酪酸菌	
开始	17	0.03	0.01	5.9
1天	160 000	0.25	0.01	5.1
4天	80 000	0.00	0.00	4.5
8天	17 000	0.00	0.00	4.0

续表

青贮日数	每克饲料中细菌数（万）			pH
	乳酸菌	大肠杆菌	酪酸菌	
20天	380	0.00	0.00	4.0
45天	290	0.00	0.00	4.0

表 8-3 青贮日数对青贮玉米酸度及乳酸量的影响

日数项目	0	1	3	5	7	16	30	86	146
pH	5.9	5.5	4.4	4.2	4.0	4.0	4.0	3.9	3.8
乳酸量占干物质/%	2.02	2.19	3.96	5.04	5.13	6.33	6.82	7.07	8.57

从表 8-2 和表 8-3 看出，在适量的水分、糖分和密闭环境中，乳酸菌繁殖很快，1 d 内每克青饲料中乳酸菌即达 16 亿个，第 4 天下降到 8 亿个，好气性细菌全部死亡，pH 达 4.4 ~ 4.5，乳酸量占干物质重 4% 左右。

青贮饲料的发酵过程，大致可分为以下 3 个阶段：

（1）好氧发酵期：0.5 ~ 1.0 d。将含有一定水分和糖分的原料装入密闭的容器内，植物通过呼吸作用，温度上升（52 ~ 54 ℃）。原料被压紧后，从切口渗入少量汁液，各种酶和微生物大量活动，产生乳酸和醋酸。

（2）乳酸发酵期：1 ~ 7 d 及 8 ~ 25 d。在 1 ~ 7 d 内，青贮容器内氧气逐渐减少，由于湿度和糖的作用，乳酸菌大量增殖，生成乳酸，同时产生二氧化碳、乙酸及其他成分。在 8 ~ 15 d 里，青贮容器内二氧化碳占相当部分，此时以耐酸、厌氧的乳酸菌为主，pH 下降到 4.2 以下。

（3）稳定期：15 ~ 25 d。在以上正常状态下，青贮容器不出现异常，即没有空气或水分进入，青贮处于稳定期。

若乳酸发酵不充分，或有空气进入，或在水分过多条件下，酪酸菌生长繁殖，使乳酸变成酪酸，蛋白质分解，pH 上升。若原料水分不足，踩压不实，氧化作用强烈，一些好气微生物大量参与活动，温度可上升到 55 ~ 70 ℃，使原料养分大量损失，引起发霉变质。

根据上述基本原理，所以要为乳酸菌的生长繁殖创造最适宜的环境条件：适量的水分（原料含水率 65% ~ 70%）、糖分和密闭的厌氧环境。

二、青贮饲料的特点与作用

（一）青贮饲料营养损失较少

青饲料适时青贮，其营养成分一般损失 10% 左右。而自然风干过程中，由于植物细胞并未立即死亡，仍在继续呼吸，需消耗和分解营养物质，当达到风干状态时，营养损失约 30% 左右。如在风干过程中，遇到雨雪淋洗或发霉变质，则损失更大。青贮对维生素的保存更为有利，如甘薯中每 kg 青贮饲料有胡萝卜素 94.7 mg，而自然风干后仅为 2.5 mg。其他营养成分，也有类似趋势。

表8-4 玉米秸青贮与风干营养成分比较（占干物质%）

成分名称	粗蛋白	粗脂肪	粗纤维	无氮浸出物	粗灰分
干玉米秸	3.94	0.90	37.60	48.09	9.46
玉米秸青贮	8.19	4.60	30.13	47.30	9.74

由表 8-4 看出，同样的材料，青贮比风干玉米秸粗蛋白高 1 倍，粗脂肪高 5 倍，而粗纤维低 7.5 个百分点，可以看出青贮饲料的优越性。

（二）青贮饲料适口性好，消化率高

青饲料经过乳酸发酵后，质地柔软，具有酸甜清香味，牲畜都很喜食。有些植物如菊芋、向日葵茎叶和一些蒿属植物风干后，具有某种特殊气味，而经青贮发酵后，异味消失，适口性增强。青贮饲料饲喂家畜，各种营养成分的消化率也有提高。

表8-5 青贮与干草消化率比较（%）

成分名称	干物质	粗蛋白质	粗脂肪	粗纤维	无氮浸出物
青贮饲料	69	63	68	72	75
干草	65	62	53	65	71

由表 8-5 看出，同样的原料，调制出青贮饲料的干物质及其他营养成分均高于干草，尤其是粗脂肪和粗纤维两成分的消化率更高。

（三）青贮饲料单位容积内贮量大

$1 m^3$ 青贮饲料的重量为 450 ～ 700 kg，其中干物质 150 kg。而 $1m^3$ 干草仅为

70 kg，约含干物质 60 kg。1 t 苜蓿青贮的体积为 1.25 m³，而 1 t 苜蓿干草的体积为 13.3 ~ 13.5 m³。

（四）青贮饲料可以长期保存，不受气候和外在环境的影响

青贮饲料不仅可以常年利用，保存条件好的可达 20 年以上，可以以丰补歉。同时不受风、霜、雨、雪及水、火等自然灾害的影响。而干草即使在库房内堆放，也会受鼠虫或霉变的危害。

（五）饲喂青贮饲料，可减少消化系统和寄生虫病的发生

青贮饲料由于营养丰富，乳酸和维生素含量丰富，可以提高其他饲料的消化率。实践证明，饲喂青贮饲料的驴，消化道疾病较少。饲料经发酵后，寄生虫及其虫卵被杀死，故可减少内寄生虫病的发生。一些杂草种子也因发酵而失去发芽能力，可减少牲畜粪便传播杂草的机会。

青贮饲料由于具有上述特点和作用，所以许多畜牧业发达国家，不仅冬春寒冷地区大量制作青贮饲料（如美国、俄罗斯、加拿大），一些气候温暖的国家，如日本、英国、荷兰等，也广泛利用青贮饲料，甚至常年喂用。他们认为，利用青贮饲料机械化程度高，饲料成本低于青割饲料，饲料供应稳定，牲畜营养平衡，可以持续、稳定高产。

三、青贮饲料调制技术

青贮饲料调制技术，主要指原料的选择、青贮设施和操作技术三方面。每一个环节都很重要，否则就不能调制出优质青贮饲料。

（一）原料的选择

作为青贮饲料的原料，首先是无毒、无害、无异味，可以作饲料的青绿植物。其次，青贮原料必须含有一定的糖分和水分。青贮发酵所消耗的葡萄糖只有 60% 变为乳酸，即每形成 1 g 乳酸，就需要 1.7 g 的葡萄糖。如果原料中没有足量的糖分，就不能满足乳酸菌的需要。因此，青贮原料中的含糖量至少应占鲜重的 1% ~ 1.5%。根据含糖量的高低，可将青贮原料分为以下三类：

第一类：易于青贮的原料。在青绿植物中糖分含量较高的如玉米、甜高粱、禾本科牧草及其野生植物（如水稗、狗尾草等）、甘薯秧、芜菁、甘蓝、甜菜叶、向日葵等。这类原料中含有较丰富的糖分，在青贮时不需添加其他含糖量高的物质。

第二类：不易青贮的原料。这类原料糖分较低，但饲料品质和营养价值较高，如紫花苜蓿、草木樨、红豆草、沙打旺、三叶草、饲用大豆等豆科植物。这类原料多为优质饲料，应与第一类含糖量高的原料混合青贮，或添加制糖副产物如鲜甜菜渣、糖蜜等。

第三类：不能单独青贮的原料。这类原料不仅含糖量低，而且营养成分含量不高，适口性差，必须添加含糖量高的原料，才能调制出中等质量的青贮饲料。这类原料如南瓜蔓和西瓜蔓等。

青贮原料的含水量多少，也是影响乳酸菌繁殖快慢的重要因素。如水分不足，青贮时原料不能踩压紧实，窖内残留空气较多，为好气性细菌繁殖创造了条件，引起饲料发霉腐烂。但水分过多，原料易压实结块，利于酪酸菌的繁殖活动。同时原料水分过多，植物细胞易被挤压流失，使养分损失，影响青贮饲料的质量（表8-6）。

表8-6 青贮原料含水量与排汁量及干物质损失量比较

原料含水率/%	干物质含量/%	每吨青贮原料中		排汁中干物质损失/%
		排汁量/kg	排汁中干物质量/kg	
84.5	15.5	21.0	1.05	6.7
82.5	17.5	13.0	0.65	3.7
80.0	20.0	6.0	0.30	1.5
78.0	22.0	4.0	0.20	0.9
75.0	25.0	1.0	0.05	0.2
70.0	30.0	0.0	0.00	0.0

由表8-6看出，青贮原料含水量过多，汁液流失，造成营养物质的损失，而且易引起酪酸发酵。而原料含水率在70%时，汁液不会流失。所以青贮原料的适宜含水率为65%～70%。

青贮原料如果含水率过高，可在收割后于田间晾晒1～2 d，以降低含水率。如遇阴雨天不能晾晒时，可以添加一些秸秆粉或糠麸类饲料，以降低含水率。

青贮原料如果含水率不足，可以添加清水（井水、河水、自来水）。加水数量要根据原料的实际含水量，计算应加水量。加水量计算公式为：以原料为100，与加水量之和为分母，原料中的实际含水量与加水量之和为分子，相除所得商，即为调整后的含水量。

例：某原料原水量为60%，若每100 kg加水30 kg，则调整后的含水率为多少？（60+30）÷（100+30）×100% =90÷130×100% =0.692×100% =69.2%（调整后的含水率）为便于在生产中应用操作，常用原料含水率及加水量计算结果详见表8-7。

表8-7 常用加水量计算表

原料/kg		每百kg原料	调整后的含水率/%
实际含水率	干物质	加水量/kg	
65	35	20	70.8
60	40	30	69.2
55	45	40	67.9
50	50	50	66.7
45	55	60	65.6

调整后的含水率，要求达到65%～70%。

（二）青贮设施

青贮设施是指装填青贮饲料的容器，主要有青贮窖、青贮壕、青贮塔、地面青贮设施及青贮袋等。对这些设施的基本要求是：场址要选择在地热高燥、地下水位较低、距离畜舍较近，而又远离水源和粪坑的地方。装填青贮饲料的建筑物要坚固耐用，不透气，不漏水。尽量利用当地建设材料，以节约建造成本。不同类型的建筑设施具体要求如下：

（1）青贮窖：青贮窖是我国广大农村应用最普遍的青贮设施。按照窖的形状，可分为圆形和长方形窖两种。在地势低平、地下水位较高的地方，建造地下式窖易积水，可建造半地下、半地上式。圆形窖占地面积小，圆筒形的体积比等周长的长方形窖较大，装填原料多。但圆形窖开窖喂用时，需将窖顶泥土全部揭开，窖口不易管理；取料时需一层层取用，若用量少，冬季表层易结冻，夏季易霉变。长方形窖适于小规模饲养户采用，开窖从一端启用，先挖开1～1.5 m长，从上向下，一层层取用，这一段饲料喂完后，再开一段，便于管理。长方窖占地面积较大。不论圆形窖或长方形窖，都应用砖、石、水泥建造，窖壁用水泥挂面，以减少青贮饲料水分被窖壁吸收。窖底只用砖铺地面，不抹水泥，以便使多余水分渗漏。

长方形窖容积计算公式为：长 × 宽 × 深 = 容积

如果暂没有条件建造砖、石结构的永久窖，使用土窖青贮时，四周要铺垫塑料薄膜。第二年再使用时，要清除上年残留的饲料及泥土，铲去窖壁旧土层，以防杂菌污染。

（2）青贮壕：青贮壕是指大型的壕沟式青贮设施，适用于大规模饲养场使用。此类建筑最好选择在地方宽敞、地势高燥或有斜坡的地方，开口在低处，以便夏季排出雨水。青贮壕一般宽4～6 m，便于链轨拖拉机压实。深5～7 m，地上至少2～3 m，长

20 ~ 40 m。必须用砖、石、水泥建筑永久窖。青贮壕是三面砌墙，地势低的一端敞开，以便车辆运取饲料。

（3）地面青贮堆：大型和特大型饲养场，为便于机械化装填和取用饲料，采用地面青贮方法。在宽敞的水泥地面上，用砖、石、水泥砌成长方形三面墙壁，一端开口。宽 8 ~ 10 m，高 7 ~ 12 m，长 40 ~ 50 m。可以同时多台机械作业，用链轨拖拉机压实。国外也有用硬质厚 2 ~ 3 cm 塑料板作墙壁，可以组装拆卸，多次使用。

（4）青贮塔：青贮塔适用于机械化水平较高、饲养规模较大、经济条件较好的饲养场，是有专业技术设计和施工的砖、石、水泥结构的永久性建筑。塔直径 4 ~ 6 m，高 13 ~ 15 m，塔顶有防雨设备。塔身一侧每隔 2 ~ 3 m 留 60 cm×60 cm 的窗口，装料时关闭。原料由机械吹入塔顶落下，塔内有专人踩实。饲料是由塔底层取料口取出。青贮塔封闭严实，原料下沉紧密，发酵充分，青贮质量较高。

（5）青贮塑料袋：近年来随着塑料工业的发展，国外一些小型饲养场，采用质量较好的塑料薄膜制成袋，装填青贮饲料，袋口扎紧，堆放在畜舍内，使用很方便。袋宽 50 cm，长 80 ~ 120 cm，每袋装 40 ~ 50 kg。但因塑料袋贮量小，成本高，易受鼠害，故在我国应用较少。

（三）青贮切碎机械及对原料切碎的要求

青贮切碎机械型号很多，根据其作业功率大小，可分为大、中、小三种类型。

（1）大型青贮联合收割机及青贮切碎机：前者有动力设备，为自走式，收割、切碎同步进行，每小时可收割 2 ~ 4 hm^2 青贮作物，是目前较为理想的青贮切碎机械。后者是没有动力设备的青贮切碎机械，将其安装在青贮窖房，人工搬运原料和喂入。需用电机或大型拖拉机作动力，每小时切碎 20 ~ 30 t。

（2）中型青贮切碎机：需要 30 kW ~ 40 kW 电机或拖拉机作动力，如 9C-15 型青贮切碎机即属此类型。每小时切碎 15 ~ 20 t。

（3）小型铡草机：农村常用的风送 Ⅱ 型铡草机，8.8 kW（12 马力）小型拖拉机作动力，将铡草机安装在拖拉机后座上，流动上门服务，很受群众欢迎。小型铡草机每小时可切碎青贮饲料 3 ~ 4 t。青贮原料切碎的长度因种类不同而异，茎秆比较粗硬的应切短些，便于牲畜采食和装窖踩实。茎秆柔软的可稍长一些，例如玉米、甜高粱、向日葵、菊芋等，切碎长度以 1 cm 左右为宜，可以把结节崩开，提高利用率。大麦、燕麦、牧草等茎秆柔软，切碎长度为 3 ~ 4 cm。青贮原料切短与否，可影响青贮的 pH、乳酸含量及干物质的消化率（表 8-8）。

表8-8 青贮原料切短对青贮品质的影响

原料含水率/%	切 短	pH	乳酸/%	干物质消化率/%
85	切短	4.1	1.58	68
	未切短	4.8	0.52	63
70	切短	4.5	1.05	68
	未切短	4.9	0.88	65
60	切短	4.5	0.90	60
	未切短	4.7	0.68	59

由表 8-8 看出，高水分原料切短，pH 低，乳酸含量高，挥发性脂肪酸含量少，干物质消化率高。原料含水量 60% ~ 70%，切短与否差异不太明显。

（四）装填与压实

切短的原料应立即装填入窖，以防水分损失。如果是土窖，窖的四周应铺垫塑料薄膜，以免饲料接触泥土被污染和饲料中的水分被土壤吸收而发霉。砖、石、水泥结构的永久窖则不需铺塑料薄膜。窖底可用砖平铺而不要水泥挂面。原料入窖时应有专人将原料摊平。如遇有风天气，往往茎叶分离，应及时把茎叶充分混合。装填的原料，含水率要达到65% ~ 70%，水分不足时，要及时添加清水，并与原料搅拌均匀。水分过多时，要添加一些干饲料（如秸秆粉、糠麸、草粉等），把含水率调整到标准水分。

在装填原料的同时，进行踩实或机械压实。中小型窖需要人工踩实，原料踩得越实，窖内残留空气越少，有利于乳酸菌的繁殖生长，抑制和杀死有害微生物，对提高青贮饲料质量至关重要。大型青贮壕或地面青贮堆，要用链轨拖拉机反复压实。无论机械或人工压实，都要特别注意四周及四个角落处机械压不到的地方，应由人工踩实。青贮原料装填过程应尽量缩短时间，小型窖应在 1 d 内完成，中型窖 2 ~ 3 d，大型窖 3 ~ 4 d。

（五）封窖与管理

原料高出窖口 40 ~ 50 cm，长方形窖形成鱼脊背式，圆形窖成馒头状，踩实后覆盖塑料薄膜，要将青贮原料完全盖严实，然后再盖细土。盖土时要由地面向上部盖土，务必使土层厚薄一致，并适当拍打踩实。覆土厚度 30 ~ 40 cm，表面拍打坚实光滑，以便雨水流出。窖四周要把多余泥土清理好，挖好排水沟，防止雨水流入窖内。封窖后 1 周内要经常检查，如有裂缝或塌陷，及时补好，防止通气或渗入雨水。青贮窖封闭不好时，将产生的影响如表 8-9 所示。

表8-9 青贮窖密封与空气进入对青贮品质的影响

密封情况	贮藏天数	pH	硬度	乳酸/%	醋酸/%	酪酸/%
密封	68	4.50	1.69	1.38	0.31	0.00
空气进入	68	6.25	0.89	0.05	0.59	0.25

青贮饲料开窖前，要防止牲畜在窖上踩踏或窖周边被猪拱。开窖后要将取料口用木杆、草捆覆盖，防止牲畜进入或掉入泥土，保持青贮饲料干净。

三、青贮饲料品质鉴定

青贮饲料品质的优劣与青贮原料的种类、刈割时期及调制技术有密切的关系。正确青贮，一般经 30 d 的乳酸发酵，就可以开窖喂用。通过品质鉴定，可以检查青贮技术是否正确。品质鉴定可分为感官鉴定与实验室鉴定。

（一）感官鉴定

根据青贮饲料的颜色、气味、口味、质地、结构等观察与触摸，通过感官评定其品质的优劣。这种方法简便易行，不需要仪器设备，在生产实践中普遍被采用（表 8-10）。

表 8-10 感官鉴定

等级	颜色	气味	酸味	结构
优质	青绿或黄绿，接近原色，有光泽	有清香味，微酸，香水梨味	浓	湿润，紧密，茎叶保持原状，容易分离
中等	黄褐或暗褐色	有强酸味，香味淡	中等	茎叶部分保持原状
低劣	褐色，暗绿色	有腐臭味，霉味	淡	腐烂，黏结成块状或发霉松散

（二）实验室鉴定

主要内容为 pH、各种有机酸含量、微生物种类和数量、营养物质含量及消化率等。

（1）pH（酸碱度）：pH 是衡量青贮饲料品质优劣的重要指标之一。优质青贮饲料的 pH 要求在 4.2 以下，超过 4.2（半干青贮除外），说明青贮在发酵过程中，腐败菌、酪酸菌等活动较强烈。劣质青贮饲料的 pH 高达 5 ~ 6。测定 pH 时，实验室可用精密仪器，在生产现场也可以用石蕊试纸测定。

（2）有机酸含量：有机酸是评定青贮品质的重要指标。前苏联 N.C. 波波夫教授按酸量提出的评定标准见表 8-11。

表 8-11　青贮饲料品质等级标准（%）

等级	乳酸/%	醋酸/%	酪酸/%	pH
优质	1.2 ~ 1.5	0.70 ~ 0.80	—	4.0 ~ 4.2
中等	0.5 ~ 0.6	0.40 ~ 0.50	—	4.6 ~ 4.8
劣质	0.1 ~ 0.2	0.10 ~ 0.15	0.2 ~ 0.3	5.5 ~ 6.0

注：为有机酸含量占青贮饲料鲜重的百分比。

四、青贮饲料喂用方法

青贮饲料封窖后经过 30 ~ 40 d 时间，就可完成发酵过程开窖喂用。圆形窖应将窖顶覆盖的泥土全部揭开堆于窖的四周。窖口周围 30 cm 内不能堆入泥土，以防风吹、雨淋或取料时泥土混入窖内污染饲料，必须将窖口打扫干净。长方形窖应从窖的一端挖开 1.0 ~ 1.2 m 长，清除泥土和表层发霉变质的饲料，从上到下，一层层取用。为防止开窖后饲料暴露在空气中，酵母菌及霉菌等好气性细菌活动引起发霉变质（即二次发酵）。应注意以下几点：

（1）每天取用饲料的厚度不少于 20 cm，要一层层取用，决不能挖坑或翻动饲料。若牲畜少喂量少时，可以联户喂用。

（2）饲料取出后立即用塑料薄膜覆盖压紧，以减少空气接触饲料。窖口用草捆盖严实，防止灰土落入和牲畜误入窖内。

（3）气温升高后易引起二次发酵，所以质量中等和下等青贮饲料，要在气温 20 ℃下时喂完。

（4）防止二次发酵的重要措施是饲料中水分含量在 70% 左右，糖分含量高，乳酸量充足，踩压坚实，每立方米青贮饲料重量在 600 kg 以上。所以，小型窖因踩不实，易引起二次发酵。

没有喂过青贮饲料的驴，开始饲喂青贮时多数不爱吃，必须经过一个驯食阶段。即在驴空肚时，第一次先用少量青贮饲料混入干草中，并加少量精饲料，充分搅拌后，使驴不能挑食。如此由少到多，逐渐增加，经过 7 ~ 10 d 不间断饲喂，多数驴都可以习惯或喜食。饲喂青贮饲料不能间断，以免窖内饲料腐烂变质和驴频繁交换饲料引起消化不良或生产不稳定。

在高寒地区冬季饲喂青贮时，要随取随喂，防止青贮料挂霜或冰冻。不能把青贮料放在 0 ℃ 以下地方。如已经冰冻，应在暖和的屋内化开冰霜后才能喂用，绝不可喂冻结的青贮饲料。冬季饲喂青贮料要在畜舍内或暖棚里，先空腹喂青贮料，再喂干草和精饲料，以缩短青贮饲料的采食时间。冬季寒冷且青贮饲料含水量大，牲畜不能单独大量喂用，应混拌一定数量的干草或铡碎的干玉米秸。驴 5 ~ 10 kg 饲喂过程中，如发现牲畜有拉稀现象，应减量或停喂，待恢复正常后再继续喂用。

五、常用饲料的调制

（一）青饲料的调制

夏秋季节，除抓紧放牧外，刈割青草或青作物秸秆，铡碎后与其他干草、秸秆掺和喂驴。同时，也应尽量采收青饲料晒制干草或制作青贮饲料。青草的刈割时间对干草质量的好坏影响很大，禾本科青草应在抽穗期刈割，而豆科青草则应在初花期刈割。优质干草应保持青绿颜色，晒制、风干为好。

（二）粗饲料的调制

干草的质量以豆科优于禾本科，嫩的优于老的，绿色的优于枯黄的，叶片多的优于叶片少的。

秸秆应及时收割、阴干、垛起、封顶保持青干为好。其中以谷草、豌豆秸最适喂驴，玉米秸、高粱叶也比较好，糜草、稗草次之，大豆秸、黑豆秸粗硬，叶少，营养较低。

甘薯秧、花生蔓的蛋白质、钙、胡萝卜素含量高，粗纤维少，适口性好，是喂驴的优质饲草。

秕壳如谷壳、麦糠、豆荚皮、高粱帽等，营养比同类秸秆稍高，但易混泥沙。不少农区淘汰了麦糠，而采用青草拌麸皮的饲喂方法。

稻草和麦秸经碱化或氨化处理后可作为喂驴的饲料。碱化即是将铡短的秸秆装入水池或木槽中，再倒入 3 倍秸秆重量的石灰水（3%熟石灰水或 1%生石灰水）将草浸透压实，经过一昼夜，秸秆黄软，即可饲喂。沥下的石灰水可再次使用，每 l00 L 水加 0.5 kg 的石灰。碱化秸秆以当天喂完为宜。

氨化秸秆是用含氨 15% 的农用氨水，以每 100 kg 秸秆 10 L 氨水的比例，逐层喷洒，逐层堆放，最后用塑料薄膜密封。天热时经 1 ~ 2 周，天较冷时经 3 ~ 4 周，揭开薄膜挥发氨气 1 ~ 2 d 后，即可饲喂。秸秆经氨化处理，颜色棕褐，质地变软，驴的采食量可增加 20% ~ 25%。

近年来，又出现了秸秆饲料的微生物处理技术。这一技术要求将秸秆粉碎，细度在 0.7 ~ 1.5 cm，原料可为豆科牧草、禾本科秸秆、棉秆，在窖中每 40 cm 秸秆粉，喷配好的菌液（按说明书使用），层层压实，盖塑料薄膜后，再压土 20 ~ 30 cm，发酵 30 d，即可开封饲喂。据报道，这种处理方法，可使秸秆降低木质素的含量，提高消化率。用这种饲料喂驴，尚未见报道。

秸秆饲料的EM（微生物技术）处理，制作方法与微生物处理技术相同，只是EM是由一组复杂的活菌制成。

（二）青贮饲料的调制

最为常见的饲料调制是将玉米秸青贮。此外，藤蔓、青草、树叶也可作为青贮的原料。无论青贮塔、青贮窖、青贮壕等，都应将原料及时收运、铡短、踩实、压紧，保持适宜水分，密封发酵。使用时要逐层或逐段取用（图8-5）。

1. 玉米青贮

玉米青贮饲料是指专用青贮玉米品种，在蜡熟期收割，茎、叶、果穗一起切碎调制的青贮饲料。这种青贮饲料营养价值高，每千克相当于0.22～0.25个饲料单位或相当于0.4 kg优质干草。在一些畜牧业发达的国家，青贮玉米在生产上应用已有100多年的历史。美国青贮玉米种植面积达355万hm^2，占玉米种植面积的12%。法国青贮玉米种植面积

图8-5 青饲料的调制

达144万hm^2，占玉米播种面积80.5%。近年来，不仅冬季气候寒冷的国家大量种植青贮玉米，就是一些气候温暖的国家也大面积种植。匈牙利青贮玉米占玉米种植面积85%，德国占86.4%。

（1）青贮玉米的特点是：

A：产量高。每公顷青物质产量一般为5万～6万kg，个别高产地块可达8万～10万kg。在青贮饲料作物中，青贮玉米产量一般高于其他作物（指北方地区）。

B：营养丰富。每千克青贮玉米中，含粗蛋白质20 g，其中可消化蛋白质12.04 g，含钙7.8 mg，含粗脂肪8～11 g，粗纤维59～67 g，无氮浸出物114～141 g。维生素含量也很丰富，是牲畜冬春缺青季节维生素的主要来源。其中胡萝卜素11 mg、烟酸10.4 mg、维生素C 75.7 mg、维生素A 18.4个国际单位。这些多数高于其他作物。微量元素含量也很丰富，尤其是每千克中分别含铜9.4 mg、钴11.7 mg、锰25.1 mg、锌

110.4 mg、铁 227.1 mg。这些都是牲畜必需的微量元素。

C：适口性强。青贮玉米含糖量高，制成的优质青贮饲料，具有酸甜清香味，且酸度适中（pH4.2），家畜习惯采食后，都很喜食。尤其反刍家畜中的牛和羊。

（2）调制玉米青贮饲料的技术特点：

A：适时收割。专用玉米青贮的适宜收割期在蜡熟期，即籽粒剖面呈蜂蜡状，没有乳浆汁液，籽粒尚未变硬，相当于煮熟鲜食青玉米果穗的时期。此时收割，不仅茎叶水分充足（70％左右），而且也是单位面积土地上营养物质产量最高的时期。在生育期较短（120 d 以下）地区，也必须在降霜前收割完毕，防止霜冻后叶片枯黄，影响青贮质量。

B：收割、运输、切碎、装贮等要连续作业。青贮玉米柔嫩多汁，收割后必须及时切碎、装贮，否则营养物质将损失。最理想的方法是采用青贮联合收割机，收割、切碎、运输、装贮等项作业连续进行，即能调制出优质青贮饲料。

C：采用砖、石、水泥结构的永久窖装贮。因青贮玉米水分充足，营养丰富，为防止汁液流失，必须用永久窖装贮，如果用土窖装贮时，窖的四周要用塑料薄膜铺垫，绝不能使青贮饲料与土壤接触，以防土壤吸收水分而造成霉变。

2. 玉米秸青贮饲料

玉米籽实成熟后先将籽实收获，秸秆进行青贮的饲料，称为玉米秸青贮饲料。在华北、华中农作物一年两熟地区，夏玉米收获后，叶片仍保持绿色，茎叶水分含量较高，是调制青贮饲料的良好原料。但在东北、内蒙古及西北农作物一年一熟地区，玉米多为晚熟杂交种，多数是在降霜前后才能成熟，秋收与青贮同时进行，人力、运输力矛盾突出，青贮工作经常被推迟到 10 月中下旬，此时秸秆干枯，若要调制青贮饲料，必须添加大量清水，而加水量又不易掌握，且难以和切碎秸秆拌匀，水分多时，易形成醋酸或酪酸发酵，水分不足时，易形成好氧高温发酵而霉烂。所以调制玉米秸青贮饲料，要掌握以下关键技术环节。

（1）选择成熟期适当的品种。调制玉米秸青贮饲料的基本原则是籽实成熟而秸秆上又有一定数量绿叶（1/3 ～ 1/2），茎秆中水分较多。要求在当地降霜前 7 ～ 10 d 籽实成熟，以便收获籽实后，秸秆及时进行青贮。

（2）晚熟玉米品种要适时收获。为了调制出质量较好的玉米秸青贮饲料，对晚熟玉米品种籽实基本成熟，在籽实不减产或少量减产的最佳时期收获，降霜前进行青贮，使秸秆中保留较多的营养物质和较好的青贮品质。试验报道，吉林省中部地区的梨树县，种植晚熟玉米品种"丹玉 13"和"铁单 4"，在气候正常年景，9 月 23 日开始收割，每公顷籽实最多减产 311 kg，而秸秆中多保留粗蛋白质 124.6 kg，相当于 1 266 kg 玉米籽实中的粗蛋白质含量，且尚有部分绿叶，茎叶含水率在 60％ ～ 65％，可以调制出中上等质量的青贮饲料。同时解决了秋收与青贮同时进行劳动力、运输力和时间上的矛盾。吉林省正大力推广这一技术，1997年青贮达116.6万吨，占秸秆青贮饲料总量的70%以上。

（3）严格掌握加水量，搅拌均匀，及时踩实。玉米籽实成熟后，茎秆中水分含量一般在60%～65%，茎下部叶片枯黄，必须添加适量清水，把含水率调整到70%左右。作业前先测定原料的含水率，计算出应加水数量。加水时要用喷壶或水管接上喷头加水，把茎叶与水分充分搅拌均匀，及时踩实或压实。原料切碎、入窖、加水、搅拌、压实等要同步进行，连续作业，切忌把清水用水桶向窖内倾倒。

（三）能量饲料的调制

在众多的谷实饲料中，玉米是含能量最高的饲料。粉碎后的玉米不宜久存，发霉变质后喂驴，易引起中毒。高粱含单宁，味涩，适口性不如玉米，饲用时应粉碎。为防止便秘，可与麦麸搭配使用。大麦含粗蛋白质多，质地疏松，粉碎后喂驴是安全性饲料。燕麦的蛋白质品质好，质地疏松，适口性强，易消化，是喂驴最好的精料，喂时粉碎或压扁即可。谷子所含粗蛋白质与大麦相似，B族维生素和胡萝卜素丰富，饲喂种驴有提高泌乳和配种能力的作用。麦麸质地疏松，适口性好，有轻泻作用。而米糠因加工程度不一样，其营养价值有所不同，它的脂肪含量高达14%，久贮易酸败。无论饲喂麸皮和米糠，均需补充钙质。

总之，能量饲料的调制，多要粉碎，互相搭配，方可趋利避害，取得较好的喂驴效果。

（四）蛋白质饲料的调制

豆科籽实中，大豆、黑豆蛋白质品质好，但一些氨基酸，如蛋氨酸、色氨酸、胱氨酸较少，最好与禾本科谷实混喂。大豆喂前要煮熟或炒熟，以破坏所含的抗胰蛋白酶，增进适口性。豌豆、蚕豆虽蛋白质、脂肪的含量比大豆少，但对驴增膘复壮有良好的作用。饼类饲料中，大豆饼和黑豆饼最为常用，蛋白质品质好，营养全面，味道芳香，驴喜食，但要注意钙质饲料的补充。花生饼味甜，适口性好，但易霉变，不宜久存，可鲜喂。棉籽饼含棉酚毒素，应去毒，喂量不超过0.5～1.0 kg／头。饼类饲料宜先粉碎或切碎，水泡透后再拌入草内喂驴。

图8-6 驴粗饲料

167

（五）多汁饲料的调制

多汁饲料利用时应先洗去泥土，切成片，有时需煮熟后再喂。要注意甘薯黑斑病有毒；马铃薯发芽后含龙葵精毒素，要剔除。胡萝卜耐贮存，可在冬、春季供给。

（六）矿物质、维生素饲料的调制

图8-7 调制好的驴精料

缺碘地区，驴可喂碘盐。钙磷的补充，以磷酸二氢钙、磷酸氢钙、骨粉、石粉补给为好。驴缺乏维生素情况，仅在长期喂秸秆，而又缺乏胡萝卜素等块根饲料的种公驴上出现。可在早春补喂大麦芽，每头公驴每天喂100 ~ 500 g，能提高精液品质。如果用同样数量的大麦芽喂母驴，也可促其早发情。

第五节　驴的日粮配合技术

一、日粮配合方法

根据不同体重、年龄、肥育程度和不同生理阶段（如妊娠、哺乳）驴的营养需要，将不同种类和数量的饲料，依所含营养成分加以合理搭配，配成一昼夜所需的各种精粗饲料的日粮。只有配合出合理的日粮，才能做到科学饲养，提高经济效益。

配合驴的日粮时，要注意3点：一是要因地制宜，充分利用本地饲料资源，降低成本；二是饲料应多样化，尽量充分利用粗饲料（图8-6）和青饲料，精料（图8-7）也要尽量搭配，做到营养成分相互补充，以提高利用率；三是要注意饲料加工调制，增强适口性，提高食欲。

根据表8-12控制粗饲料的比例。要使驴的日粮既能满足驴的营养要求，又能使驴吃饱。

草料搭配和日粮组成是否合适，应在饲养实践中检验。要观察驴的采食量、适口性、粪便软硬程度。饲喂半个月后，若膘情下降，要及时调整日粮，尤其是要调整能量和蛋白质饲料。

当前，我国农村驴的日粮，即草料定额各不相同，精、粗饲料和种类也不完全一致，主要是根据驴体格的大小和使役的轻重。如华北、西北地区农忙时，每天喂给青苜蓿5.0 ~ 7.5 kg，或铡碎的麦秸或谷草4 ~ 5 kg。另外补给精料少则1.0 ~ 1.5 kg，一般为2.5 kg。农闲时，补料少则0.75 kg，一般为1.0 ~ 1.5 kg。

表8-12　驴的日粮养分组成

项　目	粗料占日粮/%	每kg日粮含消化能/MJ	可消化粗蛋白质/%	钙/%	磷/%	胡萝卜素/mg
成年驴维持日粮	90～100	8.37	7.7	0.27	0.18	3.7
妊娠末90 d母驴日粮	65～75	11.51	10.0	0.45	0.30	7.5
泌乳前3个月母驴日粮	45～55	10.88	12.5	0.45	0.30	6.3
泌乳后3个月母驴日粮	60～70	9.63	11.0	0.40	0.25	5.5
幼驹补料	—	13.19	16.0	0.80	0.55	—
幼驹补料(3月龄)	20～25	12.14	16.0	0.80	0.55	4.5
断奶驹日粮(6月龄)	30～35	11.72	14.5	0.60	0.45	4.5
1岁驹日粮	45～55	10.88	12.0	0.50	0.35	4.5
1.5岁驹日粮	60～70	9.63	10.0	0.40	0.30	3.7
轻役成年驴日粮	65～75	9.42	7.7	0.27	0.18	3.7
中役成年驴日粮	40～50	10.88	7.7	0.27	0.18	3.7
重役成年驴日粮	30～35	11.72	7.7	0.27	0.18	3.7

注：每头驴每天给食盐15～30 g。

陕西扶风关中驴场驴的日粮，粗料和青干草充分喂给，精料母驴 2 kg/d，驴驹 1 kg/d。种公驴配种期 3 kg/d，非配种期 2.5 kg/d。精料的组成：玉米 45%，麸皮 35%，豌豆 20%。另加食盐 1%，骨粉 1%。

肉驴仔饲料配方肉驴仔饲料配方示例：

（1）玉米 50%、麸皮 12%、豆饼 30%、鱼粉 5%、骨粉 1%、碳酸钙 1%、食盐 1%。哺乳量 90～100 kg，早期补饲上述肉驴仔料和优质青饲料，1～6 月龄平均日增重 600 g 以上。

（2）玉米 48%、豆饼 19%、麸皮 29%、牡蛎粉 2.5%、食盐 1.5%。日采食 1.25 kg，鲜奶(含干物质 12.3%) 5.3 kg，喂 150 d。外加秋白草、青贮玉米，自由采食。

（3）豆饼 40%、玉米 22%、高粱 20%、麸皮 15%、牡蛎粉 2%、食盐 1%。日喂 2 kg，鲜奶 5.67 kg，喂 90 d，外加秋白草、青贮玉米自由采食。

（4）玉米 25%、麸皮 25%、麦粉 5%、豆麸 40%、贝壳粉 3%、食盐 2%。

（5）玉米 35%、麸皮 22%、高粱 5%、豆饼 35%、骨粉 1%。碳酸钙 1%,食盐 1%。

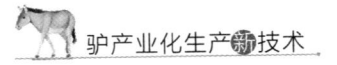

二、肥育肉驴的典型日粮饲料配方

（一）肥育肉驴体重 150 kg 以下饲料配方

（1）玉米 17.1%、棉籽饼 19.7%、鸡粪 8.2%、玉米青贮（带穗）17.1%、小麦秸 36.6%、食盐 0.3%、石粉 1.0%。

（2）玉米 15.0%、胡麻饼 13.6%、玉米黄贮 35.0%、干草粉 5.0%、白酒糟 31.0%、食盐 0.4%。

（3）玉米 19.0%、胡麻饼 13.0%、玉米黄贮 17.6%、干草粉 5.0%、白酒糟 45.0%、食盐 0.4%。

（4）玉米 10.0%、棉籽饼 12.0%、玉米青贮（带穗）44.6%、玉米秸 3.0%、白酒糟 30.0%、食盐 0.4%。

（5）玉米 15.0%、棉籽饼 22.9%、鸡粪 8.0%、玉米青贮（带穗）17.9%、小麦秸 35.0%、石粉 1.0%、食盐 0.2%。

以上配方，每头肉驴日干物质采食量均为 5 kg，预计日增重均为 800 g。

（二）肥育肉驴体重 200 ~ 300 kg 饲料配方

（1）玉米 10.4%、棉籽饼 32.2%、鸡粪 4.1%、玉米秸 9.1%、玉米青贮（带穗）13.4%、白酒糟 30.0%、石粉 0.5%、食盐 0.3%。

（2）玉米 8.6%、玉米黄贮 36.0%、白酒糟 48.0%、胡麻饼 7.0%、食盐 0.4%。

（3）玉米 11.0%、玉米黄贮 25.0%、玉米秸 5.0%、白酒糟 50.0%、胡麻饼 8.6%、食盐 0.4%。

（4）玉米 9.0%、棉籽饼 11.0%、玉米秸 3.0%、玉米青贮（带穗）51.0%、白酒糟 25.6%、食盐 0.4%。

（5）玉米 25.0%、棉籽饼 13.0%、玉米青贮（带穗）37.0%、玉米秸 3.0%、白酒糟 21.1%、石粉 0.5%、食盐 0.4%。

（6）玉米 19.0%、玉米黄贮 17.6%、干草粉 5.0%、白酒糟 45.0%、胡麻饼 13.0%、食盐 0.4%。

（7）玉米 37.6%、玉米黄贮 19.0%、干草粉 5.0%、白酒糟 28.0%、胡麻饼 10.0%、食盐 0.4%。

以上各配方，每头肉驴日干物质采食量均为 6 kg，预计日增均为 950 g。

（三）肥育肉驴体重 300 kg 以上饲料配方

（1）玉米 42.6%、大麦粉 5.0%、杂草 7.0%、玉米青贮（带穗）28.5%、苜蓿草粉

11.5%、食盐 0.4%、白酒糟 5%

（2）玉米 41.0%、大麦粉 5.0%、杂草 7.0%、带穗）39.0%、苜蓿草粉 6.6%、食盐 0.4%、石粉 1.0%。

（3）玉米 27.0%、大麦粉 5.0%、胡麻饼 8.69%、玉米黄贮 19.0%、玉米秸 6.0%、白酒糟 34.0%、食盐 0.4%。

（4）玉米 30.0%、大麦粉 5.0%、胡麻饼 9.6%、玉米黄贮 20.0%、玉米秸 6.0%、白酒糟 29.0%、食盐 0.4%。

（5）玉米 42.8%、大麦粉 5.0%、胡麻饼 10.5%、玉米黄贮 17.0%、玉米秸 5.8%、白酒糟 18.5%、食盐 0.4%。

（6）玉米 29.6%、大麦粉 5.0%、棉籽饼 11.0%、带穗）37.0%、白酒糟 17.0%、食盐 0.4%。

（7）玉米 23.5%、大麦粉 5.0%、棉籽饼 6.0%、玉米青贮（带穗）35.1%、玉米秸 9.0%、食盐 0.4%、白酒糟 21%。

以上配方，每头驴日干物质采食量 8 kg，预计日增重均为 1 100 g。

肉驴喂养管理、饲料原料、用量、配方，都是非常关键的。如果配比下料少，营养跟不上，影响了肉驴的最佳生长期，如果配比下料过猛，养驴成本高，养驴的利润降低。

三、TMR 饲料配制技术

TMR 是英文 Total Mixed Rations（全混合日粮）的简称，所谓全混合日粮（TMR）是一种将粗料、精料、矿物质、维生素和其他添加剂充分混合，能够提供足够的营养以满足驴需要的饲养技术。随着驴品种化、规模化、专业化和集约化程度的不断提高，TMR 饲料的配制以及科学饲喂技术日益成为养驴业的新趋势，它将 TMR 配制与机械化饲喂有机结合（图 8-8），该技术具有省时、省力、易操作、成本低等优点，能大大提高肉羊饲养的经济效益，其技术要点如下：

（一）科学设计饲料配方

根据驴场实际情况，考虑所处生理阶段、年龄胎次、体况体形以及饲料资源等因素合理设计饲料配方。不同饲养阶段的驴根据营养需要，对饲料配方再进行适当调整。参考饲料配方：青贮玉米 60.0%、玉米 22.0%、次粉 2.9%、麸皮 3.0%、豆粕 5.0%、菜籽饼 4.5%、食盐 0.3%、磷酸二氢钙 1.0%、预混料 0.3%。

（二）合理选择 TMR 车

在 TMR 饲养技术中，能否对日粮进行彻底混合是非常关键的。因此，应根据驴场的建筑结构、喂料道的宽窄、圈舍高度和入口设置驴群大小以及日粮种类等来选择适宜的 TMR 车（图 8-9）。

图 8-8 机器精粗饲料混合

（三）保持适当的水分

TMR 日粮的水分要求在 45%-55%，当原料水分偏低时，需要额外加水；若过干，饲料颗粒易分离，造成肉羊挑食；若过湿，则易降低干物质采食量，并有可能导致日粮的消化率下降。

图 8-9 TMR 车进舍上料

（四）饲喂方法

每天饲喂 3 ~ 4 次，保证料槽中全天都有新鲜料，要随时观察羊群的采食情况，以保证驴的日粮干物质采食量最大化，减少浪费。

参考文献

[1] 马维宁.浅谈如何选择肉用驴的饲料[J].中国畜禽种业,2012,8(12):90.

[2] 逯登忠.青贮饲料调制技术[J].青海畜牧兽医杂志,2008(01):64.

[3] 张玉琪.青贮饲料的营养价值及在动物生产中的应用[J].畜牧兽医杂志,2014,33(05):61-62.

[4] 木热力·巴格孜.青贮饲料的调制技术[J].新疆畜牧业,2010(S2):40-41.

[5] 贾成发,于中伟.青贮饲料品质的鉴定及提高方法[J].养殖技术顾问,2011(04):84.

第九章　驴病及防治技术

第一节　驴场及圈舍的卫生防疫

驴的防疫措施很多，但最为重要的有三条：一是驴场和圈舍的建设要科学合理；二是增强驴的抗病能力；三是消灭传染病来源和传染媒介。

一、一般的防疫措施

（1）圈舍及环境卫生。

①驴场的选址和圈舍的建设，要符合家畜环境卫生学的要求。良好的环境条件，才能减少传染病的侵袭，才能加强驴体对疾病的抵抗能力，有利于它本身的生长发育。因此，驴场应选在地势较高、干燥，水源清洁方便，远离屠宰场、牲畜市场、收购站、畜产品加工厂以及家畜运输往来频繁的道路、车站、码头，并与居民区保持一定的距离，以避免传染源的污染。

②驴要有良好的圈舍和运动场。冬季要能防寒，夏季要能防暑。驴耐寒性较差，这在寒冷地区，防寒显得格外重要。厩床要平坦、干燥，厩舍采光要好。运动场要宽阔、能排水，粪尿要及时清除。

③饲料要清洁卫生，品质优良，多种多样，精、粗、多汁饲料合理搭配，满足各种驴的营养需要。水源要清洁，水质要好。

（2）及时清扫和定期预防消毒是养殖场卫生管理的重要措施。在我国的养殖业中，这一原则得到了广泛的应用和重视。以下是关于这一原则的详细解读和扩充。

首先，我们要明确养殖场内主要的污染源是动物的粪尿。粪尿中不仅含有大量的病原体，还可能存在寄生虫卵。因此，及时清扫粪尿是预防疾病传播、保护动物健康的关键步骤。每天数次清扫粪尿，不仅可以保持圈舍的清洁卫生，还能有效消除潜在的疾病风险。

清扫后的粪尿应当进行堆积发酵。这个过程可以使病原体和寄生虫卵失去活性，从而达到消灭的目的。发酵后的粪尿还可以作为肥料使用，实现资源的循环利用。

除了粪尿，圈舍的墙壁、饲槽、水槽、用具和地面也是需要重点关注的位置。这些位置容易滋生细菌和病毒，威胁动物健康。应定期对这些位置进行消毒处理。

根据相关规定，圈舍墙壁应每年用生石灰刷白，这是一种有效的消毒方法。生石灰具有很强的杀菌作用，可以有效消灭墙壁上的病原体。

饲槽、水槽、用具和地面应定期消毒，每年不少于 2 次。消毒时，可以选择合适的消毒剂，按照规定的浓度和操作方法进行。此外，消毒过程中要注意全面覆盖，确保每个角落都得到处理。

总之，及时清扫和定期预防消毒是养殖场卫生管理的核心环节。只有做好这些工作，才能为动物提供一个安全、健康的生长环境，提高养殖效益。同时，这也符合我国对养殖业卫生和安全的要求，有助于推动我国养殖业的可持续发展。

（3）做好检疫工作，防止传染源扩散至关重要。在引进种驴、采购饲料和畜产品过程中，我们要高度重视，切记不要从疫区引进。对于外地新购进的种驴，必须采取严格的隔离措施，确保其健康安全。

首先，在引进种驴时，要详细了解来源地的疫情状况，避免从疫区引进。同时，在采购饲料和畜产品时，也要密切关注疫病信息，确保产品质量。

其次，对于外地新进的种驴，我们应在专门的隔离厩舍进行饲养，时间至少 1 个月。在此期间，要密切观察驴的健康状况，一旦发现异常，要及时采取隔离、治疗等措施，防止疫病扩散。

最后，经过 1 个月的隔离饲养，确认驴的健康状况后，方可将其与其他种驴合群饲养。同时，要定期对种驴进行检疫，确保疫病得到有效控制。

总之，做好检疫工作，严格把控种驴及其他畜牧产品的引进，是防止疫病扩散的关键。只有从源头抓起，加强管理，才能确保我国畜牧业的持续健康发展。在此基础上，还应加强畜牧从业人员的培训，提高他们的防疫意识和技能，共同为我国畜牧业的繁荣做出贡献。

（4）预防接种是一种有效的防控措施，可以降低传染病的发病率和流行速度。在我国，预防接种工作已有悠久的历史，积累了丰富的实践经验。实施预防接种，防止传染病流行，需要有目标、有针对性地进行，这就是所谓的"有的放矢"。

首先，要深入了解疫情，掌握疫情的发展态势和病原体的特性。这样，才能为预防接种制定合理的方案，确保接种工作有序、高效地进行。在疫情调查中，我们需要关注以下几个方面：疫情的来源、传播途径、易感人群、病原体的变异等。同时，要及时与相关部门沟通，获取疫情信息，为预防接种提供科学依据。

其次，选择最有利的时机进行预防接种。时机选择恰当，可以大大提高预防接种的效果。例如，春季是炭疽病的高发期，此时对驴进行炭疽芽孢苗的预防注射，可以有效降低炭疽病的发病率。另外，破伤风类毒素定期预防注射也是十分重要的，可以预防破伤风的发生。

此外，在实施预防接种过程中，还要注重疫苗的储存、运输和接种操作的规范性。疫苗的质量和接种技术直接关系到预防接种的效果。因此，各级防疫部门要加强对疫苗储存、运输和接种环节的监管，确保疫苗接种的安全和有效。

最后，广泛开展预防接种的宣传教育，提高公众对预防接种的认识和重视。宣传普及预防接种知识，让群众了解预防接种的重要性，主动参与预防接种工作。新闻媒体、社区、学校等社会力量要共同参与，形成全民关注、参与预防接种的良好氛围。

总之，实施预防接种，防止传染病流行，需要全面把握疫情，选择有利时机，规范操作，加强宣传教育，形成全民参与的防控格局。只有这样，才能为我国人民的健康筑起一道坚实的防线。

为了使上述工作正常开展，要广泛地做好宣传工作，使领导和群众人人都明白卫生防疫工作的重要意义。只有把广大群众都动员起来，防疫措施才能得到认真地贯彻，保证防疫收到实效。

二、疫情发生后的防疫措施

1. 在疫病发生时，及时报告疫情的重要性不容忽视

我国兽医机关作为疫病防控的主力军，需要密切关注疫情动态，及时掌握疫情信息，以便在疫情蔓延初期就能采取有效措施，降低疫病对养殖业的危害。因此，养殖户、兽医及相关从业者应承担起及时报告疫情的责任。

当疫病发生时，应立即报告地方兽医机关。报告内容应详细列出以下信息：

（1）发病驴的性别、年龄。这有助于兽医机关分析疫病在不同性别、年龄段的传播情况，为制定针对性的防控策略提供依据。

（2）发病的地区、头数。兽医机关需要了解疫情发生的具体地点以及受影响的驴的数量，以便确定疫情范围，评估疫情风险，并合理分配防疫资源。

（3）传播速度。报告传播速度有助于兽医机关掌握疫病的传播规律，预判疫情发展趋势，为防控工作提供科学指导。

（4）一般病状。详细描述病驴的症状，有助于兽医机关快速识别疫病类型，为诊断和治疗提供参考。

（5）死亡情况。报告病驴的死亡情况，可以让兽医机关了解疫情的严重程度，并对死亡驴只进行病理剖检，以便进一步了解疫病的病原、病理变化等特点。

（6）病理剖检变化。病理剖检是诊断疫病的重要手段，通过观察病理变化，兽医机关可以更加准确地判断疫病类型、病原及传播途径，为疫情防控提供关键信息。

及时、准确地报告疫情，有助于兽医机关迅速做出诊断，并采取有效措施，降低疫病对养殖业的损失。同时，各级政府、兽医机关和养殖户也要加强合作，共同应对疫情挑战，确保畜牧业的可持续发展。

2. 在预防和控制疫病传播的过程中，隔离和封锁是至关重要的措施

首先，对于病驴的隔离和治疗，我们需要采取严格的措施。病驴应当被安置在专门的隔离病舍中进行饲养和治疗。这些隔离舍通常设立在离大群驴稍远的下风向，以便尽可能减少病毒在大群驴之间的传播风险。

其次，在疫病爆发之后，我们应在上级兽医部门的指导下，对疫区实施严格的封锁措施。这包括关闭所有的牲畜市场，严禁家畜之间的流动。这样的措施可以有效遏制疫病的扩散，减少病毒传播的风险。

此外，对于病死的驴，我们必须进行深埋处理。这是为了避免病毒进一步传播，同时也是对生态环境的保护。在此过程中，我们必须严格遵守相关规定，杜绝私自食用病死驴的现象。

总的来说，隔离和封锁是防止疫病扩散的重要手段。只有齐心协力，严格执行相关措施，才能有效地控制疫病的传播，保护我国畜牧业的健康发展。

3. 彻底消毒，消灭病原

凡传染病污染的圈舍、运动场的地面、墙壁、用具，工作人员的工作衣、帽、交通工具一律进行消毒。常用的消毒剂有：1% ~ 3%的烧碱水、10% ~ 20%的石灰水、草木灰水、1%的漂白粉、2%的来苏儿等进行喷雾或浸泡。

4. 在我国，积极治疗病驴传染病是一项重要的工作

传染病的治疗效果，很大程度上取决于用药的准确性、治疗时机的把握以及良好的护理。对于驴的传染病，只要我们能做到早期诊断，并根据病情适时、有针对性地用药，绝大多数情况下是可以治愈的。

首先，早期诊断是传染病治疗的关键。一旦发现驴出现异常症状，应及时请专业兽医进行检查，以便尽早确诊。这样可以确保病情不会延误，提高治疗的成功率。

其次，用药的准确性和时机也非常重要。针对不同病原体和病情，选择合适的药物，并在最佳时间内进行治疗，能大大提高病驴的康复概率。同时，还要注意药物的剂量和疗程，遵循兽医的建议，确保用药安全有效。

最后，良好的护理对于病驴的康复也至关重要。在治疗期间，要为病驴提供一个安静、干净、舒适的生活环境，避免其与健康驴接触，以免疫情传播。同时，要密切关注病驴的病情变化，及时调整治疗方案。

如果经过积极治疗，病情仍然无法控制，病驴出现死亡现象，养殖人员要做好后续处理。根据相关规定，应在指定地点对病驴进行深埋和烧毁，以防止病原体传播，保障养殖

业的健康发展。

总之，积极治疗病驴传染病，要做好早期诊断、适时有针对性地用药和良好的护理。只要遵循这些原则，绝大多数病驴都可以得到有效治疗。而对于无法治愈的病驴，要做好无害化处理，防止疫情扩散。在此基础上，加强养殖业的防疫工作，提高养殖户的防疫意识，才能确保我国驴养殖业的持续健康发展（图9-1）。

第二节　驴病的特点及诊断

驴与马是同属异种动物。因此，驴的生物学特征及生理结构与马基本相似。但它们之间又有较大的差异，故在疾病的表现上也有不同。

驴所患疾病的种类，不论内科、外科、产科、传染病和寄生虫病等均与马相似，如常见的胃扩张、便秘、疝痛、腺疫等。由于驴的生物学特征决定，其在抗病能力、临床表现和对药物的反应等方面与马有区别，因而驴病在发生的病因、病情、病理变化及症状等方面又独具某些特点。例如，疝痛的临床表现，马表现得十分明显，特别是轻型马；而驴则多表现缓和，甚至不显外部症状。驴对鼻疽敏感，感染后易引起败血或脓毒败血症，而对传染性贫血有着较强的抵抗力。

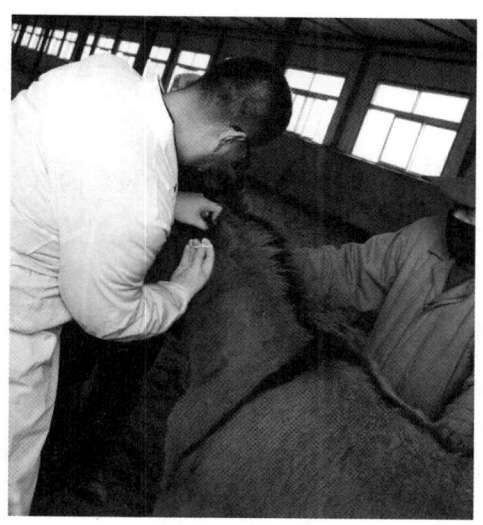

图9-1　治疗驴疾病

在相同情况下，驴不患日射病和热射病，而马则不然。当然，驴还有一些独特的易患的特异性疾病，如霉玉米中毒、母驴怀骡产前不食症等。因此，在诊断和治疗驴病时，必须加以注意，不能生搬硬套马的治疗经验，而应针对驴的特性加以治疗。

关于区分健康驴与异常驴，诊断驴的疾病有重要作用（图9-2）。健康驴不管平时还是放牧中，总是两耳竖立，活动自如，头颈高昂，精神抖擞。特别是公驴，相遇或发现远处有同类时，则昂头凝视，大声鸣叫，跳跃并试图接近。健康驴吃草时，咀嚼有力，"格格"发响。如有人从槽边走过，

图9-2　疾病诊断

鸣叫不已。健康驴的口色鲜润，鼻耳温和。粪球硬度适中，外表湿润光亮，新鲜时呈草黄色，时间稍久变为褐色。时而喷动鼻翼，即打呼噜。俗话说"驴打呼噜牛倒沫，有个小病也不多"。异常驴对一般疾病有较强的耐受力，即使患了病也能吃些草，喝点水。若不注意观察，待其不吃不喝、饮食废绝时，病就比较严重了。判断驴是否正常，还可以从平时的吃草、饮水的精神状态和鼻耳的温度变化等方面进行观察比较。驴低头耷耳，精神不振，鼻耳发凉或过热，虽然吃点草，但不喝水，说明驴已患病，应及时治疗。

驴疾病是威胁驴养殖业发展的重大隐患，不仅会导致驴的死亡、减产、质量下降等，还会给驴养殖者带来经济损失和社会影响。

第三节　常见的驴病及防治

驴疾病是威胁驴养殖业发展的重大隐患，不仅会导致驴的死亡、减产、质量下降等，还会给驴养殖者带来经济损失和社会影响。驴疾病的防治主要包括以下几个方面：

一、预防为主，治疗为辅

我国高度重视驴疾病防控工作，为了更好地保障驴群健康，应建立健全驴疾病监测和预警系统。这一系统将实时收集、分析和整理驴疾病的发生和流行情况，为政府部门和相关企业提供科学依据，以便及时制定针对性的防控措施。

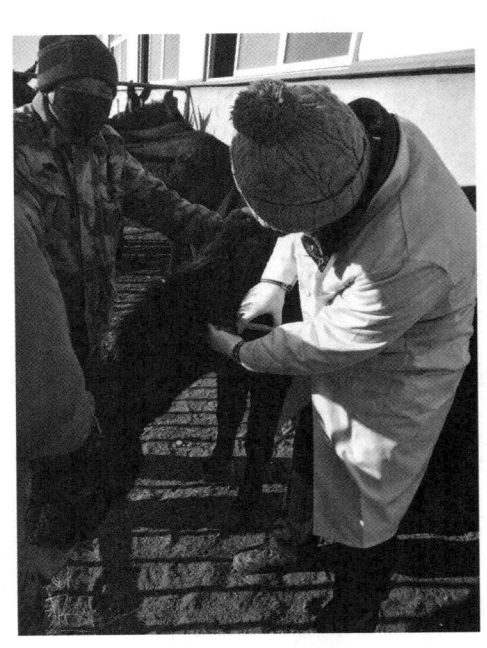

图9-3　接种疫苗

在加强驴疾病监测和预警的基础上，我国还应完善驴疾病的防控政策。这包括制定一系列驴疾病防控技术规范，如隔离、消毒、疫苗接种（图9-3）等，以减少驴疾病的发生和传播。此外，应加大宣传力度，提高养殖户对驴疾病防控的认识和技能，确保养殖业的健康发展。

在治疗方面，我国致力于提高驴疾病的诊断和治疗水平。建立驴疾病诊断和治疗标准，规范诊疗流程，确保驴得到及时、有效地治疗。同时，积极探索中西医结合的治疗方法，运用现代医学技术，如药物和手术等，提高驴疾病的治愈率和康复率。

为进一步加强驴疾病防控工作，我国还应加大科研投入，鼓励和支持兽医科研机构、高校和企业在驴疾病防控领域开展研究，推动技术创新。通过不断优化驴疾病防控技术，提高我国驴疾病防控水平，为保障我国驴养殖业的健康发展奠定坚实基础。

总之，我国应从多个层面加强驴疾病防控工作，通过建立健全监测预警体系、制定实施防控措施、提高诊疗水平以及加强科研创新等手段，全面提高我国驴疾病防控能力，为驴养殖业的健康发展提供有力保障。同时，我国应继续关注国际驴疾病防控动态，积极参与国际合作，借鉴和推广国际先进技术，为我国驴疾病防控工作提供有力支持。

二、中药为主，西药为辅

在我国，中医药作为一种传统的治疗方法，其在驴疾病防治领域具有显著的优势。为了充分发挥这种优势，我国相关部门和企业正在积极探索和实践，以期提高驴的健康水平，保障养殖业的稳定发展。

首先，我国充分利用中药的调节、补益、抗炎、抗菌、抗病毒等多种作用，以增强驴的抵抗力和免疫力，从而预防和治疗驴疾病。在这方面，我国拥有丰富的草药资源和成熟的中药制剂技术，为驴疾病防治提供了有力支持。此外，中药治疗注重整体观念和辨证施治，有利于驴的生理机能恢复，降低疾病复发率。

其次，我国在驴疾病防治中合理运用西药的作用。西药具有杀菌、杀虫、止痛、止血等特点，可以有效地控制和消除驴疾病的病原体和症状。与中药相结合，可以实现优势互补，提高驴疾病防治的效果。

此外，我国重视中西药的配伍和协同作用。在实际防治过程中，兽医人员将根据驴的病情、体质和药物属性，合理搭配中西药物，以确保药物疗效的最大化。这种中西医结合的治疗方式有助于降低药物残留和抗药性问题，提高驴疾病防治的安全性和可持续性。

为了推广中西医结合的驴疾病防治技术，我国应加强兽医人才培养和科技创新。通过不断提高兽医队伍的专业素质和技术水平，确保驴疾病防治工作的有效开展。同时，鼓励科研机构和企业加大研发投入，研制新型中药和西药制剂，为驴疾病防治提供更多高效、安全的药物。

总之，我国应充分发挥中药在驴疾病防治中的优势，结合合理使用西药，注重中西药的配伍和协同，以提高驴疾病防治的效果，加大对驴疾病防治的投入，为养殖户提供技术支持和指导，这不仅有助于提高驴的健康水平，还将推动我国畜牧业的可持续发展。

三、综合防治，多学科协作

在我国，驴产业作为畜牧业重要的组成部分，其健康发展备受关注。为保障驴的健康生长，提高驴养殖业的经济效益，我国决定加强对驴疾病防治的综合性和系统性。此举旨在全面提高我国驴疾病防治的水平，确保驴产业的健康、稳定发展。

为了实现这一目标，我国应建立一个跨学科的驴疾病防治协作机制。这个机制可以汇聚动物医学、动物营养、动物遗传、动物繁殖、动物行为、动物福利等多个领域的专家，共同研究和解决驴疾病防治中的实际问题。通过多学科的交叉融合，提高驴疾病防治的针对性和有效性。

在此基础上，我国还应促进各个学科之间的交流与合作。通过定期举办研讨会、培训班等形式，加强驴疾病防治领域的学术交流，分享研究成果和经验。此外，还应充分利用现代信息技术手段，搭建驴疾病防治信息平台，便于各方及时了解行业动态、研究进展和防治措施。

在加强科研合作的同时，我国还应注重驴疾病防治的科普宣传和专业技术培训。通过组织专家编写驴疾病防治教材、普及防治知识，提高养殖户的疾病防控意识和能力。此外，还应加大对兽医等专业人才的培养力度，为驴疾病防治提供有力的人才支持。

通过上述措施的实施，我国将在驴疾病防治方面形成一个综合性、系统性的防控体系。这将有助于降低驴疾病的发生率和死亡率，保障驴产业的健康发展，为我国畜牧业的繁荣做出贡献。同时，也有利于提高我国在国际驴产业领域的地位，为全球驴疾病防治提供中国智慧和方案。

总之，我国对驴疾病防治的重视和投入，彰显出国家对畜牧业发展的关注和支持。通过加强跨学科协作、促进学术交流、提高养殖户防控意识和能力等措施，我国将全面提高驴疾病防治的水平和效率，为驴产业的健康、可持续发展保驾护航。

四、常见传染病防治

（一）破伤风

破伤风又叫强直症，是一种由破伤风梭菌产生的外毒素所引起的一种创伤性、中毒性人畜共患传染病。本病对各种家畜均易感，其中单蹄动物最易感。猪、羊、牛次之，猫仅在极少数情况下发病。各种动物都可能感染，以哺乳动物发病较多。感染途径为各种自然创伤和手术创。因为破伤风梭菌的芽孢广泛存在于施肥土壤和腐臭淤泥中，抵抗力极强，在土壤中可存活几十年。只要动物机体有深狭创，加之未注意卫生消毒或污染创未进行必要的清创就有可能感染破伤风，皮肤表面浅在的伤口不会感染破伤风，在临诊上也有不少病例查不到伤口所在。

1. 发病机理

破伤风的发生除了和细菌毒力强、数量多或缺乏免疫力等情况有关外，局部伤口的缺氧是一个主要的发病因素。破伤风梭菌只要在伤口局部生长繁殖，产生的外毒素则是造成破伤风的原因。外毒素有痉挛毒素和溶血毒素两种：前者是引起症状的主要毒素，对神经有特殊的亲和力，能引起肌痉挛；后者能引起组织局部坏死和心肌损害。破伤风的痉挛毒素由血液循环和淋巴系统，并附在血清球蛋白上到达脊髓前角灰质或脑干的运动神经核，最终到达中枢神经系统的毒素，主要结合在灰质中突触小体膜的神经节甙脂上，使其不能释放抑制性递质（甘氨酸或氨基丁酸），以致 α 运动神经系统失去正常的抑制性，引起特征性的全身横纹肌地紧张性收缩或阵发性痉挛。毒素也能影响交感神经，导致大汗、血压不稳定和心率增速等。

2. 临床症状

其特征是病畜全身肌肉或某些肌群呈现持续性的痉挛和对外界刺激的反射兴奋性增高，出现全身强直性痉挛，这也是驴最为典型的破伤风症状。本病潜伏期一般为 1 ~ 2 周，个别的 40 d 以上。病初咀嚼缓慢，运动稍强拘。随后出现全身骨骼肌强直性痉挛。病驴开口困难，采食和咀嚼障碍，重者牙关紧闭，咽下困难，流涎，两耳竖立，不能摆动，瞬膜外突，鼻孔开张，头颈直伸，背腰强拘，肚腹蜷缩，尾根高举，四肢强直，呈木马状。各关节屈曲困难，运步显著障碍，转弯或后退更显困难，容易跌倒。反射机能亢进，稍有刺激，病畜惊恐不安，大量出汗。病驴意识正常。病程一般 8 ~ 10 d。常因心脏麻痹而窒息。根据临床症状易做出诊断。

此病虽不易大面积爆发，但在我北方广大农村地区也零星散发，主要危害农户的驴马骡等大型单蹄动物，此病易发，给广大的农户造成了一定的经济损失。为了提高养殖效益减少或避免不必要的经济损失在加强本病的防治。

3. 破伤风的防治方法

（1）外伤处理。先对外伤处清洗、消毒、扩大创面，再用适当高锰酸钾粉涂于患处，以一个星期为限，日日如此。

（2）日常护理。将牲畜置于通风遮光处并固定，每天按时胃投稀饲食物。在肌肉僵硬处分点注射硫酸镁适量，如果牙关紧闭，咬肌注射盐酸普鲁卡因。7 ~ 8 d 见好，12 d 可基本痊愈。

（3）中和毒素。药物治疗将 30 万单位破伤风血清分 3 d 肌肉注射，每次 10 万单位。按照 160 万单位 /50 kg 比例配制青霉素钠加生理盐水，进行一次性静脉点滴，上下午各 1 次。并每隔日皮下注射油青霉素 3 000 单位。

（4）解痉镇痛。静脉注射 25% 硫酸镁溶液 100 mL，及 0.25% 普鲁卡因溶液 100 mL，每天一次，直至痉挛缓和。

（5）消灭病原。给病畜肌肉注射青霉素200万单位，连用5 d。对伤口进行了扩创处理除去坏死组织，用2%高锰酸钾溶液、碘酊消毒处理。

（6）加强护理。要求畜主解开笼头将病畜置于光线较暗、通风良好、清洁干燥的畜舍中。使病畜保持安静，避免音响等声音刺激，以减少痉挛发生次数。通过3 d治疗口腔可以张开时，要求畜主对病驴少给勤添饲料，四肢及腰背拘症减轻时，应每天牵遛病驴，以促进病驴早期恢复肌肉机能。

4. 驴破伤风病预防措施

（1）做好卫生消毒灭源工作。

破伤风梭菌广泛分布于自然界，可存在于土壤、人和动物的粪便、腐烂淤泥等处，厌氧条件下在动物体内外均可形成芽孢，芽孢体抵抗力极强，在土壤里可存活几十年。因此，做好圈舍卫生是保障畜牧业健康发展的重要环节，对于提高畜禽生长速度、降低疫病发生率以及提升肉类品质具有至关重要的意义。为此，我们需要采取一系列措施，全方位地对圈舍进行管理与维护。

首先，定期对粪便进行处理至关重要。粪便中含有大量的病原体和有害物质，如果不及时清理，不仅会影响圈舍环境的卫生状况，还可能引发疫病传播，对畜禽健康造成威胁。因此，养殖户应制定合理的清粪计划，确保圈舍内粪便得到及时、彻底的清理。

其次，对食槽、水槽、用具等进行清洁消毒也是必不可少的。这些设备直接关系到畜禽的饮食安全，清理消毒可以有效降低病原体在圈舍内的传播风险，保障畜禽健康成长。此外，还应定期对圈舍及周围环境进行清洁消毒，消除潜在的疫病隐患。

在实际操作过程中，养殖户还需注意以下几点：

①选择合适的清洁剂和消毒剂。在清洁消毒过程中，应根据实际情况选择具有良好消毒效果且对畜禽无害的清洁剂和消毒剂，确保清洁消毒工作的有效性。

②注意清洁消毒的频率。根据圈舍的实际情况，合理调整清洁消毒周期，特别是在疫病高发期，要加大清洁消毒力度，降低疫病传播风险。

③培训养殖人员。加强对养殖人员的培训，提高他们在圈舍卫生管理方面的专业知识和技能，确保清洁消毒工作的规范进行。

④建立完善的监测体系。通过定期对圈舍环境、畜禽健康状况等进行监测，及时发现并解决问题，为畜禽提供一个良好的生长环境。

总之，做好圈舍卫生工作，定期对粪便进行处理，对食槽、水槽、用具、圈舍及周围环境进行清洁消毒，是确保畜牧业健康发展的重要措施。养殖户应高度重视，切实加强圈舍卫生管理，为我国畜牧业的繁荣做出贡献。

（2）加强饲养管理。

①饲喂。在养殖业中，投喂洁净草料是一项至关重要的任务。为了确保动物的健康和

生产效益，养殖户需要遵循一个科学合理的原则：少量多次。这意味着在饲料的投喂过程中，要注意控制每次的投放量，同时保持适当的投喂频率。

首先，要了解为什么要实行少量多次的投喂方式。洁净草料是动物的主要食物来源，适量摄入可以保证它们的生长需求。然而，过量投喂草料可能导致动物消化不良、肥胖等问题，甚至影响到它们的繁殖和生产性能。因此，合理控制草料的摄入量是十分关键的。

那么，如何做到少量多次呢？养殖户需要根据动物的年龄、体重、生产目标以及草料的营养成分来进行调整。一般来说，幼年动物和新出生的动物对草料的需求量较小，投喂频率较高；而成年的生产动物，由于生产需求较大，草料的摄入量也会相应增加，但仍然需要遵循少量多次的原则。

在实际操作中，养殖户可以根据动物的食欲和草料的消耗情况来调整投喂量。此外，还可以借助现代化的养殖设备，如自动喂料系统，来实现少量多次的投喂要求。这类设备可以根据预设的参数，自动控制草料的投放量和频率，既方便了养殖户的管理，也有利于动物的健康生长。

其次，养殖户还需关注动物的食欲状况，避免过量投喂。在使役前，要严禁动物饱食、多食。这是因为饱食会导致动物的消化系统负担过重，从而影响其生产性能和寿命。因此，在使役前，养殖户要严格控制草料的摄入量，确保动物处于轻度饥饿状态，以提高其工作效率和耐力。

总之，投喂洁净草料时，实行少量多次的原则是养殖成功的关键。养殖户要根据动物的生长发育、生产需求和草料的营养成分，合理调整投喂量和频率。同时，严禁动物饱食、多食，以确保其健康和生产效益。

②饮水。给其饮足清洁干净的水，避免饮用被污染的水。

③使役。使役要适度，防止过度劳累。使役后对家畜健康状况进行检查。

④避免外伤。对与皮肤接触的部位进行包裹，减少与皮肤之间的摩擦，防止外伤发生。

（3）紧急接种及预防接种。

伤口是破伤风梭菌侵入的主要途径，一旦在驴皮肤发生外伤，要及时处理伤口，防止破伤风梭菌入侵及生长繁殖。有较深较小的创伤出现时，还需要肌内注射破伤风抗血清，进行紧急免疫。对常发破伤风病的地区应接种破伤风类疫苗。

（二）驴腺疫

肉驴养殖驴腺疫中兽医称槽结、喉骨肿。是由马腺疫链球菌引起的马、驴、骡的一种接触性的急性传染病。驴腺疫在驴场呈季节性发病，在发病季节发病率高达80%以上，断奶至3岁的驴驹易发此病。病原为马腺疫链球菌。病菌随脓肿破溃和病驴喷鼻、咳嗽排出体外，污染空气、草料、水等，经上呼吸道黏膜、扁桃体或消化道感染健康驴。该病潜伏期平均 4 ~ 8 d，有的 1 ~ 2 d。由于驴体抵抗力的强弱和细菌的毒力以及数量的不同，在临床上可出现 2 种病型。

（1）典型型。病初病驴精神沉郁，食欲减少，体温升高到 39 ~ 41 ℃。结膜潮红、黄染，呼吸、脉搏增数，心跳加快。继而发生鼻黏膜炎症，并有大量脓性分泌物。咳嗽，咽部敏感，下咽困难，有时食物和饮水从鼻腔逆流而出。颌下淋巴脓肿破溃，流出大量脓汁，这时体温下降，炎性肿胀亦渐消退，病驴逐渐痊愈。病程为 2 ~ 3 周。

（2）一过型。主要表现为鼻、咽黏膜发炎，有鼻液流出。颌下淋巴结有轻度肿胀，体温轻度升高。如加强饲养，增强体质，则驴常不治而愈。

驴腺疫的防治方法有两种：

①局部治疗。可于肿胀部涂 10% 碘酊，20% 鱼石脂软膏，促使肿胀迅速化脓破溃，如已化脓，肿胀部位变软应立即切开排脓，并用 1% 新洁尔灭液或 1% 高锰酸钾水彻底冲洗，发现肿胀严重压迫气管引起呼吸困难时，除及时切开排脓外，可行气管切开术使呼吸通畅。

②全身疗法。病后有体温升高时，应肌肉注射青霉素 400 万 ~ 500 万单位，链霉素 300 万 ~ 400 万单位，每日 2 次。

（三）驴传染性胸膜肺炎（驴胸疫）

症状本病潜伏期为 10 ~ 60 d，临床表现有 2 种。

（1）典型胸疫。本型较少见，呈现纤维素性肺炎或胸膜炎症状。病初突发高热 40 ℃ 以上，稽留不退，持续 6 ~ 9 d 或更长，然后体温突降或渐降。如发生胸膜炎时，体温反复，病驴精神沉郁、食欲废退、呼吸脉搏增加，结膜潮红水肿，微黄染，皮温不整，全身战栗。四肢乏力，运步强拘，腹前、腹下及四肢下部出现不同程度的水肿，病驴呼吸困难，次数增多，呈腹式呼吸。病初流沙样鼻液，偶见痛咳，听诊肺泡音增强，有湿性啰音。中后期流红黄色或铁锈色鼻液，听诊肺泡音减弱、消失，到后期又可听见湿性啰音及捻发音，经 2 ~ 3 周恢复正常。炎症波及胸膜时，听诊有明显的胸膜摩擦音。病驴口腔干燥，口腔黏膜潮红带黄，有少量灰白色舌苔。肠音减弱，粪球干小，并附有黏液，后期肠音增强，出现腹泻，粪便恶臭，甚至并发肠炎。

（2）非典型胸疫。表现为一过型，本型较常见。病驴突然发热，体温达 39 ~ 41 ℃。全身症状与典型胸疫初期相同，但比较轻微。呼吸道、消化道往往只出现轻微炎症、咳嗽、流少量水样鼻液，肺泡音增强，有的出现啰音。若及时治疗，经 2 ~ 3 d 后可恢复。有的仅表现短时体温升高，而无其他临床症状。非典型的恶性胸疫，多因发现太晚、治疗不当、护理不周所造成。预防平时要加强饲养管理，严守卫生制度，冬、春季要补料，给予充足饮水，提高驴抗病力。厩舍要清洁卫生，通风良好。发现病驴应立即隔离治疗。被污染的厩舍、用具，用 2% ~ 4% 氢氧化钠溶液或 3% 来苏儿溶液消毒，粪便要进行发酵处理。

（四）流行性感冒

马流行性感冒简称马流感，是由正粘病毒科流感病毒属马 A 型流感病毒引起马属动物的一种急性暴发式流行的传染病。

流感病毒对乙醚、氯仿、丙酮等有机溶剂均敏感。常用消毒药容易将其灭活，如甲醛、氧化剂、稀酸、卤素化合物（如漂白粉和碘剂）等都能迅速破坏其传染性。流感病毒对热比较敏感，56 ℃加热 30 min、60 ℃加热 10 min、65 ～ 70 ℃数分钟即丧失活性。病毒对低温抵抗力较强，在有甘油保护的情况下可保持活力 1 年以上。

根据病毒型的不同，表现的症状不完全一样。H7N7 亚型所致的疾病比较温和轻微，H3N8 亚型所致的疾病较重，并易继发细菌感染。

（1）潜伏期为 2 ～ 10 d，经感染 3 ～ 4 d 后发病。发病的驴中常有一些症状轻微呈顿挫型，或更多呈隐性感染。

（2）典型病例。表现发热，体温上升至 39.5 ℃左右，稽留 1 ～ 2 d，或 4 ～ 5 d，然后徐徐降至常温，如有复相体温反应，则是继发感染。

（3）主要症状。最初 2 ～ 3 d 内呈现经常的干咳，干咳逐渐转为湿咳，持续 2 ～ 3 周。亦常发生鼻炎，从流水样变为黏稠的鼻液。H7N7 亚型感染时常发生轻微的喉炎，有继发感染时才呈现喉、咽和喉囊的病症。

所有病驴在发热时都呈现全身症状。病驴呼吸、脉搏频数增加，食欲降低，精神委顿，眼结膜充血水肿，大量流泪。病驴在发热期中常表现肌肉震颤，肩部的肌肉最明显，病驴因肌肉酸痛而不爱活动。

（五）马传染性贫血

马传染性贫血（简称马传贫），是由马传染性贫血病毒引起马属动物的一种慢性传染病，可人畜互传，一旦发生很难消灭，曾给世界马属动物产业造成重大损失，至今仍是全世界重点检疫的对象，被国家列为二类动物疫病加以控制消灭。目前在我国已呈消灭状态。

本病潜伏期长短不一，人工感染病例平均 10 ～ 30 d，长的可达 90 d。根据临诊表现，常将马传贫病驴分为急性、亚急性、慢性和隐性四种病型。

（1）急性型：特征为高温稽留，病程短，死亡率高。病驴体温突然升高至 40 ℃以上，一般稽留 8 ～ 15 d 不等，而后下降至常温，不久又升至 40 ℃以上，稽留不降，直到死亡。病程一般不超过一个月，最短 3 ～ 5 d 死亡。高温期各种症状明显。发热初期，可视黏膜潮红，随病程发展表现苍白，黄染。在舌底面、口腔、鼻腔、阴道黏膜及眼结膜处，常见大小不一的鲜红色至暗红色的出血点（斑）。病驴常出现心搏动亢进，节律不齐，心音混浊、分裂，收缩期杂音。病驴精神沉郁，食欲减退，呈渐进性消瘦，病的中、后期可见尾力减退，后躯无力，摇晃，步样不稳，急转弯困难，有的病马胸、腹下、四肢下端（特别是后肢）或乳房等处出现无热、无痛的浮肿。少数病驴有拉稀现象。红细胞总数减至 500 万或 300 万以下，血红蛋白减少，血沉显著加快，初速 15 min 可达 60 刻度以上。白细胞减少，丙种球蛋白增高，外周血液中出现吞铁细胞。在分类中淋巴细胞及单核细胞增加，中性白细胞减少。

（2）亚急性型：特征为反复发作的间歇热。一般发热 39 ℃以上持续 3 ~ 5 d 退热至常温。经 3 ~ 15 d 的间歇期又复发。有的病驴出现温差倒转现象。病程约 1 ~ 2 个月。

（3）慢性型：特征为不规则发热。一般为微热及中热。病程可达数月及数年。临诊症状及血液变化发热期明显，无热期减轻或消失，但心机能和使役能力降低，长期贫血、黄疸、消瘦。

为预防和消灭驴传贫必须按《中华人民共和国动物防疫法》和农业农村部颁发的《驴传染性贫血病防制试行办法》的规定，采取严格控制、扑灭措施。平时加强饲养管理，提高驴群的抗病能力。搞好驴厩及其周围的环境卫生，消灭蚊、虻，防止蚊、虻等吸血昆虫侵袭驴匹。发现患病驴匹立即上报疫情，严格隔离，扑杀病畜，其尸体、病死驴尸体等一律深埋或焚烧。污染场地、用具等严格消毒，粪便、垫草等应堆积发酵消毒。经检疫健康驴、假定健康驴，紧急接种驴传贫驴白细胞弱毒疫苗。不从疫区购进驴匹，必须购买时，须隔离观察 1 个月以上，经过临床综合诊断和 2 次血液学检查，确认健康者，方准合群。

（六）炭疽病

炭疽病是几乎所有热血动物，包括人类可能感染的一种急性传染病，影响包括皮肤、肠、肾、脑膜、结膜和淋巴组织等各种组织。它由炭疽杆菌引起，这种炭疽杆菌属于能够形成孢子的一种细菌。孢子是能够使微生物在不利环境条件中生存的有抗性的很小粒子。动物炭疽病通常引起突然死亡，在大多数国家法律要求向有关当局报告炭疽病的发生。

炭疽病在世界各地均有发生。在某些国家，一些地区的土壤适合炭疽菌孢子生存，因此不时发生炭疽病。含碱的土壤适合孢子生存。在这些地区，当土壤条件如气温、湿度和养分适宜时，生物体孢子增加。多年来这种地方定期发生炭疽病。

牛、绵羊、山羊、马、驴、猪和狗等家畜以及羚羊、小羚羊、黑斑羚等野生反刍动物感染炭疽病。在非洲一些地区，甚至大象、河马也常死于炭疽病。狮子、猎狗和豺等肉食动物也容易感染。然而，鸟类可抗炭疽病。

炭疽病的发生往往与大雨、洪水和干旱等特别的气候和天气情况有关。在容易发生炭疽病的地区，降雨之后动物吃食嫩草往往导致发生炭疽病，是因为从受感染土壤摄取生物体。在发生严重炭疽病时，苍蝇可能将炭疽病从一个动物传播到另一个动物，但这不是主要的传播方式。主要传播方式是摄取受感染微生物。不叮动物的大苍蝇可能通过在吃食受炭疽杆菌感染的尸体之后留下呕吐液而使植物遭受感染,吃食这种植物的动物会受到感染。野生肉食动物因食用死于炭疽病的受感染动物而感染炭疽病。据报也有一些动物(主要是猪)在食用源于感染炭疽杆菌孢子的尸体的肉类和骨粉饲料之后发生炭疽病。

炭疽病潜伏期为 3 ~ 7 d,时间范围从 1 d ~ 14 d 不等。炭疽病的普遍特点是状况良好的动物在没有健康状况不佳的明显迹象的情况下突然死亡。牛、羊和野生草食动物的急性炭疽病症状是发烧、沮丧、呼吸困难和抽搐。如果不加以处理,动物可能在 2 ~ 3 d 之内死亡。在某些情况下,炭疽病可能是一种轻微的疾病,表现为全身倦怠。猪感染炭疽病的特征是咽喉肿大,可能引起呼吸困难。狗、猫和野生肉食动物的炭疽病症状同猪相同。

在已感染炭疽病的地区,突然死亡的任何动物应怀疑有炭疽病,应在兽医排除死因是炭疽病之后,动物尸体才可以由其他人处理。怀疑死于炭疽病的动物不得进行死后检查。原因是炭疽菌的组织形式与空气接触之后变成抗环境孢子,孢子然后成为易感染寄主再感染工具。通过检查显微镜载片上的血涂片来诊断炭疽病(利用从死亡动物的表皮血管或伤口提取的样品)。可以通过在人工培养液中的微生物生长来检查死亡动物的皮、毛和土壤等的炭疽菌。还有更先进的实验室试验如聚合酶链反应等,用于迅速诊断炭疽病。必须将炭疽病同引起动物突然死亡的其他情况如梭菌感染、植物或化学中毒、蜱热等疾病情况区别开来。

由于炭疽病对于家畜往往是致命的,在易发生炭疽病的地区应采取预防战略,每年对易感染动物(通常是牛、绵羊和山羊)接种疫苗。通常是在危害期开始之前 2 ~ 4 周接种疫苗,当动物显示炭疽病的临床症状时,建议用抗生素治疗(图 9-4)。除免疫治疗之外,可以采用的其他措施:实施检疫法规,迅速处理死亡动物、草垫和受感染材料,控制食腐动物,观察同犯病或死亡动物有接触的人们的一般卫生。使用非胶囊 Sterne 种类疫苗。这种使病毒毒性减弱的活疫苗不会引起临床疾病,但对炭疽病有免疫作用。单独一次疫苗接种的免疫时效一般为 9 个月。每年对易感染动物接种疫苗足以控制限定地区的炭疽病发生。Sterne 疫苗对人类无害。因此,处理疫苗的兽医、技术人员和农民不需要采取具体保护性措施。人类通过接触受感染血液或组织的破损皮肤而出现局部皮肤损害、皮

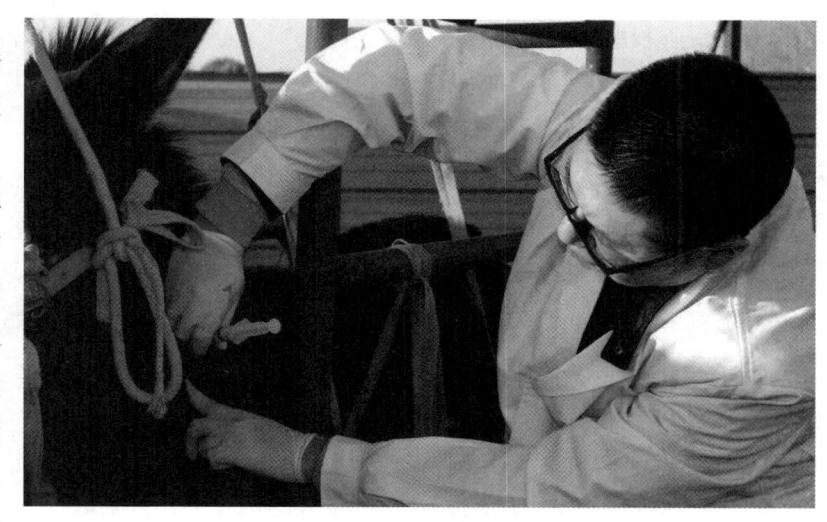

图9-4 注射抗生素

肤炭疽，或者可能通过吸入孢子而感染高死亡率炭疽病毒。人类还可能通过食用未煮熟的受感染肉类而得肠炭疽。

二、常见的寄生虫病的防治

（一）马胃蝇病

马胃蝇蛆病是由于双翅目环裂亚目胃蝇科胃蝇属的各种胃蝇幼虫寄生于马属动物胃肠道内所引起的一种慢性寄生虫病。患畜由于幼虫寄生，使胃的消化、吸收机能破坏，加之幼虫分泌的毒素作用，使宿主高度贫血、消瘦、中毒、使役能力降低，严重感染时可使驴衰竭死亡。此病在我国各地普遍存在，尤其是东北、西北、内蒙古等地草原马感染率高达100%，常给养马业带来很大的损失。马胃蝇幼虫（蛆）除寄生于马、骡、驴等单蹄兽外，偶尔也寄生于兔、犬、猪和人胃内。

马胃蝇幼虫在其整个寄生期间均有致病作用，但病的轻重与驴的体质和幼虫的数量以及虫体寄生部位有关。如果只有少数幼虫寄生在贲门部，驴的体质好，则不出现症状。但是如果有多量幼虫（几百个至上千个）寄生在胃腺部，驴的体质又差时，则出现严重的症状。初期，由于幼虫口前钩损伤齿龈、舌、咽喉黏膜而引起这些部位的水肿、炎症，甚至溃疡。病驴表现咀嚼吞咽困难、咳嗽、流涎、打喷嚏，有时饮水从鼻孔流出。治疗方法如下：

（1）精制敌百虫。成驴 9 ~ 15 g，幼驹 5 ~ 8 g 或 30 ~ 70 mg/kg，配成 10% ~ 20% 水溶液，一次内服，药后 4 h 内禁饮，效果显著。

对口腔内的幼虫，可涂擦 5% 敌百虫豆油（敌百虫加于豆油内加温溶解）。涂 1 ~ 3 次即可。也可用镊子摘除虫体。

（2）二硫化碳。成驴 20 ml，2 岁内幼驹 9 ml，分早、中、晚三次给药，每次 1/3。用胶囊或胃管投服。投药前 2 h 停喂，投药后不必投泻药。但最好停止使役 3 d。本药能驱除全部幼虫。孕驴、胃肠病驴、虚弱驴忌用。

（3）伊维菌素和阿维菌素，按 0.2 mg/kg 的剂量皮下注射。

在本病严重流行地区，在每年秋、冬两季可用兽用精制敌百虫进行预防性驱虫，这样既能保证驴的健康、安全度过冬春，又能消灭未成熟的幼虫，达到消灭病原的目的。精制敌百虫的剂量为 30 ~ 40 mg/kg，一次投服。伊维菌素和阿维菌素按 0.2 mg/kg，皮下注射，也有一定效果。当幼虫尚位于口腔或咽部阶段时，可用 5% 敌百虫豆油（将敌百虫溶于豆油中）喷涂于虫体的寄生部位，也可将虫体杀死。为了杀灭体表的第一期幼虫，可用 1% ~ 2% 敌百虫水溶液，每 6 ~ 10 d 重复一次，但药物对卵内的幼虫效果很差。为了清除马毛上的虫卵，可重复用热醋洗刷，使幼虫提早脱离卵壳，并使卵上的粘胶物质溶解。也可以用点着酒精棉球烧燎被毛上的虫卵。在有条件的情况下，可采取夜间放牧，以防成蝇侵袭产卵。在患马排出成熟幼虫的季节，应随时摘集附着在直肠黏膜上或肛门上的幼虫，予以消灭，撒放家禽啄食随马粪排出的幼虫，或以其他方法消灭之。

（二）疥螨病

本病是由螨侵袭驴皮肤所引起的一种高度接触性、传染性、慢性寄生性皮肤病。该病主要于冬季和秋末春初在厩舍潮湿、驴体卫生不良、毛长而密、皮肤表面较湿等条件下多发，可通过接触病驴或被病驴污染的圈舍、用具等感染。病驴皮肤奇痒，常倚物摩擦或啃咬，患部出现脱毛和结痂现象，病驴烦躁不安，日渐消瘦。

在治疗前应先用 2% 来苏儿水充分洗净患部除去痂皮，然后用 0.5% ~ 1.0% 敌百虫水溶液喷涂或洗刷患部，5 d 1 次，连用 3 次。也可用硫黄 2 份、棉油 5 份，混合涂擦，或敌百虫 1 份加液体石蜡 4 份，加温溶解后涂擦。同时应用杀虫药如 1.5% 敌百虫溶液，杀死圈舍环境及用具上的虫体，方可根治。

保持驴舍清洁干燥，经常刷拭驴体，增强皮肤抵抗力。发现病驴，立即隔离治疗，以免接触传染。

三、常见的消化系统疾病及其防治

（一）急性胃扩张

1. 病因

原发性胃扩张主要是由于采食过量难以消化的和容易膨胀的豆类饲料、易于发酵的幼嫩青草、蔫青草或堆积发热变黄的青草，贪食过多精料及容易发酵产气的腐败饲料，饱食后立即重役或大量饮冷水引起，另外突然变换饲料、过度饥饿、突然食入过量也易引起急性胃扩张。

继发性胃扩张主要是由于小肠不通，以致引起了胃以液体为主要内容物的扩张状态，常继发于小肠阻塞、小肠变位等。

2. 症状

原发性急性胃扩张通常在饱食后 1 ~ 2 h 发病，病初多呈轻微间歇性腹痛，很快发展成剧烈而持续的腹痛。不断卧地滚转，急起急卧，有时足仰朝天，口咬胸膛，前冲后退，个别病畜起立过程中呈犬坐姿势。眼结膜潮红或暗红，腹围变化不大，呼吸急促，鼻翼扇动。胸前、肘后、股内侧、颈侧、眼周围或耳根部等局部出汗，严重的全身出汗。肘部肌肉震颤。舌无苔或薄黄苔，口腔湿润或粘滑，并有酸臭味儿，重症出现黄腻苔。肠音逐渐减弱、消

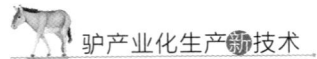

失，病初排少量粪，至后期排粪停止。多数病驴有作呕动作，可看到左侧食道沟有逆蠕动波，个别病驴发生呕吐，低头伸颈，鼻孔张开，腹肌强烈收缩，从口或鼻孔流出酸臭食糜。

治疗：先用胃管将胃气体、液体导出，并用生理盐水反复洗胃，然后内服水合氯醛 15 ~ 25 g，酒精 50 ~ 70 mL，福尔马林 15 mL，加温水 500 mL，一次灌服。也可灌服食醋 0.5 ~ 1.0 kg 或酸菜水 1 ~ 2 kg。还可用液体石蜡 500 ~ 1 000 mL，稀盐酸 15 ~ 20 mL，普鲁卡因粉 3 ~ 4 g，常温水 500 mL，一次灌服。

（二）口炎

通常表现为流口水和口腔黏膜潮红、肿胀或溃疡。

治疗：首先要检查口腔内有无异物，更换柔软饲料，用 1% 盐水，2% ~ 3% 的硼酸，2% ~ 3% 的小苏打或 0.1% 高锰酸钾或 1% 明矾等冲洗口腔。

（三）胃肠炎

饲喂霉败饲料或不清洁的饮水或采食了有毒的植物、气候骤变等引起食欲减退，舌苔重，腹泻，粪便稀呈粥样或水样，腥臭，粪便中混有黏液、血液和脱落的坏死组织，有的有脓液。

治疗：首先要抑菌消炎。灌服 0.1% 的高锰酸钾溶液 2 000 ~ 3 000 mL 或磺胺脒 20 ~ 30 g。其次要止泻。用液体石蜡 500 ~ 1 000 mL，鱼石脂 10 ~ 30 g，酒精 50 mL 内服；还可灌服炒面 0.5 ~ 1.0 kg，浓茶水 1 000 ~ 2 000 mL。再次要补液、强心。静补氯化钾不超过 0.3%，强尔心液 10 ~ 20 mL，皮下注射或静脉注射。

（四）肠阻塞

1. 发病机制

（1）发病原因：由于驴久渴失饮，大量出汗，体液动态失衡；饲喂发霉、单一的草料；暴饮暴食消化道机能紊乱或因天气骤变，冷风突袭，驴应激造成消化机能降低等原因。

（2）肠阻塞点（秘结点）的形成：基于肠阻塞原因，食物在肠道内消化机能降低，肠管运动机能减弱，食物通过肠道运行迟滞缓慢，其中水分被吸收，肠道干燥导致食物干涸，阻塞于肠道某段，发生肠阻塞。发生于小肠阻塞称小肠积食，在大肠阻塞称大肠便秘或大肠结症。驴发生大肠阻塞较多。在肠道积食和便秘过程中，开始肠道可能不完全阻塞，之后逐渐形成完全阻塞。当阻塞点（也称秘结点）形成后，开始加剧对局部肠道的直接刺激作用，反射地引起肠蠕动增加，肠分泌机能相应地加强，这属于一种保护性反应，在一定程度上使秘结点松软，起到向后排送的作用，如果秘结点仍然不能向后部排送，则肠道局部黏膜进一步会充血、肿胀、发炎甚至坏死等病变。

在秘结点前方肠管内，由胃肠运来的食物和水分不能通过，停滞于肠道，腐败发酵，产生气体，这样不仅加重肠管秘结点病理变化，而且由于食物及水分逆流，往往继发肠鼓气、胃扩张及肠变位等病症。

2. 症状

突然发病，病初腹痛不安，表现为后肢踢腹，回头顾腹，后肢交替着地，有的起卧不安，拱腰努责，一般在 2 h 后腹痛减轻或消失。卧地时后肢向后伸直，卧地小心，以右腹部先着地，卧地后不时向一侧倾斜。病驴精神沉郁，口粘膜干燥，舌苔黄厚，舌体皱缩，口腔有臭味，眼结膜发绀。心跳初期正常，中后期心跳加快，心脏听诊出现缩期杂音。呼吸变化不大，脉搏细弱。腹围增大，右侧腹中下部更为明显，外观似怀孕状，肠音消失。病驴食欲废绝，大便停止或有排粪动作，鼻镜干燥，被毛逆立。排粪很快停止，不断努责，往往排出多量的粘液，有的呈胶冻样，带有血液。

3. 治疗

（1）中药。以消食导滞、理气活血、润肠排便为治则。取大黄 30 g，枳实 30 g，厚朴 25 g，二丑 20 g，桃仁 25 g，白芍 25 g，丹皮 25 g，杏仁 25 g，炒神曲 25 g，焦山楂 25 g，川芎 20 g，莱菔子 20 g，鸡内金 20 g。水煎 2 次，混合，分成 2 份，上下午分别胃管灌服，1 剂 /d，排便完全通畅后停用。如果未曾用清胃热药或仍口臭明显者，加焦槟榔、黄芩、薄荷；出现呕吐者，加藿香、佩兰。肠道通畅后，以健脾益气、补血为治则。方药：党参 30 g，白术 30 g，茯苓 25 g，陈皮 20 g，黄芩 25 g，当归 25 g，桃仁 25 g，川芎 25 g，山药 25 g，甘草 20 g。水煎 2 次，混合，分成 2 份，上下午各 1 次灌服，连续服用 3 剂。

（2）西药。补液镇静、强心消炎、胃肠减压。取氨苄西林 8 g、甲硝唑 1.5 g、30% 安乃近注射液 35 mL、毒毛旋花子苷 K 注射液 3 g、复方氯化钠注射液 1 500 mL、5% 葡萄糖注射液 2 500 mL、5% 碳酸氢钠注射液 1 000 mL。静脉滴注，1 次 /d。肠道完全通畅和开始采食后停用。胃肠减压采取插胃管方法。插留胃管时，须将留在口外的管段用胶布固定在口角处（侧），肠道通畅后取出胃管。

（3）疗效。治疗 2 d 后，病驴的粪便完全通畅，第 3 天开始停止用消食导滞理气和血润肠排便的中药并停止输液，同时取出胃管。第 3 天起，开始服用健脾益气补血方药，连用 3 d，可完全恢复正常。

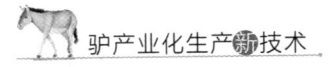

（五）蹄叉腐烂

因驴舍不洁、地面潮湿、运动不足、削蹄不当引起蹄叉腐烂。

治疗：彻底削除腐烂的角质及污物，用 3% 来苏尔或 1% 高锰酸钾溶液清洗后，在蹄叉处涂 5% 碘酊，再灌入热松馏油，绷带包扎或棉球塞紧。

三、常见的不孕症的防治

随着阿胶价值的提高，驴肉销量的增加，肉驴生产数量正在不断地上升。所以肉驴的繁育也尤为重要。肉驴生产中母驴的不孕症屡见不鲜，母驴不孕症往往是多种原因引起的。比如：卵巢炎、输卵管炎、结核、子宫肌瘤、内分泌异常、布病和马媾疫等都能引起母驴的不育不孕。

（一）母驴不孕症

母驴常因繁殖障碍造成不孕，不孕症占空怀母驴的 40% 以上，给母驴的繁殖工作造成很大的影响。流产也是影响母驴繁殖的另一个因素，约占 5% 以上。对繁殖疾病应给予积极的治疗和预防。流产除疾病因素外，主要是饲养管理不当造成的，应当通过正确的饲养管理来解决。春夏季节是各种家畜的配种旺季，但有的母畜配后不孕，甚至屡配不孕，其中获得性不孕可分为四类：

（1）症状性不孕。这是最多见的一种，如：慢性子宫内膜炎；卵巢机能不全及萎缩；卵巢囊肿；持久黄体；阴道炎；胎儿分解性流产等。另外，某些内科、外科疾病也可引起不孕。

（2）营养性不孕。过于肥胖，过于消瘦，饲料品质不佳，某些矿物质和维生素缺乏。

（3）利用性不孕。使役过度，出乳过多等。

（4）气候性不孕。母畜长期舍饲，日照不足。先天性不孕种间杂交；两性畸形（在一个畜体上有雌、雄生殖器官）；变态雌性（从外表上看是雌性，但有完整的雄性生殖器官）；先天性生殖道反常（单子宫或没有子宫腔、无卵巢、子宫颈封闭不通、没有子宫颈、双子宫颈、有两个子宫颈外口、阴道瓣发育过度等）。

衰老性不孕。家畜到了老龄时期就不孕了，母驴一般 17 岁 ~ 25 岁；母牛 15 岁 ~ 20 岁；母羊 6 岁 ~ 9 岁；猪 6 岁 ~ 8 岁。个别的家畜早期停止生育，就可能是病态。人为的不孕发生在母畜发情后配种不适时（过早或过晚）。配种前不搞排卵检查，不进行鉴定；种公畜一天爬跨多次后再给母畜配种，都可导致不孕。

（二）子宫内膜炎

子宫黏膜的炎症，可见于各种家畜，是母畜不育的主要原因之一。

主要病因是分娩时或产后，发生微生物感染，尤其是难产助产、胎衣不下等情况更易发生，也可继发于沙门氏杆菌病、媾疫、支原体等疾病。症状：在产后，病畜时常拱背、努责，从阴门内排出少量黏性或脓性分泌物，严重者，分泌物呈污红色、恶臭，卧下时排出增多，体温升高，精神沉郁。若治疗不当，可转变为慢性子宫内膜炎，出现不发情或虽发情但屡配不孕。直检子宫角稍变粗，子宫壁增厚，弹性弱。阴道检查，有少量絮状或浑浊黏液。有的发生子宫积水。临床上治疗子宫内膜炎的方法主要包括：

（1）物理性治疗。即使用催产剂和子宫灌洗的方法。

（2）免疫学方法。主要指疫苗、抗炎药物、干细胞、富血小板血浆和免疫调节剂的使用。

（3）抗生素治疗。即使用抗生素进行全身或局部治疗。

（4）抗生素替代疗法。指使用 DMSO、N- 乙酰半胱氨酸、过氧化氢和 Tris-EDTA 等具有抑菌或杀菌效果的化学试剂代替抗生素进行治疗。

主要的治疗措施如下：

（1）抗生素疗法。全身应用青霉素等抗生素，连续应用至痊愈。

（2）子宫冲洗。用一胶管插至子宫腔的前下部，管外端接漏斗，倒入 0.02% 新洁尔灭溶液 500 mL，待漏斗内液体快流完时，迅速把漏斗放低，借虹吸作用使子宫腔内的液体排出，反复 2～3 次。洗净后放尽冲洗液，子宫腔内放置少许抗生素。整个操作过程要保持不被污染，器具要消毒，隔日一次，连做 2～3 次。

（三）卵巢功能减退

本病包括卵巢发育异常、无卵泡发育和卵巢萎缩 3 种。常见的原因是饲养管理和使役不当。某些疾病也能并发此病，比如营养不良、生殖器官发育受到影响、卵巢功能自然减退、卵巢脂肪浸润、卵泡上皮脂肪变性、卵巢功能减退甚至萎缩、腐败油脂中毒、生殖功能遭受不良影响。饲料中缺乏维生素 A 和 B 族维生素，以及缺乏磷、碘、锰时，也对生殖功能影响较大。当母驴使役过度，可导致生殖器官供血不足，引起卵巢功能减退。母驴长期饲养在潮湿或寒冷厩舍内，缺乏运动，早春天气变化无常，外来母驴不适应当地气候等，都可以发生母驴卵巢功能降低、发情推迟、发情不正常或长期不发情。在配种季节里，气温突变，会使母驴卵泡发育受到影响，可能发生卵泡发育停滞及卵泡囊肿。生殖器官及全身疾病，均可引起卵巢功能减退及萎缩。

1. 卵巢功能减退的类型

（1）卵泡萎缩。发情症候微弱或无。直检可能触到卵巢有中等卵泡，闭锁不排卵。数日后检查卵泡缩小或消失，不形成黄体。

（2）排卵延迟。母驴发情延长，虽有成熟卵泡，但数日不排卵，最后可能排卵和形成黄体。

（3）无卵泡发育。母驴产后饲养管理失宜，膘情太差，而出现长期不发情。直检可发现卵巢大小正常，但无卵泡和黄体。

（4）卵巢萎缩。母驴长期不发情。卵巢缩小并稍硬，无卵泡及黄体。

2. 选择适当疗法

（1）改善饲养管理。是本病治疗的根本。

（2）生物刺激法。将施行过精管结扎术或阴茎扭转术的公驴，放入驴群，刺激母驴的性反射，促进卵巢功能恢复正常。

（3）隔乳催情法。对产生不发情的母驴，半天隔离，半天与驴驹一起，隔乳1周左右，卵巢中就能有卵泡开始发育。

（4）物理疗法。一为子宫热浴法，可用1%盐水或1%～2%碳酸氢钠液2 000～3 000 mL，加热至42～45℃，冲洗子宫，每日或隔日1次。同时，配合以按摩卵巢法有较好效果，6次以内即可见效。二为卵巢按摩法，隔直肠先从卵巢游离端开始，逐渐至卵巢系膜，如此反复按摩3～5 min，连续数日，隔日1次，3～5次收效较好。

（5）激素疗法。一为促黄体素又称黄体生成素，肌内注射200～400单位，促进排卵。二为采孕驴血清1 000～2 000单位，肌内注射，隔日1次，连续3次。三为垂体前叶激素，驴每日1次，肌内注射1 000～3 000单位，连续注射1～3次。四为促黄体释放激素类似物，每日肌内注射50～60 mg，可连续用2～3次。还可用电针、中草药疗法等。

参考文献

[1] 赵君.驴病的特点与诊断[J].农村实用技术,2008(10):55.

[2] 朱宏,王敬.马骡驴破伤风简易治疗法[J].北京农业,2008(16):34-35.

[3] 武晓东,冯万宇,周庆民.一例驴破伤风病的诊治[J].养殖技术顾问,2013,(04):154-155.

[4] 罗生金,罗晶晶.驴破伤风病的防治[J].新疆畜牧业,2019,34(02):45-46.

[5] 李姗姗,付帅.一例驴破伤风病的诊断与防治措施[J].中国畜牧业,2021(12):72.

[6] 王宁,王涛,郭奎,等.规模化驴场驴腺疫病原菌的分离鉴定及其对小鼠感染力的研究[J].黑

龙江畜牧兽医,2020(22):67-70,76,166.

[7] 靳善宁，马杰，董小强. 一起驴疥螨病的治疗体会[J] 中国动物保健，2012,14(9)：53-54.

[8] 赵红利.肉驴常见病的诊断与防治[J].农村新技术,2017(04):34.

[9] 曹军. 驴急性胃扩张的诊治[J]. 农民致富之友,2019(17):79.

[10] 张帆,冯海洋.驴肠阻塞病的诊治报告[J].中国畜牧兽医文摘,2018,34(01):236.

[11] 刘秋霞,张亚东.驴肠阻塞的诊治[J].中国畜禽种业,2014,10(01):73-74.

[12] 李志刚.肠阻塞的中西结合诊治[J].中兽医医药杂志,2019,38(06):95-96.

[13] 李建.母驴常见的几种不孕症及诊治[J] 中国畜禽业,2010,6(10):111.

[14] Ha L M ,M P M ,CHRISTINE A. Equine endometritis: A review of challenges and new approaches[J]. Reproduction (Cambridge, England), 2020, 160(5): 95-110.

第十章 驴产品开发

驴肉营养丰富，每 100 g 驴肉含蛋白质 18.6 g、脂肪 0.7 g、钙 10 mg、磷 144 mg、铁 13.6 mg，属典型的高蛋白、低脂肪肉类食品；各微量元素含量丰富，与牛、羊、猪肉相比较高。驴肉中氨基酸构成十分全面，8 种人体必需氨基酸和 10 种非必需氨基酸的含量都很丰富。驴肉中色氨酸的含量为 300 ~ 314 mg/100 g，鲜味氨基酸（天门冬氨酸和谷氨酸）含量为 27.33%，远大于猪肉和牛肉，赖氨酸和蛋氨酸与猪肉、牛肉相近。驴肉中的高级脂肪酸大多数为不饱和脂肪酸，约占高级脂肪酸总量的 77.2%，大大高于牛、猪肉中的含量。驴肉肌纤维较细，驴肉中眼肌的肌纤维直径为 33.34 μm，肌纤维数量为 600.23 条 /mm^3，较猪、牛的眼肌肉细。其瘦肉率高、味鲜美，加工成系列产品，风味独特，深受越来越多人喜爱。此外，驴的心、肝、脾、肺、肾、肠等也可加工成各种可口的食品。驴奶的营养价值也很高，驴奶营养成分比例几乎占人奶所含成分的 99%，硒的含量为牛奶的 520%，维生素 C 含量是牛奶的 475%，胆固醇含量低，仅为牛乳的 15%。孙思邈在《千金食治》中称：驴乳味甘、寒，能治疗消渴、黄疸、风热赤眼、小儿惊痫、蜘蛛咬伤、急性心绞痛等疾病。现代研究证明，驴奶中不饱和脂肪酸尤其是亚油酸含量高，常饮驴奶可降低血脂。驴皮质柔厚实，除可加工皮革外，其还是传统中药阿胶的主要原料，而阿胶具有滋阴养血，滋阴润燥，止血安胎等功效。驴肉营养价值高于牛肉、猪肉，肌纤维细，嫩度适中，肉味浓郁香鲜，有补血益气之功效。目前我国居民对肉的消费量，猪肉约占 80%，卢良恕认为，肉食结构调整目标为猪肉：（牛、羊、驴肉和兔肉）：禽肉为 1：1：1，养驴市场需求很大。此外，驴奶、驴皮也有很高的营养价值和药用价值，前景十分广阔。

一、驴脂

异名驴膏（张文仲），为马科动物驴的脂肪。主治咳嗽、疟疾、耳聋、疮疥。治卒咳，亦疗上气：温清酒一升，驴膏一升，上服之。

孟诜："生脂和生椒熟捣绵裹塞耳中，治积年耳聋。狂癫不能语，不识人者，和酒服三升。和乌梅为丸，治多年疟疾，未发时服三十丸。"

《日华子本草》："敷恶疮、疥及风肿。"

《纲目》："和酒等分服，治卒咳；和盐涂身体手足风肿。"

《圣惠方》："治耳聋，乌驴脂一分，鲫鱼胆一枚，生油半两。上件药，相和令匀，纳葳葱管中，七日后倾出，每用少许，滴于耳中。"

《千金方》治目中息肉："驴脂、石盐末。上二味和合，令调注目两眦头，日三夜一。"

二、驴阴茎

异名驴鞭（《本草新编》）、驴三件（《河北药材》）、驴肾（《山西中药志》），为马科动物驴的雄性外生殖器。性味甘咸、温，具益肾壮阳之功。主治阳痿、筋骨酸软、骨结核、骨髓炎、气血虚亏、妇女乳汁不足。

《纲目》："强阴壮筋。"

《四川中药志》："滋肾壮阳。治阳痿不举，筋骨酸软及肾囊现冷。"

《吉林中草药》："强筋、壮骨，滋阴补虚。治骨结核、骨髓炎、血虚气弱、妇女乳汁不足。"治骨结核或骨髓炎：驴肾一副，白水煮烂，匀一次吃。

内服：煎汤，3～4钱；或入丸剂。

治肾虚体弱：驴肾一副，白水煮烂，匀二次吃。

治妇女乳汁不足：生黄芪一两，王不留行五钱。水六斤煎至四斤，去药。用此汤煮驴肾，熟烂后，吃驴肾，饮汤。

五香钱儿肉原料：驴鞭一具，八角、茴香、附子、花椒、桂皮、草果、山萘、白芷、酱油、料酒、盐适量。制作：驴鞭切10 cm长，泡软洗净外筋和中尿道（不可从中破开），下开水焯两遍。酱油、料酒及盐和其他调味品下锅，加水与驴鞭共煮，勤翻，不可煮化，软筋透明捞出待凉，切薄片即可。中空有眼似铜钱。功用：补肾壮阳，益精强筋。

三、驴肉

为马科动物驴的肉。性味甘酸、平，具补血、益气之功，主治劳损、风眩、心烦。

《千金·食治》："主风狂，愁忧不乐，能安心气。"

《日华子本草》："解心烦，止风狂，酿酒治一切风。"

《饮膳正要》："野驴，食之能治风眩。"

《纲目》："补血益气，治远年劳损；煮汁空心饮，疗痔引虫。"

《饮膳正要》："驴肉汤，治风狂，忧愁不乐，安心气：乌驴肉不以多少，切，于豆豉中煮烂熟，入五味，空心服之。"

四、驴乳

驴乳是我国传统的药食同源食品，为马科动物驴的乳汁。唐代孙思邈在《千金食治》中记载："驴乳：味甘、性寒、主治肺咳、消渴、黄疸、小儿惊痫、妇经痛、急性心绞痛、风热赤眼，具滋阴活血功效"。明代李时珍在《本草纲目》中记载："驴乳味甘、冷利、无毒、主治小儿热急黄等，多服便利、疗大热、止消渴、小儿热、急惊邪赤利，小儿痫疾，频热炊之，治气邪、解小儿热毒、不生痘疹"。在近几十年中，随着全球对于自然乳源需求的不断增长，以及对驴乳成分的深入了解与挖掘，驴乳引起了国内外研究人员的广泛关注。含水分 90.12%、酪蛋白 0.79%、清蛋白 1.06%、脂肪 1.37%、乳糖 6 ~ 19%，灰分 0.47%。性味甘、寒。治消渴、黄疸、小儿惊痫、风热赤眼。

《千金·食治》："主大热，黄疸，止渴。"

《唐本草》："主小儿热惊，急黄等，多服使利热毒。"

《本草拾遗》："主蜘蛛咬，以物盛浸之。"

《蜀本草》："疗消渴。"

《日华子本草》："治小儿痫，客忤，天吊，风疾。"

《纲目》："频热饮之，治气郁，解小儿热毒，不生痘疹；漫黄连取汁，点风热赤眼。"

内服：热饮。

《广利方》："治心热风痫：黑驴乳食上暖服三大合，日再服。"

《食疗本草》："治卒心痛绞结连腰脐者：驴乳三升，热服之。"

五、驴血

为马科动物驴的血。性味咸、凉，无毒。利大小肠，润燥结，下热气。

《本草纲目》："利大小肠，润燥结，下热气。"

内服：热血煮后服。

《本草纲目》："热血，以麻油一盏，和搅去沫，煮熟即成白色。此亦可异，昔无言及者。"

六、驴骨

为马科动物驴的骨骼。浴历节风，多年消渴。

《本草纲目》："煮汤，浴历节风（孟诜）。牝驴骨煮汁服，治多年消渴，极效（时珍）。"

内服：煮汤服。

七、驴骨髓

为马科动物驴的骨髓。性味甘、温，无毒。治耳聋。

外用：滴入耳中。

《本草纲目》："多年耳聋：重者用三两度，初起者一上便效。用驴前脚胫骨打破，向日中沥出髓，以瓷盒盛收。每用绵点少许入耳内，侧卧候药行。其髓不可多用，以白色者为上，黄色者不堪。"

《并晋济方》："驴髓以针砂一合，水二合，浸十日。取清水少许，和髓搅匀，滴少许入耳中。外以方新砖半个烧赤，泼醋，铺磁石末一两在砖上，枕之至晚。如此三度，即通。"

八、驴皮

阿胶，为驴皮去毛煎熬制成的黑色胶块。杀驴时剥取其皮，去其残肉、筋膜、脂肪层，置通风处晾晒干燥，即得驴皮。再经过一系列复杂的制作工艺，方得阿胶。

《本草纲目》："煎胶食之，治切风毒，骨节痛，呻吟不止。和酒服更良。其生皮，覆疟疾人良。孟诜：煎胶食，主鼻洪吐血，肠风血痢，崩中带下。"

内服：煮食。或外用：烧灰涂之。

《本草纲目》："中风蜗僻：骨疼烦躁者。用乌驴皮燖毛，如常治净蒸熟，入豉汁中，和五味煮食（心镜）。牛皮风癣：生驴皮一块，以朴硝腌过，烧灰，油调搽之。名一扫光（李楼奇方）。" 阿胶是中国的"国药瑰宝"。它与人参、鹿茸一起，并称"中药三宝"，在《本草纲目》里医神李时珍称阿胶为"圣药"。如今，阿胶临床上多用于治疗妇女胎、经、产病和一些内科疾病服之能滋阴补肾，安神定魄，强筋健骨，延年益寿，有病能治病，无病可强身。在国内外都深受欢迎。

《中华人民共和国药典》载：阿胶为驴皮经煎煮、浓缩制成的固体胶。阿胶的原料是驴皮，但原料的应用却有其历史的演变过程。

熬制阿胶的原料历代有所不同。唐代以前，阿胶的原料以牛皮为主；唐宋时代，牛皮、驴皮均可作为熬制阿胶的主要原料；明代后，阿胶制作原料由乌驴皮所替代；新中国成立后，阿胶的原料被驴皮所独享。

驴皮的质量标准收载于《山东省中药材标准》（2002年版），标准规定了驴皮性状、检查（杂质）、炮制、性味、功能与主治、贮藏等。

九、驴毛

为马科动物驴的毛。治风病。

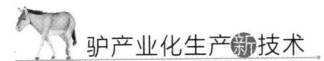

《本草纲目》："头中一切风病，用一斤炒黄，投一斗酒中。渍三日。空心细饮令醉，暖卧取汗。明日更饮如前。忌陈仓米、麦面（孟诜）。"

内服：煎汁，或炒末乳调。

《本草纲目》："小儿客忤：煎驴膊上旋毛一弹子大，以乳汁煎饮（外台）。"

《千金》："襁褓中风：取驴背前交脊中毛一拇指大，入麝香豆许，以乳汁和，铜器中慢炒为末。乳汁和，灌之。"

十、悬蹄

为马科动物驴的蹄子。治痈疽。

《本草纲目》："烧灰，傅痈疽，散脓水。和油，傅小儿解颅，以瘥为度（时珍）。"

外用：为末傅（涂）之；内服：煮汁，或为丸。

《本草纲目》："肾风下注，生疮：用驴蹄二十片（烧灰），密陀僧、轻粉各一钱，麝香半钱，为末，傅之（奇效方）。天柱毒疮，生脊大椎上，大如钱，赤色，出水：驴蹄二片，胡粉（熬）一分，麝香少许，为末，醋和涂之，干则掺之（圣慧）。饮酒穿肠，饮酒过度，欲至穿肠者：用驴蹄硬处削下，水煮浓汁，冷饮之。襄州散将乐小蛮，得此方有效（经验方）。"

鬼疟不止："用白驴蹄（判炒）、砒霜各二分，大黄四分，篡豆三分，雄黄一分，朱砂半分，研，蜜丸梧子大。未发平旦冷水服二丸。即止。七日忌油（肘后）。"

十一、驴溺

为马科动物驴的尿。性味辛、寒，有小毒。治症癖，反胃不止，牙痛。

《本草纲目》："瘤癖，反胃不止，牙齿痛。治水肿，每服五合良。画体成字者为燥水，用牝驴尿；不成字者为湿水，用驳驴尿。唐本：浸蜘蛛咬疮，良。藏器：治反胃噎病，狂犬咬伤，癣疬恶疮，并多饮取瘥。风虫牙痛，频含漱之，良（时珍）。"

外用：热渍、外洗、和药滴用。

《本草纲目》："狐尿刺疮：乌驴尿顿热渍之（千金）。白癜风：驴尿、姜汁等分，和匀频洗（圣慧方）。耳聋：人中白一分，干地龙一条，为末，以乌驴驹尿一合和匀，瓷器盛之。每滴少许入耳，立瘥（圣慧）。"

另据载，驴屎、驴耳垢、驴尾轴垢、驴槽、驴胞衣等均可药用，但现在临床应用较少，故不赘述。

由此可见，驴的全身都是宝。自古以来，驴产品就一直是防病治病、滋补美容、延年益寿的医疗保健佳品。

第一节 驴的屠宰和驴肉的营养价值

一、驴的屠宰

驴的屠宰可以参照中国畜牧业协会 2021 年发表的《驴屠宰技术规范》。

屠宰率是衡量驴产肉量的最主要指标。屠宰率越高，肉的品质也越好。此外，为了评定产肉率，胴体骨骼、肌肉、脂肪之间的比例也很重要。一定量的脂肪不仅能保证肉有很好的风味，而且也可以防止贮存、运输、烹调加工时过分干燥。评定肉品时，胴体截面的对比也有一定意义。

不同体躯部位的相对发育有着重要意义。肉质最好、肌肉最为粗厚的是体躯后 1/3。驴的后躯发育虽不好，但经肥育的晋南驴，还可占到净肉的 43%。如若对驴的后躯形态继续进行系统选育，该部位的比例还会提高。

屠宰率是评定家畜肉质量最方便的指标。测定驴的屠宰率时，驴应空腹 24 h 以后屠宰（饮水照常）。驴的屠宰率为不计内脏脂肪重量的新鲜胴体重与宰前活重的百分比。胴体重，即屠宰的驴除去头、四肢（从前膝关节和飞节截去）、皮、尾、血和全部内脏，而保留肾和其周围脂肪的重量。

净肉率为除去骨和结缔组织的胴体重与宰前活重的百分比。驴的屠宰率与净肉率的计算公式如下。

驴的屠宰率（%）= 新鲜胴体重 / 宰前活重 ×100%

驴的净肉率（%）= 净肉重 / 宰前活重 ×100%

驴的屠宰率的高低，品种并非是决定的因素。关键在于：

（1）膘度。膘度好的屠宰率高。

（2）肥育方法。晋南驴以优质草料肥育 70 d，屠宰率高达 51.5%。

（3）季节。晋南驴秋季肥育比关中驴冬季肥育的效果要好。同是凉州驴，秋季肥育屠宰率达 48.2%，而冬季肥育，屠宰率仅为 36.38%~37.59%。

（4）年龄。老残驴肥育效果比青壮龄肥育驴效果要差。

（5）生产方式。放牧驴的消化器官重量比舍饲驴重，因而前者比后者的屠宰率要低。但是在幼驹阶段，因消化器官还未完全发育，屠宰率的差异表现就不够明显。

二、驴肉的保存

在购买驴肉时一定要好好检查驴肉的质量尽量买新鲜的驴肉，新鲜的驴肉应该是红褐色的，脂肪的颜色是淡黄有光泽，而且新鲜驴肉的肌肉组织，应该是结实而有弹性的，肌肉的纤维较细有弹性。新鲜的驴肉不易长期保存，最好在 48 h 内食完，如果需要长时间的保存，生驴肉可把驴肉切成小块，用保鲜膜包裹好，放冰箱的冷冻室内冷冻保存。当然驴肉也可以及时做成熟食，晾干真空包装也可以长期保存。

为了解不同预冷方式对驴肉品质变化的影响机理，通过比较常规冷却、延迟冷却及快速冷却对驴肉冷却损失、丙二醛含量、乳酸脱氢酶活性、肌原纤维小片化指数等指标的影响，发现延迟冷却处理与快速冷却及常规冷却相比，能够减少冷却损失，并有利于驴原料肉嫩度的改良。

有研究表明研究驴肉在 0 ~ 4 ℃低温成熟过程中肌纤维微观结构的变化，以驴后腿肉为原料，依钙蛋白酶的活性、肌肉组织形态以及 SDS-PAGE 凝胶电泳为指标，对驴肉进行检测。结果发现，在宰后初期，钙蛋白酶活性显著降低，在 72 h 时后下降速度逐渐减慢；在驴肉的成熟过程中，全肌蛋白 SDS-PAGE 凝胶电泳图谱中 180 ku 的条带消失，出现了 30 ku 蛋白条带，说明蛋白在成熟过程中出现了降解；通过在光镜下观察，肌肉的组织结构发生了明显的变化，由刚屠宰后的排列有序、结构致密，逐渐变得松散，在肌纤维的横截面上出现了裂痕和漏洞。因此表明，驴肉在低温成熟过程中肌纤维微观结构发生了变化。

宰后 24 ~ 36 h，将驴的胴体分割成两半，再劈成 1/4，在 -20 ℃温度下，冷冻 3 昼夜，然后放入冰冻室，这样的驴肉可保藏半年左右。一般宰后的驴肉都有一个后熟的过程，时间长短不一，这与驴的年龄、性别有关。一般驴肉在 4 ℃条件下 5 d 即成熟。需经过冷却—僵直—解僵—成熟的变化。宰后 6 h 的新鲜驴肉 pH 值为 6.3 ~ 6.6，三磷酸腺苷含量很高，这种驴肉仅可加工成香肠、灌肠，其产品的结合力和组织状况好。宰后 96 ~ 120 h，处于冷冻极限的驴肉处在僵直状态，系水力很低，不宜加工成高质量的肉制品。宰后 120 ~ 168 h，处于冷冻状态的驴肉，正在解除僵直，吸水力令人满意，完全适宜加工成食品。宰后 7 ~ 14 d 的驴肉，开始充分成熟，是加工成许多肉制品的良好原料。

此外，生物保鲜剂具有防腐保鲜的作用，有研究指出，复合生物保鲜剂能够有效抑制冷却驴肉中微生物生长，稳定产品品质并使货架期达到 18 d 以上，同时增强冷却驴肉保鲜效果，为其在运输和保存期间保持良好品质提供理论支持。还有研究发现，经响应面法优化的复合生物保鲜剂具有良好的抑菌、抗氧化、改善品质作用，能够有效延长冷藏驴肉货架期 2 d 以上。

三、驴肉的营养价值

肉类的营养价值普遍比较高，而驴肉中的营养成分主要是由氨基酸构成，其蕴含有 8 种人体必需氨酸和 10 种非必需氨基酸，而且含量还很高。那么驴肉的营养价值，具体表现在哪里呢？采用氨基酸自动分析仪测定驴肉的氨基酸组成，比较分析了驴肉与其他畜禽肉蛋白质的营养价值与氨基酸组成特点。结果表明，驴肉蛋白质含量高，必需氨基酸丰富，其氨基酸总量为驴肉总量的 23.5%，其中赖氨酸为 9.0%，必需氨基酸占总氨基酸的比例高达 39.4%。驴肉蛋白质的营养价值和必需氨基酸，尤其赖氨酸明显高于羊肉、猪肉、牛肉和鸡肉，能为人类提供丰富的优质动物性蛋白资源。

（1）驴肉具有"两高两低"的特点：高蛋白（22.8 g/100 g）、低脂肪（2.02 g/100 g）；高必需氨基酸含量（52.2%），低胆固醇（68.7 mg/100 g）等特点。驴肉中的高级不饱和脂肪酸，尤其是亚油酸、亚麻酸，对动脉硬化、冠心病、高血压有着良好的保健作用。

（2）驴肉还含有动物胶，骨胶原和钙等成分，能为老人、儿童、体弱者和病后调养的人提供良好的营养补充。

（3）驴肉中镁和钙含量较高，两者共同作用可用来放松肌肉和神经，从而使身心放松，避免紧张不安、焦躁易怒，帮助入睡。

（4）中医认为，驴肉性味甘凉，有补气养血、滋阴壮阳、安神去烦功效，治远年劳损。煮汁空心饮，疗痔引虫。另外，驴肉还有补血益气作用，宜肤色没有光华，失去红润、手脚冰冷的人群食用。

四、驴肉制品的加工

驴产品加工是驴养殖业的重要组成部分，也是提高驴产品的附加值和市场竞争力的关键因素。驴产品加工主要包括驴肉、驴皮、驴奶、驴骨、驴鞭、驴血、驴胎等产品的加工，如屠宰、分割、冷藏、冷冻、干制、腌制、熟制、罐头、酱制、酱油、酱醋、酱汁、酱菜、酱肉、酱皮、酱骨、酱鞭、酱血、酱胎等。2023 年，我国将加强驴产品加工的技术创新和产品创新，通过以下几个方面提高驴产品加工水平：

（1）技术创新在驴产品加工业中的应用是我国近年来致力于推动的重要领域。为了提升驴产品的加工效率和质量，我国不仅要加强驴产品加工技术的研发，还要大力推广先进的加工设备和工艺。

首先，我们要采用先进的加工设备。通过引入高效的加工设备，可以大幅度提高驴产品的生产效率，缩短生产周期，降低生产成本。此外，先进的设备还能够确保驴产品在加工过程中的质量和口感，使得产品更具市场竞争力。

其次，我们要积极探索新的加工工艺。在驴产品加工过程中，采用真空包装、速冻、微波、辐射、超声波、超高压等先进技术，可以有效提高驴产品的保鲜、卫生、安全、营养等水平。这些技术的应用不仅可以延长驴产品的保质期，降低产品损耗，还能确保消费者在食用驴产品时享受到美味、健康的食品。

再次，我们要重视驴产品加工技术的创新与研发。通过不断研究新技术、新工艺，我们可以进一步提高驴产品的加工水平，满足市场和消费者日益增长的需求。此外，技术创新还能够带动产业升级，促进产业转型，为我国驴产品加工业的可持续发展奠定坚实基础。

最后，我们要加大驴产品加工技术的推广力度。通过政策扶持、技术培训、示范带动等多种途径，让更多的企业和养殖户掌握先进的驴产品加工技术，提高整个行业的技术水平。这有助于提升我国驴产品在国际市场的竞争力，推动驴产业的发展，助力乡村振兴。

总之，加强驴产品加工技术研发和推广，采用先进的加工设备和工艺，是提高驴产品保鲜、卫生、安全、营养等水平的关键。我们要紧紧围绕这一目标，加大投入，加强科技创新，推动驴产品加工业高质量发展，为我国驴产业繁荣和乡村振兴战略实施贡献力量。

（2）产品创新是我国驴产业发展的重要策略。为了满足市场需求和提升产业竞争力，我国应致力于加强驴产品的品种开发和市场拓展。在这一过程中，不仅要充分挖掘驴产品的营养价值和独特口感，还要关注消费者多元化的需求，以期在驴产品市场中占据一席之地。

为了实现这一目标，我国相关部门和企业应展开密切合作，积极开展以下几方面的工作：

首先，加大科研力度，研发新型驴产品。通过引进先进的科学技术和设备，提高驴产品的生产效率和品质。同时，鼓励科研机构、高校和企业联合攻关，开发出更多具有高附加值和创新性的驴产品，满足不同消费者的需求。

其次，丰富驴产品线，覆盖各类消费群体。在保持传统驴肉、驴皮等产品的基础上，创新推出休闲、保健、餐饮等系列驴产品。不仅可以满足消费者多样化的口味需求，还能满足人们追求健康生活的消费趋势。

再次，加强市场推广，提升驴产品知名度。通过举办各类宣传活动，充分利用互联网、社交媒体等渠道，加大驴产品的品牌宣传和市场推广力度。此外，还可以组织企业参加国内外农产品展览会和交流会，拓宽市场渠道，提升驴产品在国内外市场的竞争力。

最后，建立健全驴产品销售网络，提高物流配送效率。优化驴产品销售渠道，发展线上、线下相结合的销售模式，提高消费者购买便利性。同时，加强冷链物流建设，确保驴产品新鲜、快速地送达消费者手中。

总之，我国驴产业将通过产品创新，不断丰富驴产品市场，满足消费者多元化需求。在提高驴产品附加值和市场竞争力的同时，助力产业可持续发展。在这一过程中，政府、企业和科研机构应共同努力，发挥各自优势，为我国驴产业的繁荣做出贡献。

（一）驴肉腌制品

将盐和硝酸盐混合，擦涂在驴肉表面上，然后堆放在容器内，依靠外渗汁液形成盐液进行腌制的方法。这是一种缓慢的腌制方法，但腌制品有独特的风味和质地。

湿腌法：是配制成盐水，把肉浸泡在盐水中腌制。湿腌时盐的浓度很高，不低于

25%，硝石不低于1%。为了减少营养物质的损失，一般采用老卤腌制，但必须防止卤水变质。湿腌制品的色泽和风味不及干腌制品，而且含水多不宜保存。

（二）驴肉干制品

（1）原料验收：采用来自非疫区新鲜的驴肉。色泽呈暗红色，气味正常。

（2）原料整理：将驴肉上的多余脂肪、淤血、淋巴、粗血管、毛以及其他异物清除干净。将整理好的驴肉切成每块约300 g左右，注意切块要整齐。

（3）预煮：将水烧至沸腾后把切好的肉放入，用旺火煮30 min，待用刀切后肉块中无血迹即可，再将预煮毕的肉块再切成每块约80 g的九小块。形状要规则，切片时刀口尽量整齐。

（4）复煮：将称量好的各种香辛料用纱布包好入锅，加清水、白酒、盐、糖、酱油在旺火上煮成卤水再将切割好的驴肉放入锅内以旺火煮约3 h，待煮烂为止捞出即可。

（5）烘烤：将捞出的肉片放在不锈钢盘中，然后放入烘箱烘烤（温度50～55℃，时间以适度脱水即可）。

（6）检验：待烘烤完成后经检验合格即为成品。

（三）驴肉熏烤制品

熏烤制品分为熏制品和烤制品。熏制品是指用木材焖烤所产生的烟气进行熏制加工的一类食品，既可防腐，又可提高肉制品的风味。烤制品是经过配料、腌制，最后利用烤炉高温将肉烤熟的食品，也称为炉产品。制品经200 ℃以上的高温烤制，使表面焦化，产品具有特殊的香脆口味。

（四）灌制类产品

将驴肉或副产品切碎之后，加入调味品、香辛料均匀混合，灌装肠衣中，制成的肉类制品，总称为灌制类产品。食用方便宜携带，保存时间较长。这类产品种类多，有中式的香肠和欧式的灌肠。无论在外形还是口味上都有明显区别。

1. 驴肉灌肠的配方与加工工艺

（1）配方按50 kg原料肉计算，驴肉35 kg，猪膘15 kg，食盐1.5 kg，料酒1 L，味精50 g，胡椒粉100 g，花椒粉100 g，白糖200 g，维生素C 5 g，硝酸钠25 g。

（2）加工工艺：

①原料选择与整修。选用经卫生检验鲜、冻驴肉及猪肉硬膘肉为原料。将驴肉用清水浸泡后，割除淤血、杂质。如选用驴肉的前、后腿，则修净碎骨、结缔组织及筋、腱膜等。

②绞肉、切丁。将选择修好的驴肉切成 500 g 左右的肉块，用 1.3 cm 大眼算子绞肉机绞出，把猪的硬膘肉用刀切成 1 cm³ 的膘丁。

③腌制。将绞、切好的原料混合在一起，加入硝酸钠、食盐和所有的辅料，放入搅拌机内搅拌均匀后，放于容器内在腌制间，腌制 1 ~ 2 h。腌制时间，随室温高低灵活掌握。

④灌制。将腌制好的馅，灌入口径为 38 ~ 40 mm 的猪肠衣中，肠衣一定要卫生干净。每根腊肠，以 15 cm 长度扎 1 节。串杆时要注意间距，避免过密而烤得不均匀。

⑤烘烤。烘烤温度为 55 ~ 75 ℃。烘烤 6 h 后，视其干湿程度，再烘烤 4 ~ 6 h。烘烤时要缓慢升温，不可亮温急烤，要让水分逐渐蒸发干燥，肌肉缓慢收缩。待肠衣表面干燥、坚实、色泽红亮时，即可出炉晾凉为成品。

⑥质量要求。表面干爽，清洁完整，肉馅紧贴肠衣、为枣红色而光亮、肠体结实、气味醇香、口感甘香、鲜美。细菌总数每克不超过 30 000 个；大肠杆菌为每 100 g 中不超过 40 个；无致病菌检出（致病菌指沙门氏菌、志贺氏菌、致病性葡萄球菌、自溶血性弧菌，检验哪种可据情而定）。

2. 驴肉肠的配方与加工工艺

（1）配方按 50 kg 驴肉计算，香油 3 kg，大葱 10 kg，硝酸钠 25 g，鲜姜 3 kg，精盐 3 kg，淀粉 30 kg，肉桂粉 200 g，花椒（熬水）200 g，红糖（熏制用）200 g。

（2）加工工艺将驴肉放入清水中浸泡，以排出血水，切成 10 cm 方块肉，放入细眼绞肉机中绞碎后放入容器内，加入葱末、姜末、花椒水。再将淀粉的一部分用沸水冲成糊状，然后加入香油、淀粉、肉桂粉等辅料，与容器内的肉馅一起调匀，灌入干净的驴肉小肠内，两端用麻绳扎紧，长 40 ~ 50 cm，放入 100 ℃ 的沸水锅内煮制 1 h，然后熏制 25 min 即为成品。驴肉肠的加工工艺，大体与北京粉肠的加工工艺相同。色泽呈红褐色，明亮光泽，有熏香味，风味独特。

上述两种灌肠分别可采用中式和西式两种生产流程。产品质量要求，要符合国家标准 GB2726—2016 和 GB/T5009.44—2003 规定。

第二节　驴的新产品

阿胶价值得到广泛地认可。但是据国家畜牧统计年鉴显示，阿胶上游资源的毛驴供应量急剧下降，驴存栏量已由 20 世纪 90 年代的 1 100 万头，下滑到目前 600 万头，并且还在以每年约 30 万头的数量下降。单靠一张驴皮推动不了一个产业的发展。近年来，药用驴理念逐渐深入，具有较高药用价值的驴肉、驴皮、驴奶、孕驴血、孕驴尿等得到了深度开发。

毛驴养殖从单纯的畜牧业变为高附加值的生物医药产业，不但解决了阿胶行业发展面临的原材料瓶颈，而且重新创造出一片价值蓝海，一条千亿级的驴产业链已经浮出水面。驴不光有驴肉、驴皮，驴奶、孕驴血、孕驴尿、驴胎盘也有很高的市场价值。从驴业的开发价值来看，驴业的增产潜力很大，一头驴的开发价值是5.3万元，相当于单头毛驴目前价值的6～7倍。其中阿胶有3 000多年的历史，因发源于山东省东阿县而得名，深受人们的喜爱。近几年，阿胶的销量、价格呈现增长态势。对于驴肉，广为流传着一句俗话——"天上龙肉，地下驴肉"。驴肉因其低脂肪、高蛋白、低胆固醇、高必需脂肪酸，是一种高保健价值、营养丰富、味道鲜美的畜肉，对于人体预防肥胖及心血管疾病有很好的效果。"相比于其他肉类，驴肉发生食品安全事件很少，而且价格较高。驴肉逐渐被广大老百姓所接受，这对于养驴产业是一个很好的信号。

驴皮胶为马科动物驴的皮，经煎煮、浓缩制成的固体胶。世人常把驴皮胶和阿胶视为同物，其实不然。其区别便在于驴皮胶非使用阿井水所煎制。

现有的医学研究证明，阿胶分子量为8万～20万，阿胶含有明胶原、骨胶原、多肽、蛋白质、硫酸皮肤素、生物酸及金属钙、钾、钠、镁、锌、铁、铜、锰等27种元素，蛋白质水解产生18种以上氨基酸，如赖氨酸、组氨酸、精氨酸、天冬氨酸、苏氨酸、丝氨酸、谷氨酸、甘氨酸、亮氨酸等多种氨基酸。

现代药理实验表明，阿胶具有升高红细胞和血红蛋白的作用，可促进造血功能；能升高白细胞、血小板和升高血氧含量；有扩张微血管、扩大血容量、降低全血黏度和降低血管壁通透性的作用；能增加血清钙的含量，改善人体内钙的平衡，使低钙血症趋于正常；通过补血起到滋润皮肤的作用；有止血、抗疲劳、抗休克、抗辐射、耐寒冷、提高机体免疫功能等作用。在临床上既可单味使用，又可以配伍应用，还可以通过饮食疗法达到强身健体、延缓衰老、延年益寿的作用。另外，现已有研究表明，阿胶对抑制和杀伤癌细胞具有明显效果，说明阿胶具有抗肿瘤的作用。

据《阿胶与健康网》总结：驴皮胶共有15大功效作用和临床应用。

（1）补血。

（2）止血。

（3）治疗妇科疾病。

（4）保胎安胎和防治产后病。

（5）治疗男性疾病。

（6）清肺润燥治咳嗽。

（7）治腹泻。

（8）防癌抗癌。

（9）改善睡眠。

（10）扩张血管作用。

（11）防治老年病，延缓衰老。

（12）美容养发。

（13）健脑益智。

（14）亚健康人群提高免疫力。

（15）特殊职业者抵抗辐射。

阿胶具有补血滋阴、润燥、止血等功效。然而近年来由于供不应求，市场上出现了很多用牛皮或猪皮掺假的阿胶，影响阿胶产品的功效和品质，损害大众利益。为此，许多研究人员对阿胶的鉴别方法进行了研究，如氨基酸分析法、超高效液相色谱－四极杆飞行时间质谱法结合主成分分析法、18O标记联合高效液相色谱－高分辨率质谱法、超高效液相色谱－三重四极杆质谱法等可以鉴别阿胶。

驴的另一个产品是孕驴血，它广泛应用于家畜诱导发情、超数排卵、提高繁殖率及公母畜生殖疾病的治疗。目前孕驴血产量仅能满足市场需求的20%。就孕驴血清的功效进行深度开发，预计完成后可实现增收1 000元/头。此外，还有孕驴尿产品。驴尿含有多种药用成分，是一味古老的中药。孕驴尿中含有结合雌激素，这种天然激素主要用于防治因生理和病理原因引起的雌激素分泌不足，以及由此导致的妇女更年期综合征、骨质疏松和冠心病。

驴浑身都是宝，驴奶也是其中之一。驴奶，这种源自驴的乳制品，一直以来都被视为一种独特的营养来源。它含有丰富的蛋白质、矿物质和维生素，对人体健康有着诸多益处。尽管在一些地方，驴奶并不常见，但在全球范围内，越来越多的人开始认识到它的价值，并将其纳入日常饮食中。

小型驴奶经巴氏杀菌后，其营养成分比例接近人乳。驴奶是天然的富硒食品，硒含量是牛奶的5.2倍。硒是人体不可缺少的物质，被称为"生命的火种"。驴奶的味道温和而独特，与牛奶或羊奶有所不同。有些人形容它的味道接近于杏仁奶，口感丝滑且易于消化。由于其低脂的特点，驴奶成为了许多追求健康生活方式的人们的首选饮品。在我们的日常生活中，牛奶、羊奶和马奶等动物乳制品已经非常常见。然而，有一种特殊的乳制品——驴奶，它的营养价值和健康效益可能并不为大众所熟知。

常喝驴奶有什么好处呢？以下是一些主要的益处：

（1）提高免疫力：驴奶富含免疫球蛋白和多种生物活性物质，能够增强人体免疫力，预防感染疾病。

（2）美白：驴奶中含有丰富的表皮细胞生长因子（EGF），该因子在美容界被称作"美白因子"，可促使皮肤细胞生长，使皮肤细胞出现年轻化的表现，具有显著的美白、保湿和祛皱作用。

（3）抗衰老：驴奶中含有丰富的抗氧化物质，如维生素 E 和硒等，有助于清除体内自由基，延缓衰老过程。

（4）改善皮肤状况：驴奶中的营养成分对皮肤具有滋养作用，可以保持皮肤弹性，减少皱纹，使肌肤更加光滑细腻。

（5）保护心血管健康：驴奶中的不饱和脂肪酸和矿物质有助于降低血脂，预防心血管疾病的发生。

（6）增强骨骼健康：驴奶是钙的良好来源，常喝驴奶有助于维持骨骼密度，预防骨质疏松症。

（7）对抗过敏反应：一些研究发现，驴奶中的某些成分可能具有抗过敏作用，对于缓解过敏症状有一定的帮助。

总之，驴奶作为一种独特的乳制品，同时驴奶也是一种低脂肪、低胆固醇、高钙富硒、不饱和脂肪酸尤其是亚油酸含量高、必需氨基酸含量高，乳酸菌发酵后具有抑菌抗氧化等益生功能的绿色食品，尽管驴奶的价格相对较高，但其卓越的品质和功效使其成为一种值得尝试的健康饮品。此外，驴奶丰富的成分产生了多种多样的生物活性，具备美白、祛痘和抗衰老等突出功效，在化妆品方面具有广阔的开发和应用前景。因此，驴奶在经济价值和社会价值方面的开发具有巨大的潜力。

第三节　驴产品精细分割

一、驴产品精细分割：全功能开发、全分割利用、开发附加值

驴毛。《食疗本草》："治头中一切风，驴毛一斤炒令黄，投一斗酒中，渍三日，空心细细饮，使醉，覆卧取汗，明日更依前服。"

驴皮。《本草纲目》："可治一切风毒，骨节疼痛，呻吟不止，鼻出血，吐血，肠风引起的血痢，牛皮癣，同酒服用效果更好。"

驴肉。《本草纲目》："味甘，性凉，同五味煮食补血益气强身益志，治疗多年劳损。"

驴心。《本草纲目》："补心，治心晕多忘，常食驴心可预防心血管疾病。"

驴肝。《本草纲目》："补肝、聪耳明目，轻身肌肤，养颜润泽、精力旺盛不易衰老。"

驴肺。《本草纲目》："可治寒热，小儿荃萎。"

驴肾。《本草纲目》："补肾益精。与牛黄、狗宝相同。"

驴肚。《本草纲目》："补中益气，止渴。补五脏，养脾胃。"

驴肠。《本草纲目》："具有益气和中、生津润燥、清热解毒的功效，可用以治疗赤眼、消渴，解硫磺、烧酒毒等。"

驴皇后（子宫）。《本草纲目》："可治骨寒怕冷，调节子宫、痛经，滋阴壮阳。"

驴鞭。《本草纲目》："治伤中绝脉，阴茎不举，强志益气，身体消瘦，补充精子，益男子阳气。"

驴蹄。《圣济总录》："具有解毒散肿之功效，常用于痈疽疮疡。"

驴油。《本草纲目》："可治多年耳聋与酒同服治多年损咳，与盐调制可治疗手足风肿，常食驴油可控制血压升高。"

骨髓。《本草纲目》："为驴中珍品，食用骨髓可治疗耳聋。"

驴胎盘：主要成分是蛋白质、激素和各种酶，具有温肾、益精、补气、养血功效。

蹄筋。《本草纲目》："健脾肾、固精填髓、补血益气、护肤养颜。驴耳、尾、口条与蹄筋营养价值相等。"

驴乳。《千金食治》："味甘寒，能治疗消渴、黄疸、风热赤眼、小儿惊痫、蜘蛛咬伤、急性心绞痛等疾病。"

驴血。《本草纲目》："滋润肠道，排毒养颜，活血通气。"

驴尿。《千金》："辛，寒，有小毒。主治症癖，反胃不止，牙齿痛。"

二、养生药膳全驴宴

驴食材 + 补虚中药材 + 既食又药食材 = 养生药膳全驴宴

（一）驴食材

经过精细分割后，甄选适合做成菜品的 15 个部位的食材如下：

驴皮。《本草纲目》："补气养血。"

驴肉。《本草纲目》："同五味煮食补血益气、强身益志。"

驴心。《本草纲目》："补心，治心晕多忘，常食驴心可预防心血管疾病。"

驴肝。《本草纲目》："补肝、聪耳明目，轻身肌肤，养颜润泽、精力旺盛不易衰老。"

驴肺。《本草纲目》："可治寒热，小儿茎萎。"

驴肾。《本草纲目》："补肾益精。"

驴肚。《本草纲目》："补中益气。补五脏，养脾胃。"

驴肠。《本草纲目》："益气和中、生津润燥、清热解毒。"

驴皇后（子宫）。《本草纲目》："调节子宫、痛经，滋阴壮阳。"

驴鞭。《本草纲目》："强志益气，补充精子，益男子阳气。"

蹄筋、驴耳、驴尾、驴口条。《本草纲目》："健脾肾、固精填髓、补血益气、护肤养颜。"

驴血。《本草纲目》："滋润肠道，排毒养颜，活血通气。"

（二）补虚中药材

补充人体物质亏损，增强人体功能活动，以提高抗病能力消除虚弱症候的药物，称补虚药，习称补益药或补养药。补虚药用于补充人体气血阴阳之亏损而治各种虚证。补气和补阳类药大多药性甘温，能振奋衰弱的机能，改善或消除机体衰弱之形衰乏力、畏寒肢冷等症；补血和补阴类药药性甘温或甘寒不一，能补充人体阴血之不足及体内被耗损的物质，改善和消除精血津液不足的症候。

1. 补虚药功能

（1）对免疫功能的影响。

补虚药对非特异性免疫功能及特异性免疫功能或体液免疫功能均有增强作用，这是补虚药扶正培本的药理作用的基础之一。补虚药能够升高外周白细胞；增加网状内皮系统的吞噬功能；促进细胞免疫功能；增强体液免疫的功能；提高 γ-球蛋白、IgM 含量。

（2）对机体适应性的影响。

补虚药能提高机体的适应性，能增强机体对各种有害刺激的非特异性抵抗能力，使紊乱的功能恢复正常。

（3）对内分泌系统的影响。

大多数临床虚证的患者，在病理形态上往往可见内分泌腺变性或萎缩，垂体前叶、肾上腺皮质、甲状腺、睾丸或卵巢均呈现不同程度的退行性变化。其他组织细胞也发生萎缩、变性。这是器官、组织机能不全的物质基础。病情较重的虚证可见具有特殊功能的主质细胞变性、萎缩，代之以纤维结缔组，以致整个器官功能不全。刺五加对大鼠肾上腺皮质系统也有兴奋作用，对性腺功能有促进作用。党参能明显升高小鼠血浆皮质酮水平。甘草、甘草甜素和甘草次酸有去氧皮质酮样作用和糖皮质激素样作用。人参能兴奋垂体分泌促性腺激素，加速大鼠的性成熟过程，或使成熟雌性大鼠的动情期延长。淫羊藿、冬虫夏草等有雄性激素样作用。

（4）对物质代谢的影响。

人参对糖代谢和脂质代谢均有调节作用；人参的蛋白合成促进因子能促进蛋白质、DNA、RNA 的生物合成，增高白蛋白及 γ-球蛋白含量。刺五加能调节血糖，促进核酸及蛋白质合成和胆固醇在肝脏中的生物合成。黄芪能增强细胞的生理代谢作用，促进血清和肝脏蛋白质的更新。当归对实验性动脉粥样硬化的病理过程有某些保护作用，并有抗维生素 E 缺乏作用。何首乌有降低胆固醇及抗动脉硬化的作用。某些助阳药和滋阴药对激素引起的肝、脾核酸代谢障碍有调整作用，如补阳药（附子、锁阳、淫羊藿、菟丝子）能提高 DNA 和 RNA 的合成率；滋阴药（麦冬、生地、玄参、龟板）能使细胞内 DNA 和 RNA 合成率降至正常。

（5）对心血管系统的作用。

主要是增强心肌收缩力，扩张血管和降压作用。亦有抗心肌缺血及抗心律失常作用。黄芪、灵芝、芍药、鹿茸、补骨脂等均有强心作用。人参、党参、黄芪、当归、芍药、鹿茸、淫羊藿、补骨脂、麦冬等能扩张冠状血管或外周血管，使血流量增加。黄芪对各种麻醉动物均能使血压下降，同时后肢血管阻力亦下降，并能显著降低冠状血管、脑血管、肠血管阻力。党参对多种动物亦有降压作用，能提高麻醉猫心泵血量而不影响心率，并能增加脑、下肢和内脏血流量及扩张小鼠肠系膜微血管并增加血流量。此外，人参、刺五加、当归、芍药、枸杞子、鹿茸、淫羊藿等均有降压作用。上述补虚药对心血管的作用是治疗心力衰竭、休克、冠心病、血栓闭塞性脉管炎等疾病的药理基础。

（6）强壮作用。

人参能提高机体的脑力和体力劳动能力，有减轻疲劳的作用，提高思维活动和体力劳动效率。鹿茸能提高机体的工作能力，改善睡眠和食欲，降低肌肉疲劳。大枣、白术、肉苁蓉等都能增加实验动物体重和增强肌力。六味地黄丸能增加正常动物体重和体力。

（7）对造血系统的影响。

骨髓造血功能减退表现为红细胞或白细胞减少、贫血。白细胞减少症等疾病，在中医辨证上多属血虚、气虚，甚则为阳虚证，用补血、补气、补阳药有一定疗效。现已证明人参、刺五加、党参、黄芪、当归、阿胶、鹿茸等有促进造血功能的作用。

2. 补虚药分类

针对驴食材，各甄选几款补阳虚、补阴虚、补血虚中药材。

（1）补阳药。

①鹿茸。性味归经：甘、咸，温。归肝，肾经。功效：壮肾阳，益精血，生精髓，强筋骨，调冲任，托疮毒。

②肉苁蓉。性味归经：甘、咸，温。归肾、大肠经。功效：补肾助阳，益精血，润肠通便。

③杜仲。性味归经：甘，温。归肝、肾经。功效：补肝肾，强筋骨，安胎。

④冬虫夏草。性味归经：甘，平。归肾、肺经。功效：益肾补肺，止血化痰。

（2）补阴药。

①石斛。性味归经：甘，微寒。归胃、肾经。功效：滋阴除热，养胃生津，明目，强腰。

②黄精。性味归经：甘，平。归脾、肺、肾经。功效：滋阴润肺，补脾益气。

③玉竹。性味归经：甘，平。归肺、胃经。功效：滋阴润肺，养胃生津。

④百合。性味归经：甘，微寒。归肺、心经。功效：养阴润肺，清心安神。

（3）补血药。

①当归。性味归经：甘、辛，温。归肝、心、脾经。功效：补血调经，活血止痛，润肠通便。

②熟地黄。性味归经：甘，微温。归肝、肾经。功效：补血滋阴，补精益髓。

③何首乌。性味归经：苦、甘、涩，微温。归肝、肾经。功效：补益精血，解毒，截疟，润肠通便。

④白芍。性味归经：酸、甘、苦，微寒。归肝、脾经。功效：养血调经，敛阴止汗，柔肝止痛，平抑肝阳。

（三）既食又药食材

1. 茯苓

主要有效成分：茯苓多糖。

生物活性：提高免疫力、保肝、抗病毒、抗炎、抗肿瘤等。

2. 当归

主要有效成分：挥发油、多糖、黄酮。

生物活性：促进免疫、促进造血、抗心律失常、抗血小板凝聚、抗动脉粥样硬化、保护损伤神经及促进神经再生、调节平滑肌、抗肿瘤、保护脏器、抗炎镇痛等。

3. 桃仁

主要有效成分：桃仁多糖、桃仁蛋白。

生物活性：增强免疫力、抗凝血、抗血栓、预防肝纤维化等。

4. 大枣

主要有效成分：大枣多糖。

生物活性：造血、抗氧化、修复肝损伤、抗疲劳、提高免疫力、改善肠道、抑制肿瘤细胞，促进钙的吸收等。

5. 菊花

主要有效成分：黄酮、多糖、有机酸。

生物活性：调血脂、抗肿瘤、免疫调节、抑菌、镇痛、抗疲劳等。

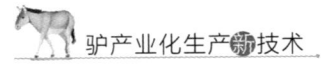

6. 马齿苋

主要有效成分：多糖、黄酮、挥发油。

生物活性：降血糖、抗氧化、防衰老、提高免疫力、降血脂、抗肿瘤等。

7. 山药

主要有效成分：山药多糖。

生物活性：降血糖、降血脂、改善消化功能、提高免疫功能、抗氧化、延缓衰老、抗肿瘤、抗突变、促进肾脏再生修复、调节酸碱平衡等。

8. 决明子

主要有效成分：蒽醌苷。

生物活性：清肝明目、降血脂、降血压、抑菌消炎等。

9. 白果

主要有效成分：白果酸、白果醇、白果粉、鞣质、糖类。

生物活性：镇咳平喘、抑制真菌、抗过敏和增加冠状动脉流量。

10. 香橼

主要有效成分：黄酮、有机酸、挥发油。

生物活性：防止高血压、降低胆固醇；降低红细胞凝集、镇咳、平喘祛痰、促消化、抗菌、抗病毒、抗肿瘤等。

11. 葛根

主要有效成分：异黄酮类、葛根皂苷类、生物碱。

生物活性：缓解血管高压、抗心律失常、抗心肌缺血、保护脑神经、防止肝肾损伤、改善代谢、抗氧化、抗细胞凋亡、改善血脂和血糖代谢、增强免疫力、解酒等。

12. 昆布

主要有效成分：多糖、脂肪酸。

生物活性：降血压、降血脂、降血糖、抗放射、抗肿瘤、抗凝血、提高机体免疫力、抗病毒、抗菌、治疗碘缺乏甲状腺肿等。

（四）全驴宴做法功效

以一款适用于女士滋阴补血、美容养颜的红枣当归排骨汤为例：

◎红枣当归排骨汤

食材功效：驴排含优质蛋白质、磷酸钙、骨胶原，有滋阴强骨、益精补血的功效。当归促进造血、提高免疫力。红枣补中益气，养血安神。

原料：排骨 200 g、当归 15 g、红枣 15 g。

调料：大酱 120 g、葱姜各 10 g、苏子叶 10 g、白糖、盐、味精适量。

制作：①葱切段，姜切片，排骨洗净控干水分，加入少许酱油、水淀粉拌匀，用油炸成金黄色捞出。②将排骨放入锅里，加入水以漫过排骨，加入当归、红枣、酱油、料酒、精盐、大料、葱段、姜片，用大火烧开后，转微火焖至排骨肉烂即成。

三、驴产品精深加工

全提取、全转化、全利用、高活性、高纯度、高利用率。

产品类型：药品、保健食品、化妆品。

产品剂型：内服药剂（片剂、口服液、粉剂、微丸、胶囊……）；透皮吸收剂（水液、乳液、乳膏、凝胶、膏霜、脂质体……）。

表10-1 活体循环开发产品

原料	功能成分前体	功能成分（原理）	功效	剂型
驴血	血清蛋白	血清白蛋白降压肽（抑制血管紧张素转换酶）	降血压（舒张血管）	口服液/片剂/粉剂/丸剂/软胶囊
		血清白蛋白抗过敏肽（调节代谢紊乱）	抗过敏（舒缓过敏）	
		血清白蛋白抗肿瘤肽（抑制肿瘤细胞生长、刺激巨噬能力）	抗肿瘤（抑制肿瘤细胞生长）	
		血清白蛋白增强造血肽（增强造血）	增强造血（补血）	
		血清白蛋白免疫促进肽（促进淋巴细胞增殖）	免疫促进（提高免疫力）	
	血红蛋白	血红蛋白抗自由基肽（保护DNA免受氧化自由基损害，延缓细胞衰老）	抗衰老（抗氧化）	涂抹剂/口服液/片剂/胶囊剂
驴鞭	激素类（男士）	睾酮、皮质醇、前列腺素（调节神经和体力）	增强性功能（补肾壮阳、强健滋补）	口服液/片剂/胶囊剂
	激素类（女士）	雌二醇、孕酮（增加子宫内膜厚度，提供胎儿所需）	保胎促孕（促进胚胎分化、防止胎停）	
	生物胺类	驴鞭多胺+微量元素Zn（激活体内RNA聚合酶II活性，促进蛋白质合成，加速伤口肌肉再生）	创伤愈合修复（加速肌肉再生）	口服液/片剂/胶囊剂
		驴鞭多胺+磷脂胆碱（促进胸腺发育，调节神经–内分泌–免疫）	免疫促进（提高免疫力）	

续表

原料	功能成分前体	功能成分（原理）	功效	剂型
驴皮	胶原蛋白	驴皮胶原蛋白（补血滋阴润燥）	美容养颜（滋阴补血）	膏剂/口服液
		胶原蛋白（抑制成骨细胞增殖/促进分化） 血清蛋白（促进成骨样细胞增殖）	强骨 （防治骨质疏松）	片剂/口服液/软胶囊
	血清蛋白	驴皮血清白蛋白降压肽（抑制血管紧张素转换酶）	降血压（舒张血管）	
驴骨	超微粉	驴骨纳米超微粉（减慢骨质疏松速度）	强骨（防治骨质疏松）	片剂/粉剂
	蛋白多肽	驴骨蛋白多肽（延长运动时间，降低血乳酸含量）	抗疲劳（缓解疲劳）	片剂/口服液/软胶囊
	胶原肽	驴骨胶原蛋白+活性肽 （构成骨膜的结构成分，延缓皮肤衰老）	抗衰老 （保持皮肤弹性，强健骨膜）	片剂/口服液/软胶囊
孕驴尿	雌激素	雌激素（更年期及绝经期：延缓衰老、皮肤抗皱、 降血脂）	抗衰老（抗衰老，缓解更年期 综合征）	片剂/口服液/软胶囊
驴胎盘	驴胎素	多肽、超氧化物歧化酶（SOD）、表皮细胞生长因 子（EGF）	抗衰老 （延缓衰老、皮肤抗皱）	胶囊/透皮吸收剂

以驴血为例：近代动物实验与临床研究表明，驴血具有诸多有益的药用价值和巨大的开发潜力。比如降血压、抗过敏、抗肿瘤、增强造血、免疫促进以及抗衰老功能。国内在驴血活性成分方面已初步掌握了与驴血功用相关的成分和机制，驴血中起到上述功能的主要活性物质为蛋白质和肽类化合物（生物活性肽）。生物活性肽在微量或低浓度的情况下即可发挥生物调节作用，对维持人体正常的生理活动具有重要意义，又称功能肽。从结构上看，肽类是氨基酸通过酰胺键（也称肽键）相互连接形成的化合物，分子量介于氨基酸和蛋白质之间，蛋白质的聚合度较大，生物活性肽相对分子质量小，结构简单，能够以完整的形式被机体吸收，可以看作是蛋白质结构与功能的片段，在正常状态下，蛋白质的肽片段没有释放出来，只有将具有功能的肽片段从蛋白质肽链中释放出来，才能发挥其独特的生物活性。在信号传导、分子识别、细胞分化及个体发育等生命活动中，起决定性作用的是结构简单的小分子多肽物质，而不是结构复杂的大分子蛋白质。

由于不同身体状况的人群对驴血功用的选择不同，服用粗制驴血产品可能会带来较严重的副作用，因此，含单一种类的驴血活性成分提取物产品具有更为广阔的实用价值和市场前景。本技术实现了对驴血资源功效成分的高效富集，使其有益生物活性成分得以充分利用，精细分离纯化出驴血中的生物活性肽成分，获取到大量的生物活性肽。另外，水解驴血血红蛋白以在驴血中最大化获取所有可能得到的活性肽，实现驴血中活性肽的全提取、全转化、全利用。

依据其功能进行深度分离，分为血清白蛋白降压肽（抑制血管紧张素转换酶）、血清白蛋白抗过敏肽（调节代谢紊乱）、血清白蛋白抗肿瘤肽（抑制肿瘤细胞生长、刺激巨噬能力）、血清白蛋白增强造血肽（增强造血）、血清白蛋白免疫促进肽（促进淋巴细胞增殖）、驴血血红细胞抗自由基肽（保护 DNA 免受氧化自由基损害，延缓细胞衰老）。然后分别依据不同功能制备成适合的产品类型，如药品、保健食品或者化妆品。制备成适合的剂型以得到更好的吸收利用效果，如内服药剂（片剂、口服液、胶囊、控释微丸）；透皮吸收剂（水液、乳液、乳膏、凝胶、膏霜、脂质体）等。

驴活体循环开发产品见表 10-1。

四、技术特点

（一）利用数学建模精准优化工艺参数

利用二次回归正交旋转组合设计分别对提取、分离、纯化、酶解、冻干、包封等进行整体设计，依据响应面设计表进行试验得出相应的试验数据后，利用统计软件 SAS 9.1 分析试验指标（因变量）与多个试验因素（自变量）间的回归关系，建立相应的提取率、水解率和包封率等二次响应面回归模型，通过对过程的回归拟合和响应曲面、等高线的绘制，可方便地求出各因素水平的响应值，从而精确分析出提取、分离、纯化、酶解、冻干、包封等过程工艺参数。

（二）精细化全程质控技术保证制剂更为安全、稳定、有效

功效成分质量标准化：所用药芯为功效提取物单体纯品，其物质基础明确，纯度高；制剂含量精确，标准可控；浓集的天然活性功效成分，安全无耐药、功效显著；高灵敏度高压液相色谱法（HPLC）分析技术确保特征功效成分的精确含量。

稳定性控制：以长期试验、加速试验等确定其稳定下限。

安全性控制：以肌肉刺激性试验、溶血性试验、热原性试验、口服或腹腔注射急性毒性试验以及无菌检查，保证其使用安全性。

有效性控制：针对各自的生物学活性，针对特征指标进行有效性评估，确保产品有效。

（三）以绿色化循环过程技术确保制备工艺更为安全、经济

开发出具有规模化生产潜力的绿色化过程工艺，所用分离介质可循环利用，所用溶剂为环境相对友好试剂。课题组始终着眼于清洁生产和循环经济性，追求原料的 100% 利用，介质、溶剂的少害以至无害和 100% 循环使用。建立的绿色化生产线，提高产品生产能力，降低产品生产成本和能源消耗，实现绿色化、低投入、高产出。

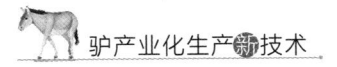

（四）针对不同功效产品研制适合的剂型

为了保护活性多肽的活性，采用适当的包封技术将其包封于微丸、脂质体、传递体内，可保护其活性环结构免遭水解，且免受机体酶和免疫系统的分解，提高了药物的稳定性。

参考文献

[1] [佚名].驴屠宰技术规范[J].畜牧产业,2021(09):28–31.

[2] 王维婷,柳尧波,王守经,等.预冷方式影响驴肉成熟过程品质变化的机理研究[J].肉类工业,2018(07):26–29,35.

[3] 戎平,赵雪聪,李雨哲,等.驴肉在低温成熟过程中肌纤维微观结构变化研究[J].食品科技,2016,41(10):102–105.

[4] 邢智彬,吴晓彤,刘建忠,等.复合生物保鲜剂的研制及其对冷却驴肉的保鲜效果[J].食品与发酵工业,2022,48(07):211–218.

[5] 魏子翔.驴肉低温贮藏期间的氧化变质及微生物演替规律研究与其专用复合生物保鲜剂研发[D].聊城: 聊城大学,2022.

[6] 尤娟,罗永康,张岩春.驴肉蛋白质氨基酸组成特点及与其他畜禽肉的分析比较[J].农产品加工(学刊),2008(12):93–95.

[7] 国家药典委员会.中华人民共和国药典：一部 [M].北京：中国医药科技出版社，2020.

[8] 张翠,傅鹏,林晶洁.阿胶产品的鉴别方法研究[J].现代食品,2023,29(17):184–186,195.

[9] 郭尚伟,周祥山,嵇传良,等.HPLC–MS/MS法测定阿胶、龟甲胶、鹿角胶中17种氨基酸含量[J].明胶科学与技术,2016,36(02):86–91.

[10] CHENG X,WEI F,XIAO X,et al.Identification of five gelatins by ultra performance liquid chromatography/time–of–flight mass spectrometry (UPLC/Q–TOF–MS) using principal component analysis[J].Journal of Pharmaceutical and Biomedical Analysis,2012,62:191–195.

[11] 沙小梅,胡姿姿,涂宗财,等.18O 标记联合高效液相色谱 – 高分辨率质谱技术定量测定阿胶中的明胶[J].食品科学,2018,39(17):288–294.

[12] 刘东升,张明童,刘婷婷,等.超高效液相色谱–三重四极杆质谱法检测含胶类中药结核丸中阿胶及牛皮源成分的研究[J].现代医药卫生,2020,36(17):3389–3393.

[13] 朱玲.关于那拉提驴奶的生产及驴奶巴氏灭菌研究可行性报告[J].当代畜牧,2022(09):91–92.

[14] 王愿霖,琴安得,杨文皓,等.均质和六偏磷酸钠对冷冻保存驴奶稳定性的影响[C]//中国畜牧业协会.第七届(2021)中国驴业发展大会暨第二届德州驴种质资源保护与开发利用高论坛论文集.甘肃龙麒生物科技股份有限公司.天津农学院动科系,2021:4.

[15] 任建存.我国特色乳制品的营养功效与产业发展[J].中国乳业,2021(08):34–39.

[16] 申超.秋冬美容,驴奶先行![J].新疆畜牧业,2013(02):62.

[17] 陈建兴,叶贵芬,邓林霞,等.驴奶的主要成分和价值及其在化妆品方面的应用研究进展[J].畜牧与饲料科学,2021,42(05):85–89.

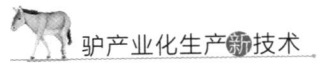
ICS 67.050
X 04

T/SDJKR

团 体 标 准

T/SDJKR 002—2022

阿胶中驴皮源性成分鉴定方法
气相色谱法

Identification of donkey skin derived components in *Ejiao*

Gas chromatography method

2022-03-31 发布   2022-04-01 实施

山东健康肉产业联合会   发布

I

前 言

本文件按照新版 GB/T 1.1—2020《标准化工作导则 第 1 部分：标准化文件的结构和起草规则》的规定起草。

请注意本文件的某些内容可能涉及专利。本文件的发布机构不承担识别专利的责任。本文件由山东健康肉产业联合会提出并归口。

本文件起草单位：聊城大学、山东省农业科学院畜牧兽医研究所、东阿阿胶股份有限公司、聊城市食品药品检验检测中心、山东省临清市康庄镇畜牧兽医站、平阴县农业农村局。

本文件主要起草人：王会、李兰杰、刘桂芹、冯秀颜、张伟、嵇传良、于杰、杜兴兰、王长法、刘文强、周苗苗、李艳、邢敬亚、朱明霞、马青山、李孟孟、赵敏。

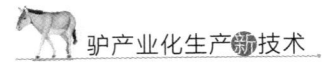

阿胶中驴皮源性成分鉴定方法气相色谱法

1. 范围

本文件规定了试验原理、试剂和材料、仪器设备、分析步骤和检测结果的分析与判定。本文件适用于阿胶中驴皮源性成分的鉴定方法，其他含有驴皮源性的相关食品。

2. 规范性引用文件

下列文件对于本文件的应用是必不可少的。凡是注日期的引用文件，仅注日期的版本适用于本文件。凡是不注日期的引用文件，其最新版本（包括所有的修改单）适用于本文件。

GB/T 6682—2008 分析实验室用水规格和试验方法

3. 术语和定义

本文件无专用术语和定义。

4. 试验原理

样品经乙酸乙酯提取其中的脂肪后，在碱性条件下皂化和甲酯化，生成脂肪酸甲酯，经气相色谱分析，建立阿胶总脂肪酸的指纹图谱，测定脂肪酸——棕榈油酸、棕榈酸、肉豆蔻酸含量。

5. 试剂和材料

除非另有说明，本方法所用试剂均为分析纯，水为 GB/T 6682—2008 规定的一级水。

5.1 试剂

5.1.1 乙酸乙酯（$C_4H_8O_2$）：色谱纯。

5.1.2 正己烷（C_6H_{14}）：色谱纯。

5.1.3 甲醇（CH_3OH）：色谱纯。

5.1.4 无水硫酸钠（Na_2SO_4）：使用前于 120 ℃烘烤 4 h。

5.1.5 氯化钠（NaCl）。

5.1.6 氢氧化钾（KOH）。

5.2 试剂配制

5.2.1 饱和氯化钠溶液：称取 360 g 氯化钠溶解于 1.0 L 水中，搅拌溶解，澄清备用。

5.2.2 氢氧化钾甲醇溶液（2 mol/L）：将 13.1 g 氢氧化钾溶于 100 mL 无水甲醇中，可轻微加热，加入无水硫酸钠干燥，过滤，即得澄清溶液。

5.3 标准品

脂肪酸甲酯混合标准品：见资料性附录 A。

5.4 标准溶液配制

混合脂肪酸甲酯标准溶液：取出适量脂肪酸甲酯混合标准移至 10 mL 容量瓶中，用正己烷稀释定容，贮存于 –10 ℃ 以下，保存备用。

6. 仪器设备

6.1 高速粉碎机。

6.2 气相色谱仪：具有氢火焰离子检测器（FID）。

6.3 毛细管色谱柱：70% 氰丙基聚硅氧烷，柱长 100 m，内径 0.25 mm，膜厚 0.2 μm。

6.4 恒温水浴：控温范围 40 ℃ ~ 100 ℃，精度 ±1 ℃。

6.5 分析天平：感量为 0.01 g 和 0.00001 g。

6.6 旋转蒸发仪。

7. 分析步骤

7.1 试样的制备

试样使用高速粉碎机粉碎。制备过程中，应避免试样污染。

7.2 试样前处理

7.2.1 油脂的提取

检测样品经高速粉碎机粉碎后，称取粉末 10.0 g 置于 250 mL 圆底烧瓶中，加入 100 mL 乙酸乙酯常温并搅拌 24 h，经过抽滤得滤液，滤液用旋转蒸发仪进行旋蒸，回收溶剂后得到油脂，–20 ℃ 保存备用。

7.2.2 油脂的水解、甲酯化

取 10.0 mg 油脂，加入 2.0 mL 14% 三氟化硼 – 甲醇（质量比）溶液，再加入 3 滴 2,2-二甲基丙烷进行除水，60 ℃ 水浴 30 min，使脂肪酸完全甲酯化。冷却后加入正己烷 1.0 mL、水 1.0 mL 充分震荡，静置分层后吸取上层有机层，加入 0.1 mL 浓度 400 ug/mL 的十七烷酸甲酯正己烷溶液 0.1 ml 做内标，使用氮吹仪完全吹干溶剂后，加入 400 μL 正己烷溶解

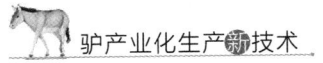

定容，准备气相色谱测定。

7.3 测定

7.3.1 色谱参考条件

气相色谱仪，毛细管色谱柱，自动进样器；进样口温度：280 ℃，火焰离子检测器（FID）温度：260 ℃；柱升温程序：140 ℃保持 5 min，140 ℃ ~ 240 ℃，4 ℃ /min；载气（高纯氮气）1.0 mL/min；进样量：1 μL，分流比：1:40。

7.3.2 试样测定

在上述色谱条件下将脂肪酸标准测定液及试样测定液分别注入气相色谱仪，得各色谱峰出峰时间及峰面积。通过与 37 种脂肪酸甲酯色谱图对比，定性、定量分析阿胶油脂中各脂肪酸的种类、相对含量。

8. 检测结果的分析与判定

8.1 分析结果的表述

试样中某个脂肪酸占总脂肪酸的百分比 Yi 按下式计算，通过测定相应峰面积对所有成分峰面积总和的百分数来计算给定组 i 的含量：

$$Yi = \frac{Asi \times Fi}{\sum Asi \times Fi} \times 100\%$$

式中：

Yi 试样中某个脂肪酸占总脂肪酸的百分比（%）；

Asi 试样测定液中各脂肪酸甲酯的峰面积；

Fi 脂肪酸甲酯 i 转化成脂肪酸的系数，分子量之比；

$\sum Asi$——试样测定液中各脂肪酸甲酯的峰面积之和。

结果保留 3 位有效数字，分析棕榈油酸（C16:1）和肉豆蔻酸（C14:0）相对含量。

8.2 分析结果的判定

气相色谱法所构建的阿胶中总脂肪酸成分的指纹图谱，包含了样本中脂肪酸的所有信息，可以将待测样品中总脂肪酸成分与标准的阿胶中总脂肪酸成分的指纹图谱对比，进行定性分析。

阿胶与驴皮中脂肪酸气相色谱指纹图谱见附录 B。

通过计算，若棕榈油酸（C16:1）相对含量 ≥ 2.15%，且肉豆蔻酸 ≤ 0.8%，判为阳性，即样品中检测出驴皮源性成分；反之为阴性。

附录 A

（资料性附录）

脂肪酸甲酯混合标准品色谱图

脂肪酸甲酯混合标准品的气相色谱图见图 A.1。

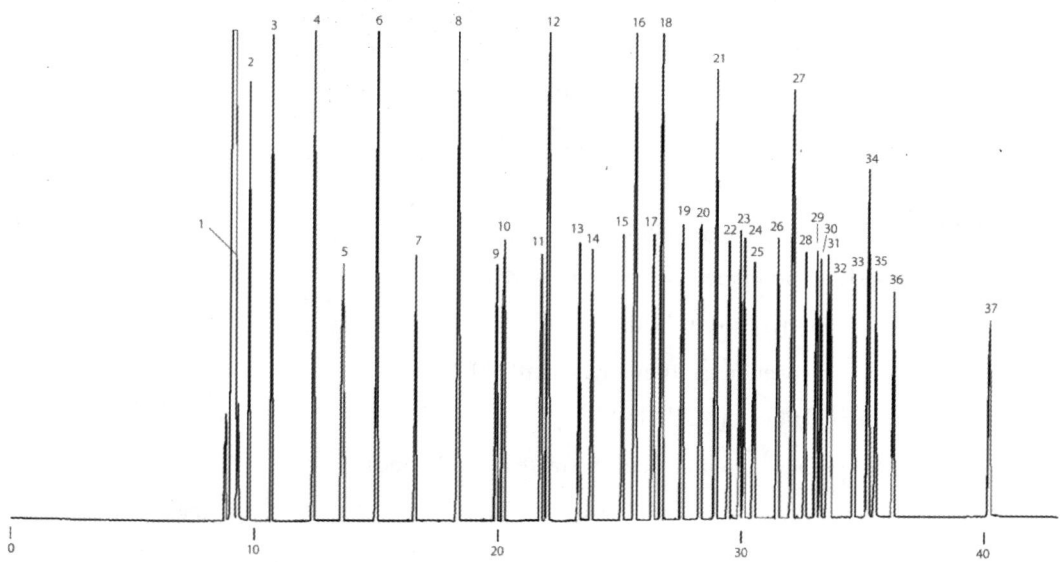

Component

1. Butyric acid methyl ester(C4:0)

2. Caproic acid methyl ester(C6:0)

3. Caprylic acid methyl ester(C8:0)

4. Capric acid methyl ester(C10:0)

5. Undecanoic acid methyl ester(C11:0)

6. Lauric acid methyl ester(C12:0)

7. Tridecanoic acid methyl ester(C13:0)

8. Myristic acid methyl ester(C14:0)

9. Myristoleic acid methyl ester(C14:1)

10. Pentadecanoic acid methyl ester(C15:0)

11. Cis–10–Pentadecenoic acid methyl ester(C15:1)

12. Palmitic acid methyl ester(C16:0)

13. Palmitoleic acid methyl ester(C16:1)

14. Heptadecanoic acid methyl ester(C17:0)

15. Cis–10–Heptadecenoic acid methyl ester(C17:1)

16. Stearic acid methyl ester(C18:0)

17. Elaidic acid methyl ester(C18:1n9t)

18. Oleic acid methyl ester(C18:1n9c)

19. Linolelaidic acid methyl ester(C18:2n6t)

20. Linoleic acid methyl ester(C18:2n6c)

21. Arachidic acid methyl ester(C20:0)

22. Y–Linolenic acid methyl ester(C18:3n6)

23. Cis–11–Eicosenoic acid methyl ester(C20:1)

24. Linolenic acid methyl ester(C18:3n3)

25. Heneicosanoic acid methyl ester(C21:0)

26. Cis–11,14–Eicosadienoic acid methyl ester(C20:2)

27. Behenic acid methyl ester(C22:0)

28. Cis–8,11,14–Eicosenoic acid methyl ester(C20:3n6)

29. Erucic acid methyl ester(C22:1n9)

30. Cis–11,14,17–Eicosadienoic acid methyl ester(C20:3n3)

31. Tricosanoic acid methyl ester(C23:0)

32. Methyl cis–5,8,11,14–eicosatetraenoic acid methyl ester(C20:4n6)*

33. Cis–13,16–Docosadienoic acid methyl ester(C22:2)

34. Lignoceric acid methyl ester(C24:0)

35. Cis–5,8,11,14,17–Eicosenoic acid methyl ester(C20:5n3)

36. Nervonic acid methyl ester(C24:1)

37. Cis–4,7,10,13,16,19–Docosadienoic acid methyl ester(C22:6n3)

图 A.1 脂肪酸甲酯混合标准品的气相色谱图

附录 B

（资料性附录）

阿胶与驴皮中脂肪酸气相色谱指纹图谱

阿胶与驴皮中脂肪酸气相色谱指纹图谱见图 B.1 。

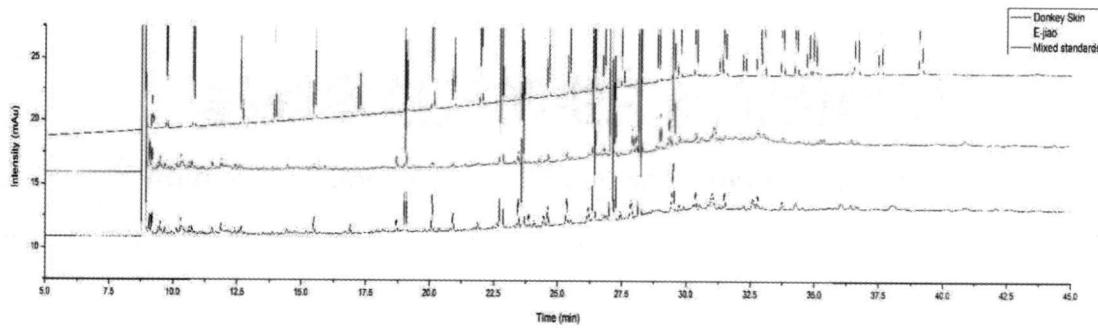

图B.1 阿胶与驴皮中脂肪酸气相色谱指纹图谱

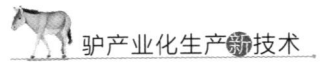
驴产业化生产新技术

ICS 65.020.30
B 41

团 体 标 准

T/CAAA 047—2020

规模化驴场卫生防疫技术规程

Technique regulations for health and epidemic prevention
on intensive donkey farms

2020-05-18 发布   2020-07-01 实施

中国畜牧业协会   发布

前 言

本标准按照 GB/T 1.1—2020 给出的规则起草。本标准由中国畜牧业协会提出并归口。

本标准起草单位：聊城大学、聊城市畜牧兽医局、东阿阿胶股份有限公司、山东畜牧兽医职业学院、青岛西海岸新区农业农村局、青岛农业大学、聊城市畜牧站、山东省农业科学院、东阿阿胶阜新科技开发有限公司、宁夏德泽农业产业投资开发有限公司。

本标准主要起草人：刘文强、何飞、刘桂芹、李在建、杨明珠、嵇传良、庄桂玉、李亮亮、王彤彤、张瑞涛、董建宝、范书金、孙玉江、王长法、王永、周苗苗、秦绪岭、谭鹏飞、刘万成、姜桂苗、曲洪磊、杨涛、郝旭。

规模化驴场卫生防疫技术规程

1. 范围

本标准规定了规模化驴场防疫条件、管理、疫病防治、无害化处理和档案管理。本标准适用于规模化驴场的卫生防疫。

2. 规范性引用文件

下列文件对于本文件的应用是必不可少的。凡是注日期的引用文件，仅注日期的版本适用于本文件。凡是不注日期的引用文件，其最新版本（包括所有的修改单）适用于本文件。

GB 13078—2017 饲料卫生标准

GB/T 18596—2001 畜禽养殖业污染物排放标准 GB/T 18635—2002 动物防疫 基本术语

GB/T 19525.2—2004 畜禽场环境质量评价准则

NY/T 388—1999 畜禽场环境质量标准 NY/T 472—2002 绿色食品 兽药使用准则

NY/T 1167—2006 畜禽场环境质量及卫生控制规范 NY/T 5027—2008 无公害食品 畜禽饮用水水质 T/CAAA 023—2019 规模化肥育驴场建设规程

中华人民共和国农业部令第 67 号 畜禽标识和养殖档案管理办法农医发〔2017〕25 号病死及病害动物无害化处理技术规范

3. 术语和定义

GB/T 18635—2002 界定的以及下列术语和定义适用于本文件。

3.1 肥育驴 fattening donkey

指断奶驴驹集中肥育 6 个月～10 个月或淘汰的较瘦成年驴集中肥育 1 个月～2 个月以产肉为目的的驴。

4. 防疫条件

4.1 场址选择

应符合 GB 19525.2—2004 和 NY/T 1167—2006 的要求。

4.2 场区设计

应符合 NY/T 388—1999 和 T/CAAA 023—2019 的要求。

5. 管理

5.1 布局

生产区、生活区和办公区分开。区分净道和污道，具有隔离圈舍和专门的粪污处理区，具有兽医室和保定设施。

5.2 入场

检疫合格方可引进。应隔离观察 2 周以上，确认安全后方可混群。

5.3 分群

5.3.1 肥育驴应执行每个生产周期的全进全出制。

5.3.2 繁殖母驴应分阶段饲养。

5.3.3 产房应保持清洁、卫生和安静，1 驴 1 舍。

5.4 饲料和饮水

饲料应符合 GB 13078—2017 的要求。水源充足，水质应符合 NY 5027—2008 的要求，应备有贮水设施和配套饮水设备，北方地区冬季应配备加温设施。

5.5 生物控制

驴场不应饲养其他动物。生产区内不准屠宰和解剖，也不应带入其他畜产品。应有防鸟防鼠设施。

5.6 人员

5.6.1 工作人员应定期健康体检，工作时做好个人防护。

5.6.2 外来人员进入场内需经许可，并按要求消毒后方可进入。

5.6.3 人员按清洁区域向污染区域单向流动。

6. 疫病防治

6.1 卫生消毒

6.1.1 场区出入口设消毒设施，对进出场车辆和人员进行消毒。

6.1.2 驴舍入口处设消毒设施。

6.1.3 应对驴舍、设施、用具、道路和环境进行消毒，每周 1 次～2 次。

6.1.4 转舍或调出后，驴舍和垫料应彻底清理并消毒，至少应空圈 2 周。

6.1.5 及时清理圈舍周围、排水沟、下水道和沉淀池。

6.1.6 食槽应每天清理一次，水槽 2～3 d 清理一次。

6.1.7 经常刷毛和清理驴体表，定期对驴体表进行消毒。在分娩、配种操作过程中加强消毒。

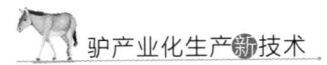

6.1.8 有疫病发生时，应对场区彻底消毒。

6.2 免疫

6.2.1 新生驴驹和产后母驴在产生后 24 h 内注射破伤风抗毒素，同时确保新生驴驹 4h 内吃到初乳。

6.2.2 根据疫病发生和流行情况，制定免疫程序，实施免疫。

6.2.3 对瘦弱、患病和怀孕后期的驴，应延迟免疫接种。

6.2.4 免疫接种后如果发生严重反应，应及时进行抢救治疗。

6.3 疫病监测

应密切观察驴群整体健康状况，发现异常情况应及时做出诊治和相应处理。定期对常见疫病发生情况监测，根据监测结果及时调整防疫方案。

6.4 疫病净化和根除种驴场应进行疫病净化，建立特定病原阴性的健康种驴群。

6.5 驱虫

6.5.1 每年春秋两次驱除体内外寄生虫。

6.5.2 对新引进的驴经过 15 d 的应激期后及时驱虫。

6.6 疫病诊治

6.6.1 对发病的驴及时诊断，必要时进行实验室确诊，制定相应的治疗方案，规范治疗。

6.6.2 对于发生疑似传染病的驴应及时隔离饲养，对圈舍消毒，恢复健康 15 d 后方可归群。

6.6.3 兽药使用应按 NY/T 472—2022 的规定执行。

7. 无害化处理

7.1 废弃物

按 GB/T 18596 –2001 的规定执行。

7.2 病死驴及病害驴

按《病死及病害动物无害化处理技术规范》（农医发〔2017〕25 号）的规定执行。

8. 档案管理

8.1 记录

包括驴的来源、免疫、消毒、发病、实验室检测、治疗、药品使用、死亡、病死及病害驴处理等。1 驴 1 标。记录应统一、规范。

8.2 存档

由专人管理，按《畜禽标识和养殖档案管理办法》中华人民共和国农业部令第 67 号的规定执行。

ICS 65.020.30
CCS B 44

DB34

安 徽 省 地 方 标 准

DB34/T 3934—2021

淮北灰驴饲养管理技术规程

Technical Specification for Feeding and Management of Huaibei Gray DonKey

2021-06-08 发布

2021-07-08 实施

安徽省市场监督管理局   发 布

前 言

本文件按照 GB/T 1.1—2020《标准化工作导则 第1部分：标准化文件的结构和起草规则》的规定起草。

请注意本文件的某些内容可能涉及专利。本文件的发布机构不承担识别专利的责任。本文件由安徽省畜禽遗传资源保护中心提出。

本文件由安徽省农业农村厅归口。

本文件起草单位：安徽省畜禽遗传资源保护中心、安徽科技学院、淮北濉溪振淮农业合作社、桐城市畜牧兽医管理中心、安徽省兽药饲料监察所、安徽省动物疫病预防与控制中心、六安恒佳生物科技有限公司。

本文件主要起草人：许大双、程智中、王华付、唐骏、朱先德、方保根、胡忠泽、张爱侠、吴惠娟、许晓靖、杨庆琳、谢艳霞、王学善、涂小璐、程敏、苌征、席海龙。

淮北灰驴饲养管理技术规程

1. 范围

本文件规定了淮北灰驴饲养管理的场区选址和布局、引种、饲养阶段划分、饲养管理、疫病防控、粪污处理等操作技术要求。

本文件适用于淮北灰驴的养殖。

2. 规范性引用文件

下列文件中的内容通过文中的规范性引用而构成本文件必不可少的条款。其中，注日期的引用文件，仅该日期对应的版本适用于本文件；不注日期的引用文件，其最新版本（包括所有的修改单）适用于本文件。

GB 13078—2017 饲料卫生标准

HJ/T 81—2001 畜禽养殖业污染防治技术规范

NY/T 388—2001 畜禽场环境质量标准 NY/T 472—2022 绿色食品 兽药使用准则 NY/T 682—2023 畜禽场场区设计技术规范

NY/T 1167—2006 畜禽场环境质量及卫生控制规范

NY/T 1952—2010 动物免疫接种技术规范

NY/T 3075—2017 畜禽养殖场消毒技术

NY 5027—2008 无公害食品 畜禽饮用水水质 DB34/7 04—2023 淮北灰驴

《病死及病害动物无害化处理技术规范》（中华人民共和国农业部 农医发〔2017〕25)

《动物检疫管理办法》（中华人民共和国农业部令〔2010〕6)

3. 术语和定义

本文件没有需要界定的术语和定义。

4. 场区选址和布局

4.1 选址和布局应符合 NY/T 682—2023 的规定。

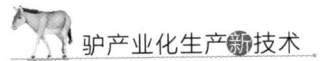

4.2 环境质量及卫生指标应符合 NY/T 1167—2006 的规定。

5. 引种

5.1 品种

应符合 皖 D/XM 04—87 的规定。

5.2 检疫

按《动物检疫管理办法》的规定进行。

5.3 隔离

进场前在隔离区（舍）观察不少于 30 d，经检查确定为健康后，方可转入相应圈舍。

6. 饲养阶段划分

饲养阶段分为幼驹、育成驴、空怀母驴、妊娠母驴、哺乳母驴和种公驴的饲养。

7. 饲养管理

7.1 饲养管理原则

7.1.1 营养搭配合理，满足各饲养阶段对营养成分的需求；饲草、饲料原料及饲料成品，应符合 GB 13078—2017 的规定；营养标准参照附录 A。

7.1.2 按体重、性别、年龄、强弱分群饲养，观察驴群健康状况，发现问题及时处理。

7.1.3 各饲养阶段的驴舍应做好夏季防暑和冬季保暖。

7.1.4 成年驴蹄及时修整，防止蹄甲变形发生蹄病。

7.1.5 饮用水水质应符合 NY 5027—2008 的规定。

7.2 幼驹饲养管理

7.2.1 幼驹

小于 6 月龄的幼驴。

7.2.2 饲养

保证幼驹尽快吃到初乳；2 周后，可用适口性好、易消化的草料诱食；3 月龄后，应对幼驹补饲；6 月龄（体重 50 kg ~ 70 kg）断奶，全日粮饲养。

7.2.3 管理

幼驹出生后，应及时清除鼻内粘液，断脐并消毒，编号登记。

7.3 育成驴饲养管理

7.3.1 育成驴

7 月龄 ~ 2.5 岁的驴。

7.3.2 饲养

育成期平均日增重 150 g ~ 200 g；每日饲喂精料不宜超过 0.3 kg，应均衡营养。

7.3.3 管理

每天运动 1.0 h ~ 1.5 h，上下午各刷拭 1 次。2.5 岁为初配年龄。

7.4 空怀母驴饲养管理

7.4.1 空怀母驴

能繁未妊娠母驴。

7.4.2 饲养

以饲喂优质牧草为主，自由采食，每日精料不宜超过 0.2 kg；配种前每天宜饲喂精料 0.3 kg ~ 0.6 kg。

7.4.3 管理

每天运动 1.0 h ~ 1.5 h；配种前 1 个月，应进行生殖系统检查，及时发现并治疗生殖系统疾病；母驴发情周期平均为 21 d，发情持续期为 3 d ~ 14 d；母驴空怀期间做好发情鉴定工作，发情特征明显，即可配种，配种的适宜时间为早晨或傍晚，配种次日应复配一次；配种后 16 d ~ 18 d 进行妊娠检查，未孕应在下一发情期补配。

7.5 妊娠母驴饲养管理

7.5.1 妊娠驴

从受精开始到分娩前的母驴。母驴妊娠期为 350 d ~ 370 d。

7.5.2 饲养

妊娠期前 8 个月每头日饲喂精料 0.3 kg ~ 0.6 kg；妊娠期 9 月 ~ 11.5 月，每头日饲喂精料 0.8 kg ~ 1.2 kg；产前 2 周，应单独饲养，减少饲料总量的 1/3；分娩前 1 周减少饲料总量的 2/3。

7.5.3 管理

每天安排 1 h 的自由运动；母驴分娩前转入安静、温暖、干燥和洁净的产房。

7.6 哺乳母驴饲养管理

7.6.1 哺乳母驴

母驴分娩后至哺乳期结束阶段的母驴。哺乳期为 6 个月。

7.6.2 饲养

分娩后饮用麸皮水 1 周，1 周 ~ 2 周逐渐增加草料饲喂量，2 周后恢复正常水平。前 3 个月每头日饲喂精料 2.2 kg ~ 2.8 kg，后 3 个月精饲喂量减至每头日 1.4 kg ~ 2.0 kg。

7.6.3 管理

产后 1 周左右，观察母驴的发情，以便安排配种。

7.7 种公驴饲养管理

7.7.1 种公驴

性成熟且体成熟达 70% 以上的可配种公驴、符合 DB34/T 04—2023 的规定。

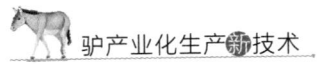

7.7.2 饲养

配种前 3 个月，更换配种期饲料比例，需要 1 周的过渡期，日增加饲喂鸡蛋 1 ~ 2 个，胡萝卜 1.0 kg。定时、定量，自由采食，先粗后精，每日饲喂次数不少于 4 次。

7.7.3 管理

种公驴配种、运动后 1 h 内不宜饲喂；饮食后或运动 1 h 内，不宜配种；每天仅限配种 1 次，每周至少休息 2 d。每天运动时间为 1.0 h ~ 1.5 h；种公驴单圈饲养；配种前应查阅系谱， 避免近亲繁殖。

8. 疫病防控

8.1 消毒和环境质量控制

8.1.1 消毒应执行 NY/T 3075—2017 的规定。

8.1.2 场区环境控制符合 NY/T 388—1999 的规定。

8.2 免疫操作

应符合 NY/T 1952—2010 的规定。

8.3 兽药使用

应符合 NY/T 472—2022 的规定。

8.4 灭蚊蝇鼠

8.4.1 消除水坑等蚊蝇孳生地，定期喷洒杀虫药物，消灭蚊蝇。

8.4.2 使用器具和药物灭鼠，及时收集死鼠和残余鼠药，应做好无害化处理。

8.5 驱虫

选择高效、安全的抗寄生虫药物驱虫，驱虫程序要符合驴常见寄生虫病的预防、治疗原则，驴进场 10 d 后或肥育前驱虫 1 次，饲养过程中每年春秋两季各驱虫 1 次；垫料应定期消毒和更换，防止外在寄生虫病和皮肤病。

8.6 病、死驴的处理应执行《病死及病害动物无害化处理技术规范》的规定。

9. 粪污处理

及时清除圈舍内外的粪便并集中堆积发酵处理，污染物处理应符合 HJ/T 81—2001 的规定。

10. 记录

做好各阶段生产记录，存档不低于 2 年。

附 录 A

（资料性）

幼驹、育成驴、空怀母驴、妊娠母驴、哺乳母驴和

种公驴饲料营养标准

表A.1 幼驹、育成驴、空怀母驴、妊娠母驴、哺乳母驴和种公驴饲料营养标准

项目		粗饲料占比/%	消化能 MJ/kg	粗蛋白/%	钙/%	磷/%
幼驹	0月~3月	0.0~10.0	13.2	22.0	0.8	0.6
	4月~6月	20.0~25.0	12.1	20.0	0.7	0.4
育成	7月~12月	30.0~35.0	10.9	13.0	0.5	0.3
	13月~18月	45.0~55.0	10.5	11.3	0.4	0.2
	19月~24月	60.0~70.0	9.6	10.1	0.3	0.2
	25月以上	65.0~75.0	9.2	9.4	0.3	0.2
空怀母驴	断奶未孕期	75.0~85.0	8.5	10.0	0.3	0.2
妊娠	妊娠期1月~8月	75.0~80.0	8.8	10.0	0.5	0.4
	妊娠期 9月~11.5月	65.0~75.0	11.5	14.0	0.6	0.4
哺乳	哺乳期前3个月	45.0~55.0	10.8	12.0	0.7	0.5
	哺乳期后3个月	60.0~70.0	9.6	10.0	0.7	0.5
种公驴	非配种期	65.0~70.0	9.0	9.4	0.4	0.3
	配种期	55.0~60.0	9.6	13.4	0.5	0.4

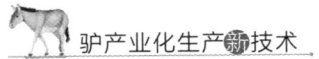
ICS 67.120

B 45

T/SDJKR

团 体 标 准

T/SDJKR 003—2021

健康肉全链条质量管理规范　驴肉

Specification for the whole-chain quality control of healthy meat --donkey

2021-05-08 发布　　　　　　　　　　　　　2021-06-01 实施

山东健康肉产业联合会　发布

前　言

本文件按照新版 GB/T1.1—2020《标准化工作导则 第 1 部分：标准化文件的结构和起草规则》的规定起草。

本文件由山东健康肉产业联合会提出并归口。

本文件起草单位：山东健康肉产业联合会、聊城大学、山东省农业科学院畜牧兽医研究所、东阿阿胶股份有限公司、山东省农业科学院农产品加工与营养研究所、聊城市农业农村局、聊城市动物疫病预防与控制中心、菏泽市畜牧服务中心、临沂市畜牧发展促进中心、滨州市农业农村局、山东俊驰驴业有限公司。

本标准主要起草人：齐鹏飞、张伟、刘桂芹、周广运、稽传良、朱曼玲、刘文强、王立、王长法、厉磊、陈金海、毛磊、赵磊、蔡中峰、孙祥仓、李建军、丁召亮、李亮亮、朱明霞、李玉华、周苗苗。

健康肉全链条质量管理规范 驴肉

1. 范围

本文件规定了健康驴肉的驴健康养殖、屠宰过程管理、质量安全要求、流通过程管理、管理体系要求、追溯与召回、档案记录。

本文件适用于山东健康肉产业联合会内的养殖场、屠宰厂（场）和流通企业的驴肉全链条的质量管理。

2. 规范性引用文件

下列文件对于本文件的应用是必不可少的。凡是注日期的引用文件，仅注日期的版本适用于本文件。凡是不注日期的引用文件，其最新版本（包括所有的修改单）适用于本文件。

GB/T 191—2008 包装储运图示标志

GB 2707—2016 食品安全国家标准 鲜（冻）畜禽产品

GB 2762—2022 食品安全国家标准 食品中污染物限量

GB 2763—2021 食品安全国家标准 食品中农药最大残留限量

GB 4789.17—2003 食品微生物学检验 肉与肉制品检验

GB 5009.3—2016 食品中水分的测定

GB 5009.12—2023 食品中铅的测定

GB 5009.15—2023 食品中镉的测定

GB 5009.228—2016 食品安全国家标准 食品中挥发性盐基氮的测定

GB/T 9695.19—2008 肉与肉制品取样方法

GB 12694—2016 食品安全国家标准 畜禽屠宰加工卫生规范

GB 13078—2017 饲料卫生标准

GB 18596—2001 畜禽养殖业污染物排放标准

GB/T 20014.11—2005 良好农业规范 第 11 部分 畜禽公路运输控制点与符合性规范

GB/T 20575—2019 鲜、冻肉生产良好操作规范

GB/T 20762—2006 畜禽肉中林可霉素、竹桃霉素、红霉素、替米考星、泰乐菌素、克林霉素、螺旋霉素、吉它霉素、交沙霉素残留量的测定 液相色谱 – 串联质谱法

GB 20799—2016 食品安全国家标准肉和肉制品生产经营规范

GB/T 21312—2007 动物源性食品中 14 种喹诺酮药物残留检测方法 液相色谱 – 质谱 / 质谱法

GB/T 21330—2007 动物源性食品中链霉素残留量测定方法 – 酶联免疫法

GB/T 22000—2006 食品安全管理体系 食品链中各类组织的要求

GB/T 24616—2019 冷藏、冷冻食品物流包装、标志、运输和储存

GB/T 27301—2008 食品安全管理体系 肉及肉制品生产企业要求

GB/T 27341—2009 危害分析与关键控制点（HACCP）体系 食品生产企业通用要求

GB/T 37061—2019 畜禽肉质量分级导则

GB 31650—2019 食品中兽药最大残留限量

NY/T 388—1999 畜禽场环境质量标准

NY 467—2001 畜禽屠宰卫生检疫规范

NY/T 1431—2007 农产品追溯编码导则

NY/T 2534—2013 生鲜畜禽肉冷链物流技术规范

NY/T 2799—2023 绿色食品 畜肉

NY/T 3075—2017 畜禽养殖场消毒技术

NY/T 3743—2020 畜禽屠宰操作规程 驴

NY/T 5030—2016 无公害农产品 兽药使用准则

NY 5032—2006 无公害食品 畜禽饲料和饲料添加剂使用准则

HJ 568—2010 畜禽养殖产地环境评价规范

DB37/T 3665—2019 规模化驴场防疫技术规程

DB37/T 3666—2019 驴屠宰检疫规程

DB37/T 3667—2019 商品化肥育驴场建设规范

3. 术语和定义

下列术语和定义适用于本文件。

3.1 健康驴肉 healthy donkey meat

指经过山东健康肉产业联合会认可，实行从养殖到流通环节全程质量控制，全程可追溯、品质、安全指标符合联盟标准要求的优质驴肉。

3.2 健康养殖 healthy aquaculture

以安全、优质、高效和无公害为主要内涵，实现数量、质量和生态效益并重发展的规模化养殖模式。

3.3 全链条 whole chain

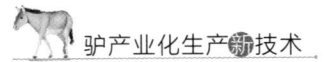

从养殖到餐桌的全过程，包括养殖、运输、屠宰、分割、加工、包装、冷藏、流通、销售等各个环节。

4. 健康养殖要求

4.1 产地环境

肉驴的养殖产地环境要求应符合 HJ 568—2010 和 NY/T 388—1999 的有关规定。

4.2 养殖过程

4.2.1 驴源要求

肥育养殖场（含自繁自育养殖场）中所有的肉驴都应具有可追溯性。种驴应来自有种畜禽生产许可证的养殖场，应按照《畜禽标识和养殖档案管理办法》的要求建立养殖档案，进行标识管理。引进肉驴要严格按照《山东省无规定动物疫病区外引（过境）易感动物和动物产品管理规定》提前向动物卫生监督机构申报，开具有效动物检疫合格证明。

新购入的驴要在隔离场（区）观察不少于 45 d，经兽医检查确定健康合格后，方可转入生产群。

4.2.2 饲养管理

肥育驴的养殖生产过程中场址选择、规划与设计、建筑要求、配套设施及场区绿化等涉及肉驴饲养管理的各环节应遵循 DB37/T 3667—2019 的有关规定，饮水应符合 GB 5749—2022 的要求，卫生消毒按照 NY/T 3075—2017 执行。应具有隔离圈，粪便、污水等废弃物应进行无害化、资源化处理，污染物排放按照 GB 18596—2001 执行。

肥育驴的饲喂管理按照 DB 37/T 3225—2019 执行。

4.3 饲料和饲料添加剂要求

饲料和饲料添加剂应饲料和饲料添加剂应来源于有生产许可证和产品批号的企业的合格产品， 符合 GB 13078—2017 及《禁止在饲料和动物饮水中食用的物质名单》等国家有关要求。

根据饲养计划做好全年粗饲料贮备工作，保证无发霉、变质、污染、异味等；严禁使用除乳和乳制品外的动物源性饲料、含抗生素及激素类饲料；不得在饲料中添加使用国家禁止的兽药、人用药品及其他国家禁用物质。

4.4 疫病预防

4.4.1 防疫设施、防疫制度应根据《中华人民共和国动物防疫法》及其配套法规，符合 NY 5126—2002 的要求，结合当地实际情况，制定疫病的免疫计划。

4.4.2 养殖全过程应实施疾病跟踪、监测、预防和诊断，确保不发生重大动物疫病及人畜共患病。提倡通过添加天然植物（提取物）、微生态制剂、微量元素等手段提高肉驴机体免疫力，有效预防动物疾病。兽药等化学投入品使用按照 NY/T 5030—2016 和《食品动物中禁止使用的药品及其他化合物清单》执行，对使用药物治疗的肉驴，应严格执行休药期的相关规定。

4.5 产地检疫

按照《马属动物产地检疫规程》有关规定执行，依法取得动物检疫合格证明，并在指定动物隔离饲养场隔离观察不少于 45 d。

5. 屠宰过程管理

5.1 转场运输

应符合 GB/T 20014.11—2005 的要求，按照指定通道和途径路线运输。

5.2 管理依据

按照《山东省畜禽屠宰管理办法》有关规定执行。

5.3 屠宰检疫

按照 DB37/T 3666—2019 执行。

5.4 屠宰加工

5.4.1 屠宰生产操作符合 GB/T 20575—2019 要求，屠宰过程中的用水应符合 GB 5749-2022 的要求。

5.4.2 屠宰操作过程按照 NY/T 3743—2020 执行。

5.5 宰后检验

5.5.1 要求

应按照 GB 12694—2016、NY 467—2001 的相关规定执行宰后检验包括头部检验、内脏检验、胴体检验和复验盖章。宰后检验采用视、触、嗅等感官检验方法。头、屠体、内脏和皮张应统一编号，对照检验。具体要求见规范性附录 B。

5.5.2 盖章

复验合格的，在胴体上加盖本厂（场）的肉品品质检验合格印章，准予出厂；对检出的病肉按照规定分别盖上相应的检验处理印章。

5.5.3 不合格肉品的无害化处理

病死、病害动物及动物产品应按照《病死及病害动物无害化处理技术规范》的相关规定，进行无害化处理。

5.6 胴体预冷、成熟

5.6.1 胴体预冷

预冷间温度 −1 ℃ ~ 4 ℃、湿度 85% ~ 90%；预冷时间 12 ~ 24 h，后腿肉的中心温度达到 4 ℃ ~ 6 ℃，其他条件符合 GB/T 20575—2019 之相关规定。

5.6.2 胴体成熟

预冷处理后的胴体、二分体或四分体进入成熟间，成熟间温度 0℃～4℃、湿度 85%～90%。常规排酸成熟时间不少于 36 h。

6. 动物福利

在养殖、运输、屠宰等过程中应保障动物享有不受饥渴、生活舒适自由、表达天性、免受痛苦、伤害和疾病等最基本的权利，不得暴力驱赶和惊吓。其中，不同阶段体重的肥育驴的饲养密度见资料性附录 A，宜设活动区为驴舍面积的 2.5 倍以上；运输过程按 DB 14/T 1776—2019 中有关要求执行。

7. 质量安全要求

7.1 采样与产品要求

7.1.1 采样要求

采样及检验方法应按照 GB 4789.17—2003、GB/T 9695.19—2008 规定的要求执行。样品采集后应尽快送达实验室，或将样品保存在 0℃～4℃环境中不超过 24 h。

7.1.2 产品要求

产品质量应符合 NY/T 2799—2023 标准，产品质量分级应符合 GB/T 37061—2018 要求。

7.2 鲜、冻肉感官指标

应符合 GB 2707—2016 的规定。

7.3 理化指标

应符合表 1 的规定。

表 1 理化指标

项目	指标	检验方法
水分/% ≤	77	GB 5009.3—2016
挥发性盐基氮/(mg/100g) ≤	15	GB 5009.228—2016

7.4 微生物限量

应符合表 2 的规定。

表 2 微生物指标

项目	指标
菌落总数/(CFU/g) ≤	1×10^6
大肠菌群/（MPN/100g） ≤	1×10^4
沙门氏菌	不得检出

续表

项目	指标
金黄色葡萄球菌	不得检出
肠出血性大肠杆菌	不得检出

7.5 污染物限量

应符合 GB 2762—2022 的规定。

7.6 农药兽药残留限量

7.6.1 农药残留限量

应符合 GB 2763—2021 的规定。

7.6.2 兽药残留限量

兽药残留应符合表 4、GB31650—2019 的要求。

表 4 兽药残留限量

兽药类别	残留限量	检验方法
达氟沙星/（μg/kg）	不得检出	GB/T 21312—2007
恩诺沙星/（μg/kg）	不得检出	GB/T 21312—2007
替米考星/（μg/kg）	≤50	GB/T 20762—2006
链霉素/双氢链霉素/（μg/kg）	≤300	GB/T 21330—2007

8. 流通过程管理

8.1 包装与标识

8.1.1 运输包装与标识应符合 GB/T 191—2008、GB/T 24616—2019 中的相关规定。

8.1.2 驴健康肉应加具相应产品追溯标识，并严格贯彻落实《畜禽屠宰企业实行肉品品质检验合格证电子出证的公告》，实行肉品品质检验合格证电子出证。各驴肉分割品，冻品包装上加施肉品品质检验合格粘贴标志。

8.1.3 符合本文件的产品应在包装上体现山东健康肉产业联合会认证的“健康肉品牌”标识。

8.2 仓储、运输与配送

应按照 GB 20799—2016 和 NY/T 2534—2013 中的相关规定执行。健康驴肉出货前应确认包装良好，装卸过程中不应损害其外包装。健康驴肉的出库、装车、卸车应控制在

0℃ ~ 4℃。

8.3 销售

8.3.1 驴肉健康冷鲜肉冷却间温度保持在 –2 ℃ ~ 4 ℃，冷冻肉应在 –18 ℃及以下冷冻展示柜内销售；驴肉健康肉应单独存放、专柜销售，避免与本规范禁止使用的物质接触。

8.3.2 销售商有权获得健康驴肉品牌产品的各项证明材料，生产商应主动向销售商出示驴肉健康肉品牌产品认证证书，并发放驴肉健康肉品牌产品销售许可证；销售商应在健康驴肉品牌产品销售专区显著位置摆放健康肉品牌产品认证证书。

8.3.3 销售过程应防止微生物污染、化学污染、物理污染，不应使用《食品中可能违法添加的非食用物质和易滥用的食品添加剂名单》中的物质或国家法律法规规定的禁用物质。

8.3.4 质量不合格的健康驴肉应及时下架，召回销毁。

9. 管理体系要求

屠宰加工从业企业符合 GB/T 22000—2006、GB/T 27341—2009 的要求。

10. 追溯与召回

10.1 产品追溯

10.1.1 驴肉健康肉追溯体系应建立符合国家、行业、地方等标准要求，要以保障产品质量为目的，确保健康驴肉产品出现食品安全风险时，能进行追溯。追溯信息应符合 GB/T 28843—2012 的规定。

10.1.2 追溯信息的建立，采用全通用的标识系统，能够实现通过编码或标识追溯驴肉健康肉产品生产履历信息等数据。产品编码规则应按照 NY/T 1431—2007 的要求执行。

10.1.3 驴肉健康肉产品各环节应建立良好的上下游信息及数据的传递通道，以二维码为载体，提供防伪查询和企业追溯，一物一码，查询方便快捷。

10.1.4 企业应及时处理客户投诉，并保留投诉处理的记录，包括投诉的接受、登记、确认、调查、跟踪及反馈。

10.1.5 山东健康肉产业联合会定期对企业公开的有关信息进行核实监督，对提供虚假信息的责任主体予以通报。

10.2 产品召回

10.2.1 应根据相关法律法规建立完善的产品召回制度。遵循"真实、准确、完整、及时"原则，记录召回产品的批次、数量、召回原因和结果等信息，不得有虚假记载、误导性陈述、重大遗漏或拖延披露。

10.2.2 当发现存在缺陷的产品时，应当立即停止生产和销售，召回已经上市销售的产品，通知相关生产经营者和消费者，记录召回和通知情况，并对可能存在的食品安全危害进行调查与评估。

10.2.3 召回的产品应按照相应的国家法规处理。

11. 档案记录

建立记录制度，对产品生产中采购、加工、贮存、检验、销售等环节详细记录。建立文件的管理制度，对文件进行有效管理，确保各相关场所使用的文件均为有效版本。

健康肉全链条相关记录及资料保留 2 年以上。

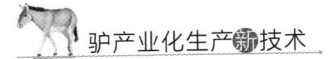

附录A

（资料性附录）

A.1 不同体重驴的饲养密度

不同体重驴的饲养密度见附表1。

附表1 不同体重驴的饲养密度

种类	占用面积/hm²
6月龄内的驴驹	0.9
100 kg～150 kg	1.6～1.9
150 kg～200 kg	1.9～2.3
200 kg～250 kg	2.3～2.6
250 kg以上	2.6～2.9
能繁母驴	3.9～4.6
分娩母驴	6.0～7.2

附录B

（规范性附录）

B.1 宰后检验的具体要求

1. 头部检验

对头进行全面观察，并依次检验两侧颌下淋巴结，耳下淋巴结和内外咬肌。检验咽部内外淋巴结，并触检舌体，观察口腔粘膜和扁桃体，将甲状腺割除干净。对患有开放性骨瘤且有脓性分泌物的或在舌体上生有类似肿块的驴头做非食用处理。对多数淋巴结化脓、干酪变性或有钙化结节的、头颈部和淋巴结水肿的、咬肌上见有灰白色或淡黄绿色病变的、肌肉中有寄生性病变的将头扣留，按号通知胴体检验人，将该胴体进行对照检验和处理。

2. 内脏检验

2.1 胃肠检验

胃肠检验应按以下程序执行：

a) 先进行全面观察，注意浆膜面上有无淡褐色绒毛状或结节状增生物、有无创伤性胃炎、脾脏是否正常；

b) 然后将小肠展开，检验全部肠系膜淋巴结有无肿大、出血和干酪变性等变化，食管有无异常；

c) 当发现可疑肿瘤、白血病和其他病变时，连同心肝肺将该胴体进行对照检验和处理；

d) 胃肠于清洗后还要对胃肠粘膜面进行检验和处理；

e) 当发现脾脏显著肿大、色泽黑紫、质地柔软时，应控制好现场，请检验负责人会诊和处理。

2.2 心肝肺检验

心肝肺检验应按以下程序执行：

a) 心脏检验：检验心包和心脏，有无创伤性心包炎、心肌炎、心外膜出血。必要时切检右心室，检验有无心内膜炎、心内膜出血、心肌脓疡和寄生性病变。

b) 肝脏检验：观察肝脏的色泽、大小是否正常，并触检其弹性。对肿大的肝门淋巴结和粗大的胆管，应切开检查，检验有无肝癖血、混浊肿胀、肝硬化、肝脓疡、坏死性肝炎、寄生性病变。

c) 肺脏检验：观察其色泽、大小是否正常，并进行触检。切检每一硬变部分。检验纵隔淋巴结和支气管淋巴结，有无肿大、出血、干酪变性和钙化结节病灶。检验有无肺呛血、肺出血、肺水肿、小叶性肺炎和大叶性肺炎，有无异物性肺炎、肺脓疡和寄生性病变。

2.3 胴体检验

胴体检验应按以下程序执行：

a) 观察其整体和四肢有无异常，有无癖血、出血和化脓病灶，腰背部和前胸有无寄生性病变；

b) 臀部有无注射痕迹，发现后将注射部位的深部组织和残留物挖除干净；

c) 检验两侧髂下淋巴结、腹股沟深淋巴结和肩前淋巴结是否正常，有无肿大、出血、瘀血、化脓、干酪变性和钙化结节病灶；

d) 检验股部内侧肌、内腰肌和肩脚外侧肌有无癖血、水肿、出血、变性等变状，有无

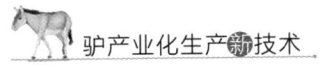

囊泡状或细小的寄生性病变实；

e) 检验肾脏是否正常，有无充血、出血、变性、坏死和肿瘤等病变，并将肾上腺割除掉；

f) 检验腹腔中有无腹膜炎，脂肪坏死和黄染；

g) 检验胸腔中有无肋膜炎和结节状增生物，胸腺有无变状；

h) 观察颈部有无血污和其他污染。

2.4 胴体复验

胴体复验应按以下程序执行：

a) 检查有无漏检；

b) 有无未修割干净的内外伤和胆汁污染部分；

c) 椎骨中有无化脓灶和钙化灶，骨髓有无褐变和溶血现象；

d) 肌肉组织有无水肿，变性等变状。

参考文献

[1] 山东省无规定动物疫病区外引（过境）易感动物和动物产品管理规定（鲁牧动卫发〔2017〕12 号）

[2] 畜禽标识和养殖档案管理办法（中华人民共和国农业部令第67号）

[3] 禁止在饲料和动物饮水中食用的物质名单（中华人民共和国农业部公告第 1519 号）

[4] 中华人民共和国动物防疫法

[5] 食品动物中禁止使用的药品及其他化合物清单（中华人民共和国农业部公告第250号）

[6] 反刍动物产地检疫规程（中华人民共和国农业部农医发〔2010〕20 号附件2）

[7] 山东省畜禽屠宰管理办法（山东省人民政府令第 328 号）

[8] 牛屠宰检疫规程（中华人民共和国农业部农医发〔2010〕27 号）

[9] 病死及病害动物无害化处理技术规范（中华人民共和国农业部农医发〔2017〕25号）

[10] 畜禽屠宰企业实行肉品品质检验合格证电子出证的公告（山东省畜牧兽医局〔2020〕103号）

[11] 食品中可能违法添加的非食用物质和易滥用的食品添加剂名单

ICS
B43
备案号：

DB14040

山 西 省 长 治 市 农 业 地 方 规 范

DB140400/T 03—2004

绿色农产品 肉驴饲养操作规范（废止）

2004-08-09 发布

2004-09-09 实施

长治市农业标准化技术委员会
山西省长治市质量技术监督局　　发布

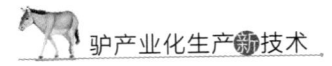

前 言

本标准附录 A 为资料性附录。

本标准由山西省长治市农业标准化技术委员会提出。本标准起草单位：山西省长治市畜牧局。

本标准起草人：桑英智、赵雪峰、胡彦昭、郭苛峰、徐 静、常 静。本标准于 2004 年 8 月 9 日首次发布。

绿色农产品 肉驴饲养操作规范

1. 范围

本标准规定了绿色肉驴生产中环境、引种和购驴、饲养、防疫、管理、运输、废弃物处理等涉及肉驴饲养管理的各环节应遵循的要求。

本标准适用于生产绿色驴肉的种驴场、种公驴站、商品驴肥育场、隔离场的饲养与管理。

2. 规范性引用文件

下列文件中的条款通过本标准的引用而成为本标准的条款。凡是注日期的引用文件，其随后所有的修改单（不包括勘误的内容）或修订版均不适用于本标准，然而，鼓励根据本标准达成协议的各方研究是否可使用这些文件的最新版本。凡是不注日期的引用文件，其最新版本适用于本标准。

GB 18596—2001　　畜禽场污染物排放标准

NY/T 388—1999　　畜禽场环境质量标准

NY 5027—2008　　无公害食品 畜禽饮用水水质

《允许使用的饲料添加剂品种目录》（中华人民共和国农业部公告 1999 年第 105 号）

《禁止在饲料和动物饮水中使用的药物品种目录》（农业部、卫生部、国家药品监督管理局公告第 176 号）

《食品动物禁用的兽药及其化学物清单》（农业部文件农牧发〔2002〕1 号）

3. 术语和定义

下列术语和定义适用于本标准。

3.11 肉驴 meat donkey

在经济或体形结构上用于生产以驴肉为主的品种。

3.22 投入品 input

饲养过程中投入的饲料、饲料添加剂、水、疫苗、兽药等物品。

3.33 净道 non-pollution road

驴群周转、场内工作人员行走、场内运送饲料的专用道路。

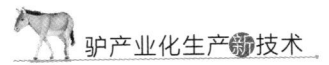

3.44 污道 pollution road

粪便等废弃物运送出场的道路。

3.55 驴场废弃物 ass farm waste

主要包括驴粪、尿、尸体及相关组织、垫料、过期兽药、残余疫苗、一次性使用的畜牧兽医器械及包装物和污水。

4. 驴场环境和工艺

4.1 驴场环境应符合要求。

4.2 场址用地应符合当地土地利用规划的要求,充分考虑肉驴的放牧和饲草、饲料条件。

4.3 驴场的布局设计应选择避风和向阳,建在干燥、通风、排水良好、易于组织防疫的地点。驴场周围 1 000 m 内无大型化工厂、采矿场、肉品加工厂、屠宰厂、饲料厂、活畜交易市场和畜牧场污染源。驴场距离干线公路、铁路、城镇、居民区和公共场所 500 m 以上,驴场周围应有隔离物如围墙(围墙高 > 1.5 m)或防疫沟(防疫沟宽 > 2 m),周围建立绿化隔离带。

4.4 饲养区内不应饲养其他经济用途的动物。

4.5 驴场管理区、生活区、生产区、粪便处理区应分开。驴场生产区要布置在管理区主风向的下风或侧风向,隔离驴舍、污水、粪便处理设施和病、死驴处理区设在生产区主风向的下风或侧风向。

4.6 场区内道路硬化,裸露地面绿化,净道和污道分开,互不交叉,并及时清扫和定期消毒。

4.7 实行按生长阶段进行驴舍结构设计,驴舍布局符合实行分阶段饲养方式的要求。

4.8 种驴舍设计应能保温隔热,地面和墙壁应便于清洗和消毒,有便于废弃物排放和处理的设施。

4.9 驴场应设有废弃物贮存、处理设施,防止泄漏、溢流、恶臭等对周围环境造成污染。

4.10 驴舍应通风良好,空气中有毒有害气体含量应符合 NY/T 388—1999 的要求,温度、湿度、气流、空气质量、光照符合肉驴不同生长阶段要求。

5. 引种和购驴

5.1 引进种驴要严格执行《种畜禽管理条例》第 7、8、9 条,并进行检疫。

5.2 购入驴要在隔离场(区)观察不少于 15 d,经兽医检查确定为健康合格后,方可转入生产群。

6. 饲养投入品

6.1 饲料和饲料添加剂

6.1.1 饲料的营养成分要全面，符合驴生长发育、生产需要，日粮配合要以饲养标准为基础，灵活应用。饲料组成要符合驴的消化生理特点，合理搭配。组成要多样化，发挥营养物质的互补作用，使营养更加全面，适口性更好。饲料原料的选用符合无公害、无污染标准。

6.1.2 定期对各种饲料和饲料原料进行采样和化验。各种原料和产品标志清楚，在洁净、干燥、无污染源的储存仓内储存。

6.1.3 不应在饲料中添加镇静剂、激素类等违禁药物。

6.1.4 使用含抗生素的添加剂时，应按照《饲料和饲料添加剂管理条例》执行休药期。

6.1.5 添加剂使用要执行农业部105号公告《允许使用的饲料添加剂品种目录》。

6.2 饮水

6.2.1 水质应符合 NY 5027—2008 的要求，执行《畜禽饮用水水质标准》。

6.2.2 定期清洗消毒饮水设备。

6.3 疫苗和使用

6.3.1 驴群的防疫应重点考虑马鼻疽和马传贫。

6.3.2 防疫器械在防疫前后应彻底消毒。

6.4 兽药和使用

6.4.1 治疗使用药剂时，执行《中华人民共和国兽药规范》的规定，正确使用兽药，应按兽药使用准则操作，合理选药和用药。

6.4.2 肉驴肥育后期使用药物时，应根据《饲料和饲料添加剂管理条例》、《兽药生产质量管理规范实施细则》规定执行休药期。

6.4.3 兽药及其化合物的使用严格执行农业部（2002）1号文件《食品动物禁用的兽药及其化合物清单》。

6.4.4 发生疾病的种公驴、种母驴及后备驴必须使用药物治疗时，在治疗期或达不到休药期的不应作为食用淘汰驴出售。

7. 卫生消毒

7.1 消毒剂

选用的消毒剂应高效、安全、使用简便，对人畜无害，杀菌力强，有效浓度低，作用迅速，性质稳定，不易受有机物和其他因素影响。

7.2 消毒方法

7.2.1 喷雾消毒

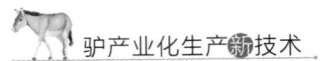

对清洗完毕后的驴舍、驴场道路和周围环境以及进入场区的车辆等用规定浓度的次氯酸盐、有机碘混合物、过氧乙酸、新洁尔灭、煤酚等进行喷雾消毒。

7.2.2 浸液消毒

用规定浓度的新洁尔灭、有机碘混合物或煤酚等的水溶液洗手、洗工作服或胶靴。

7.2.3 紫外线消毒

人员入口处设紫外线灯，照射至少 5 min。

7.2.4 喷洒消毒

在驴舍周围、入口、产床和驴床下面撒生石灰、火碱等进行消毒。

7.2.5 火焰消毒

在驴经常出入的产房、培育舍等地方用喷灯的火焰依次瞬间喷射消毒。

7.2.6 熏蒸消毒

用甲醛等对饲喂用具和器械在密闭的室内或容器内进行熏蒸。

7.3 消毒制度

7.3.1 环境消毒

驴舍周围环境每 2 ~ 3 周用 2% 火碱或撒生石灰消毒 1 次；场周围及场内污池、排粪坑、下水道出口，每月用漂白粉消毒 1 次。在驴场、驴舍入口设消毒池，定期更换消毒液。

7.3.2 人员消毒

工作人员进入生产区净道和驴舍要更换工作服和工作鞋，经紫外线消毒。外来人员必须进入生产区时，应更换场区工作服和工作鞋，经紫外线消毒，并遵守场内防疫制度，按指定路线行走。

7.3.3 驴舍消毒

每批驴调出后，应彻底清扫干净，用水冲洗，然后进行喷雾消毒。

7.3.4 用具消毒

定期对饲喂用具、饲料车等进行消毒，所用消毒剂应无腐蚀作用。

7.3.5 带驴消毒

定期进行带驴消毒，减少环境中的病原微生物。

8. 管理

8.1 人员管理

8.1.1 驴场工作人员应定期进行健康检查，有传染病者不得从事饲养工作。

8.1.2 场内兽医人员不应对外出诊、配种人员不应对外开展驴的配种工作。

8.1.3 场内工作人员不应携带非本场的动物食品入场。

8.2 饲养管理

8.2.1 不应喂发霉和变质的饲料饲草。

8.2.2 按体重、性别、年龄、强弱分群饲养，观察驴群健康状态，发现问题及时处理。

8.2.3 保持地面清洁，垫料应定期消毒和更换。保持料槽、水槽及舍内用具洁净。

8.2.4 对成年种公驴、母驴定期浴蹄和修蹄。

8.2.5 对所有驴用打耳标等方法编号。

8.3 灭蚊蝇、灭鼠、驱虫

8.3.1 消除水坑等蚊蝇孳生地，定期喷洒消毒药物，消灭蚊蝇。

8.3.2 使用器具和药物灭鼠，及时收集死鼠和残余鼠药，并应做无害化处理。

8.3.3 选择高效、安全的抗寄生虫药物驱虫、驱虫程序要符合驴常见寄生虫病预防、治疗的原则。

9. 运输

9.1 商品驴运输前，应经动物防疫监督机构检疫，并出具检疫证明。

9.2 运输车辆在使用前后要按照要求消毒。

10. 病、死驴处理

10.1 驴场不应出售病驴、死驴。

10.2 需要处死的病驴，应在指定地点进行扑杀，传染病驴尸体要按要求进行处理。

10.3 有使用价值的病驴应隔离饲养、治疗、病愈后归群。

11. 废弃物处理

驴场污染物排放应符合 GB 18596—2001 的要求。

12. 资料记录

12.1 所有记录应准确、可靠、完整。

12.2 驴只标记和系谱的育种记录。

12.3 发情、配种、妊娠、流产、产犊和产后监护的繁殖记录。

12.4 哺乳、断奶、转群的生产记录。

12.5 种驴及肥育驴来源、驴号、主要生产性能及销售地记录。

12.6 饲料及各种添加剂来源、配方及饲料消耗记录。

12.7 防疫、检疫、发病、用药和治疗情况记录。

附录 A

(资料性附录)

养驴歌

◎饲草饲料◎

要想养驴效益好，饲养管理很重要。饲料品种搭配好，只喂一种太单调。肉驴吃饱百样草，补充精料长得好。少添勤喂要记牢，夜喂草料快增膘。定时适量定次数，忽多忽少吃不好。喂驴最好草要净，讲究卫生节省料。精粗饲料搭配好，冬拌温饮肯上膘。禁喂发霉草和料，注意农药有毒草。

◎饲养管理◎

驴舍每天要打扫，定时消毒别忘掉，室内空气要流通，粪便清除去发酵。驴场饲喂头数多，耳标编号要分清。资料记录要完整，准确可靠随时查。夏防暑来冬防寒，调节温度很重要。温度高时需降温，冷水泼地比较好。有条件时安风扇，使用风机效更高。切忌烈日当头晒，驴要遮阴也必要。春秋两季要驱虫，加喂药物虫克星。几种药品交替用，治疗效果会更好。冬季禁饮凉冰水，不要饲喂霜雪草。严冬保温措施好，正常生长不掉膘。堵抹墙缝防贼风，门窗挂草帘更好。冬季窗户塑料膜，保温措施讲实效。

◎选种繁殖◎

要想养驴效益高，育种选种也重要。优良种驴产仔好，才有收入效益高。维素添加不可少，配种季节要加料。母驴选择体健壮，产后仔驴要吃饱。春季抓紧搞繁殖，秋配产驹不太好。饮食减少吧嗒嘴，抓紧检查驴阴道。大红黏液是发情，赶紧配种要做到。怀孕后期要加料，蛋白饲料不可少。这样幼仔发育好，产后仔壮成活高。临产之前准备好，产仔消毒要做到。抓紧时间喂初乳，增强抵抗营养高。

小驴是否吃得饱，及时检查很重要。奶不够吃要补奶，采取方法多下奶。二个月后补草料，早期补料发育好。

草料必须易消化，营养价值还要高。消化器官不健全，不易消化料不喂。断奶之后用心养，饲料营养要稍高。要有好的适口性，小驴才能吃得饱。正常发育长得快，精神活泼体强壮。适当运动水供足，发育成长更是好。

◎防病治病◎

治病防病环境好，消毒药液离不了。清理环境很重要，清理消毒配合好。一年四季常消毒，疫苗注射别忘掉。咳嗽鼻液打喷嚏，饮食减少有病了。赶快注射链霉素，口服磺胺效益好。肉驴得了疥癣病，伊维菌素来治疗。成年公驴和母驴，定期修蹄和沐浴。蚊蝇鼠害及时灭，无害处理很重要。肉驴便秘水不足，粪球干硬又变小。腹部膨胀食欲差，消化迟滞排粪少。如果几天不拉粪，这是病情严重了。先用肥皂水灌肠，后服药剂来治疗。人工盐和苏打片，服植物油也有效。驴要拉稀难消化，服用药物酵母片。然后再用抗生素，加痢特灵就会好。要想养驴不得病，预防总比治疗好。加强饲养和管理，增强体质很重要。搞好繁殖和成活，养驴才能来致富。

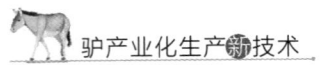

ICS 65.060.25
B 10/14

DB37

山 东 省 地 方 标 准

DB37/T 4035—2020

规模化驴场生物安全技术规范

Technical criterion for biosecurity of scale donkey farms

2020－07－09 发布
2020－08－09 实施

山东省市场监督管理局　　发 布

前 言

本标准按照 GB/T 1.1—2020 给出的规则起草。 本标准由山东省畜牧兽医局提出并组织实施。本标准由山东省畜牧业标准化技术委员会归口。

本标准起草单位：山东省农业科学院生物技术研究中心、山东省农业科学院畜牧兽医研究所、聊城大学、山东省农业科学院奶牛研究中心、禹城惠民农业科技有限公司、济南张景牧业科技发展有限公司、山东俊驰驴业有限公司、五莲县畜牧兽医管理服务中心。

本标准主要起草人：张燕、张伟、王长法、岳寿松、齐鹏飞、徐宁、朱曼玲、唐伟静、王金鹏、孙艳、杨春红、孙玉江、刘文强、董建宝、贾涛、张同新、李建军。

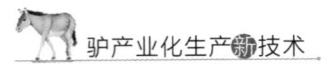

规模化驴场生物安全技术规范

1. 范围

本标准规定了规模化驴场建设、隔离消毒管理制度、饲养管理、重大疫病报告制度和档案管理。本标准适用于规模化驴场建立生物安全体系。

2. 规范性引用文件

下列文件对于本文件的应用是必不可少的。凡是注日期的引用文件，仅所注日期的版本适用于本文件。凡是不注日期的引用文件，其最新版本（包括所有的修改单）适用于本文件。

GB/T 16569—1996 畜禽产品消毒规范

NY/T 3075—2017 畜禽养殖场消毒技术

DB37/T 3665—2019 规模化驴场防疫技术规程

T/CAAA 023—2019 规模化肥育驴场建设规程

《病死及病害动物无害化处理技术规范》农医发〔2017〕25 号

3 术语与定义

下列术语与定义适用于本文件。

3.1 规模化驴场

育肥驴存栏 100 头以上或繁育母驴存栏 50 头以上的养殖场。

3.2 净道

饲养员行走、驴群转运、饲料等洁净物品运送的专用通道。

3.3 污道

粪便、病死驴等非洁净物品运出的专用通道。

4 规模化驴场建设

4.1 场址选择

4.1.1 必须建立在畜禽养殖禁养区以外区域。

4.1.2 选址应符合 T/CAAA 023—2019 的要求。

4.1.3 距离应符合《动物防疫条件合格证》要求，且距离生活饮用水源地应符合水源保护的要求（3 000 m 以上）。

4.1.4 符合《畜禽规模养殖污染防治条例》。

4.2 场区布局

4.2.1 功能区划分

按照生产需求，可划分为生活管理区、生产区、隔离区等。生活管理区包括行政管理区、后勤管理区和员工宿舍等区域。

生产区包括饲养区和辅助生产区，饲养区包括消毒间、驴舍、运动场、兽医室和生产设施等；辅助生产区包括饲料存储和加工间、档案室、供水供电、机械维修区域等。

隔离区包括病驴隔离舍、尸体剖检及处理设施、粪污无害化处理设施等。

4.2.2 道路布局

饲养区净道、污道应分开，场内不交叉。饲养员行走、驴群转运、饲料等洁净物品运送走净道。粪便、病死驴等非洁净物品运出走污道。

4.2.3 大门布局

靠近生产管理区最近围墙处，附建门卫、消毒室、消毒池。

4.2.4 隔离消毒设施布局

4.2.4.1 隔离舍布局

饲养区应设置专用进驴隔离舍和病驴隔离舍，位置设在饲养区安全级别低的下风向位置。未建隔离舍的驴场在进驴或出现病驴时，可将场区安全级别低的下风向边缘驴舍作为临时隔离舍，用于新进驴和病驴的隔离。隔离舍与健康驴舍和饲料存储加工间等功能区应设置物理隔断或间隔区。

4.2.4.2 清洁消毒设施布局

饲养场大门口和生产区入口，应设置消毒池，宽度同大门，长度为机动车车轮一周半，并配备喷雾消毒设施。生产区人员通道，应设置长 1.0 m 的消毒池，或消毒盆（垫）；配备紫外消毒灯，供进入人员衣物消毒。场区内储水设施，应配备消毒设备，每隔 10 d ~ 15 d 消毒 1 次。

4.3 驴舍建筑设计

育肥驴场建设应符合 T/CAAA 023 的要求，繁育驴场应建有独立产房。

5 隔离消毒管理制度

5.1 隔离

5.1.1 新进驴群隔离

检疫合格方可引进，引进后应隔离饲养 30 d ～ 45 d，检验合格后方可入舍饲养。

5.1.2 病驴隔离

当疫病发生或疑似发病，及时将病驴置于隔离区隔离饲养，根据病原体诊断结果，进行处置，医治健康的驴继续隔离饲养 15 d ～ 30 d 后回群。

5.2 人员管理

5.2.1 外来人员管理

外来人员经批准后方可进入驴场。进入生产区应走消毒通道。

5.2.2 工作人员

饲养员、新到或外出返场员工，应进行消毒后方可进入生产区。

兽医人员和配种人员对外进行诊疗或配种活动后，应做好消毒防疫措施。

5.3 消毒程序

5.3.1 消毒剂的选择

参照 NY/T 3075 的规定实施。

5.3.2 消毒方式

饲养区的消毒：可在空舍和有驴的情况下实施。在有驴的情况下，应选择低刺激性的消毒药物，一般采用喷雾方法。在喷雾时注意药物的用量和喷施的均匀度。

预防性消毒：车辆、用具等先进行机械清洗后，再喷雾或浸泡消毒。

病死或死因不明的驴按照《病死及病害动物无害化处理技术规范》要求执行。病死驴消毒应符合 GB/T 16569 规定，疫病结束后进行彻底消毒。污染严重的饲料、粪便应堆积发酵。

5.5 有害生物及其他动物控制

禁止场内饲养其他畜禽和宠物。饲料间和驴舍应设置防鸟、防鼠设施，并定期灭鼠、灭蚊蝇。

6. 饲养管理

参照 DB37/T 3605 的要求，疫病防控参照 DB37/T 3665 的要求。

7. 重大疫病报告制度

当发生马传贫、马鼻疽等重大感染马属动物疫病时，及时封闭、隔离、消毒，并上报有关部门，按照《重大动物疫情应急条例》的规定进行处置。

8. 档案管理

按照《畜禽标识和养殖档案管理办法》要求，记录生产、免疫、疫病监测、用药、病死驴死因、消毒、无害化处理等情况，并归档保存。

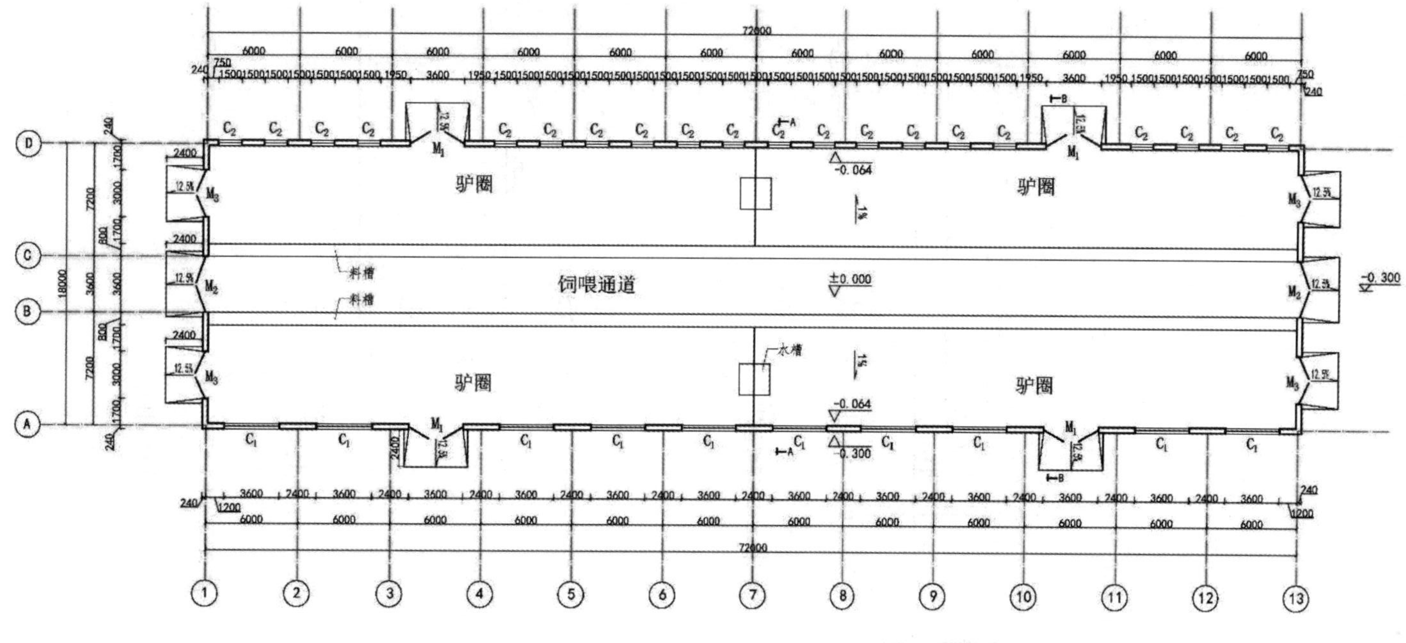

门窗洞口尺寸	
编号	尺寸（宽*高）
C1	3600*2100
C2	1500*1200
M1	3600*3300
M2	3600*3300
M3	3000*3300

200头驴舍平面图
标尺单位：mm

图B.1 驴舍平面示意图

267

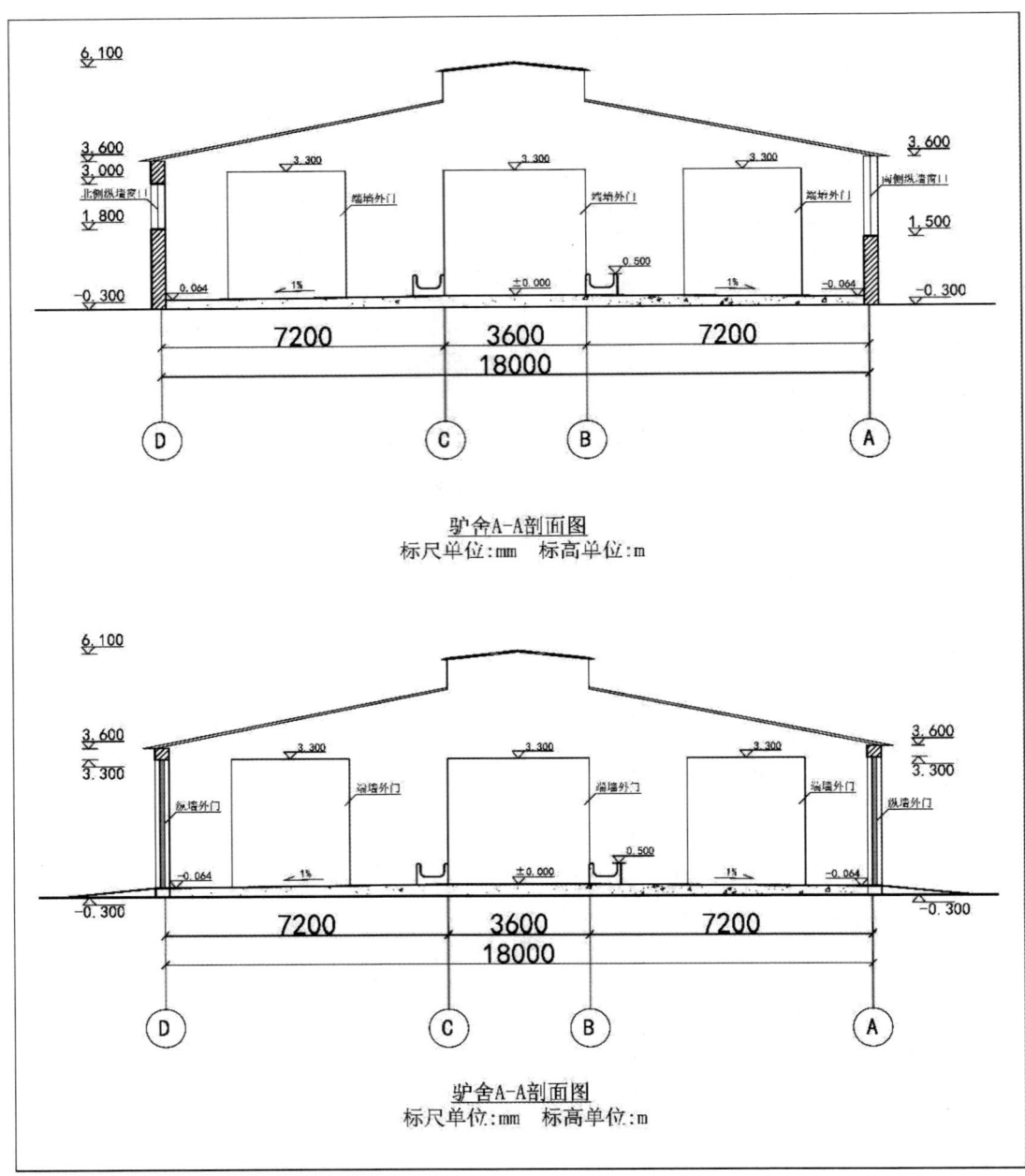

驴舍A-A剖面图
标尺单位:mm 标高单位:m

驴舍A-A剖面图
标尺单位:mm 标高单位:m

ICS 65.020.30

B 43

DB62

甘 肃 省 地 方 标 准

DB 62/T 4210—2020

驴人工授精技术规程

Regulation of donkey arftificial insemination

2020-08-25发布

2020-09-28实施

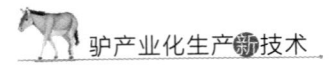

前　言

本标准按照 GB/T1.1—2020 给出的规则起草。

本标准由甘肃省农业农村厅提出、归口并监督实施。

本标准起草单位：甘肃省畜牧技术推广总站、庆阳市畜牧技术推广中心、庆阳市绿色食品办公室、华池县农业农村局。

本标准主要起草人：王世泰、杨德智、张武宏、张文勇、李嘉龙、金晓玲、刘兴俊、刘国兴、蔺国文、唐春霞、杜妮妮。

1. 范围

本标准适用于公驴采精、母驴发情鉴定、输精、妊娠诊断和数据记录。

本标准适用于驴人工授精技术。

2. 规范性引用文件

下列文件对于本文件的应用是必不可少的。凡是注日期的引用文件，仅注日期的版本适用于本文件。凡是不注日期的引用文件，其最新版本（包括所有的修改单）适用于本文件。

GB4143—2022 牛冷冻精液

3. 术语与定义

下列术语和定义适用于本文件。

3.1 人工授精 artificial insemination

用人工方法将处理后的公驴精液输入发情母驴生殖道内，使其受胎的技术。

3.2 发情持续期 estrus period

母驴出现发情行为和生殖生理变化持续的时间，一般 4 d ~ 6 d。

3.3 发情鉴定 oestrus detection

通过外部观察或其他方法确定母驴发情程度的方法。

4. 适用对象

种公驴要求 2.5 周岁 ~ 10 周岁之间，体质体貌、体尺类型优良，营养良好、无疾病、精液品质良好；母驴要求繁殖机能正常、健康无病，初配年龄 ≥ 2.5 岁。

5. 输精器械准备

5.1 玻璃器皿

使用前用水浸泡和洗涤，有污物的宜用加洗涤剂的 35 ℃ ~ 37 ℃温热水或重铬酸钾洗液浸泡 2 h 后，用水洗净晾干备用。玻璃输精管放置在电热干燥箱 160 ℃保持 0.5 h，自然冷却后待用。

5.2 橡胶、塑料制品

玻璃输精器上的橡胶头用蒸汽或75%的酒精浸泡消毒，待酒精挥发尽后方能使用；塑料制品灭菌，可放置在距离紫外灯下60 cm处照射0.5 h以上。内胎用酒精消毒后，必须用生理盐水冲洗，风干后放在无尘处保存备用。

5.3 金属器械

金属输精器类洗净后，置电热干燥箱120 ℃保持1 h，自然冷却待用。

6. 输精时间的确定

6.1 外部观察法

通过母驴的外观表现症状和生殖器的变化判断母驴是否发情或发情程度，母驴发情鉴定外观表现症状和生殖器官的变化见表1，进入发情盛期时适宜输精。

表1 母驴发情鉴定外观表现症状及生殖器官变化

期别	发情初期(不接受爬跨期)	发情盛期(接受爬跨期)	发情末期(不接受爬跨期)
外观表现	母驴兴奋不安，食欲减退，吧嗒嘴、抿耳、游走、追逐爬跨它驴，而它驴不接受爬跨。	母驴游走减少，闪阴排尿，吧嗒嘴、抿耳、有口涎流出，接受它驴爬跨，表现站立不动，塌腰、后肢张开，频频举尾。	母驴性欲减弱，偶有吧嗒嘴，不愿接受它驴爬跨。
生殖器官变化	阴户肿胀、松弛、充血、发亮，有稀薄透明黏液流出，阴道壁潮红。	阴道壁充血，黏液显著增加，流出大量透明而黏稠的分泌物，俗称"吊长线"。	黏液量减少，浑浊黏稠。有少量浓稠黏液，阴唇消肿起皱，下联合处有茶色干痂。

6.2 直肠检查法

6.2.1 检查准备

检查人员剪短并磨光指甲，戴一次性长臂手套，在手套和驴外阴涂上润滑液。

6.2.2 检查方法

五指并拢成锥形，手心向下，轻轻插入直肠内，手指扩张，以便空气进入直肠，引起直肠努责，将宿便排出，检查人员手指继续伸入，当发现母驴努责时，应暂缓，直至狭窄部，以四指进入狭窄部，拇指在外。

此时可采用以下两种检查方法：

下滑法：手指进入狭窄部，四指向上翻，在第3、第4腰椎触摸到卵巢韧带，随韧带向下捋，就可摸到卵巢。由卵巢向下就可摸到子宫角、子宫体。

托底法：一只手进入盲肠狭窄部，四指向下摸，就可以摸到子宫底部，顺子宫底向左上方移动便可摸到子宫角。到子宫角上部，轻轻向后拉就可摸到左侧卵巢。

6.3 超声波检查法

6.3.1 检查准备

在一次性长臂手套的中指处挤入一定量的耦合剂，将B超探头浸入到耦合剂中，用长臂手套将探头导线包裹。

6.3.2 检查方法

采用直肠检查法，将探头置于手掌心处，五指并拢成锥形，携带 B 超探头进入肠道。手持探头，寻找卵巢将探头紧贴于卵巢上并将卵巢压在直肠壁上，轻微转动探头即可观察到卵巢上卵泡的发育情况。

7. 人工授精

7.1 鲜精人工授精

7.1.1 台驴的选择与保定

选择临床健康、检疫合格的经产母驴作台驴，要求台驴处于发情旺期。将选定的台驴保定在采精栏上，清洗后驱。

7.1.2 假阴道的安装

安装假阴道，用75%的酒精消毒内胎及集精杯，再用95%的酒精擦拭，待酒精挥发后，用生理盐水冲洗。假阴道内灌入 1 500 mL ~ 2 000 mL 的 42 ℃温水，使假阴道温度调节在39 ℃ ~ 42 ℃ 。吹气加压，使采精筒大口内胎缩成三角形。最后用玻璃棒蘸润滑剂涂抹至假阴道内壁的前 1/3 处。

7.1.3 采精

采精前用 37 ℃左右温开水冲洗种公驴的外生殖器。牵引种公驴到台驴处，采精员站在台驴的右侧， 右手持假阴道把柄处，将假阴道靠在右臂肘处，待种公驴阴茎勃起，爬跨上台驴后，顺势轻托起种公驴阴茎，导入假阴道，公驴射精后，立即将假阴道气孔阀门打开，慢慢放气。缓慢竖起假阴道，使全部精液流入集精杯内，以纱布封口，送入精液处理室，登记。

7.1.4 采精频率

成年公驴间隔 1 d ~ 2 d 采精 1 次，每周不超过 3 次。青年公驴每周采精 1 ~ 2 次。

7.1.5 精液的检查

采好的精液用四层无菌纱布过滤，除去杂质及胶质，然后观察。良好的精液色泽近似乳白色，无味或略带腥味。用虹吸管取一滴过滤后的精液滴在载玻片上，放在 200 ~ 400 倍显微镜下观察。精子活力在 0.75 以上，密度在 1.5 亿个 /mL 以上即可以用于输精。

7.1.6 精液的稀释和保存

可用生理盐水稀释液、5% 葡萄糖溶液、100 mL 蒸馏水加 7% 葡萄糖稀释液将精液稀释成 2 ~ 3 倍左右，经过检查合格后，放在储精瓶里备用于鲜精人工授精。

7.1.7 输精

鲜精人工授精时，输精人员站在母驴的左后方，右手略呈锥形，将输精管尖端夹持于食指与中指之间，手心略向左下方插入阴道，徐徐向前触摸子宫颈口，同时左手扶持输精管，将输精管插入子宫颈内 8 cm ~ 12 cm 到达子宫颈和子宫分叉处至排卵侧子宫角基部，此时右手在阴道内固定输精管前部。左手在体外固定注射器和输精管连接处，稍提注射器用下颌轻轻推动注射器栓，将精液注入子宫内。输完 精后，先退出输精管，后退出手臂，同时用力拍打母驴腰部。

7.2 冻精人工授精

7.2.1 冷冻精液的解冻

冷冻精液的解冻应符合 GB 4143—2022

7.2.2 冷冻精液的质量检查

解冻后精液质量应符合 GB 4143—2022

7.2.3 输精的要求

精液活力 ≥ 0.35。

轻轻按摩肛门口，使母驴环状括约肌放松，清除直肠粪便，用消毒水擦洗外阴部，用清水洗净，用消毒毛巾或纸巾擦干外阴，将解冻后的细管精液装入输精枪，套上一次性套管，配种员一只手戴消毒一次性长臂手套，五指形成锥形，将输精枪缓缓插入母驴阴道内，握住子宫颈，使输精枪穿过子宫颈和子宫分叉处至排卵侧子宫角基部，另一只手缓缓将精液推入子宫内。慢慢拔出输精枪，持续轻压驴背腰部，使其伸展。

8. 输精量

鲜精人工授精输精量为 15 mL ~ 20 mL；细管冻精输精量为 5 mL 。

9. 妊娠诊断

配种后，可采用外部观察、直肠检查或超声波检查等方法判断是否妊娠。

10. 数据记录

做好发情鉴定、人工授精、妊娠情况等相关数据记录。

ICS 65.020.30
CCS B.41

DB65

新 疆 维 吾 尔 自 治 区 地 方 标 准

DB 65/T 4496—2022

乳用驴生产性能测定技术规程

Technical specification of dairy donkey production performance test

2022-5-9发布　　　　　　　　　　　　2022-7-1实施

新疆维吾尔自治区市场监督管理局　　发　布

前　言

本文件按照 GB/T1.1—2020《标准化工作导则　第 1 部分：标准化文件的结构和起草规则》的规定起草。

本文件由新疆畜牧科学院提出。

本文件由新疆维吾尔自治区畜牧兽医局归口并组织实施。

本文件起草单位：新疆畜牧科学院畜牧业质量标准研究所（奶业研究所）、新疆畜牧科学院畜牧研究所、新疆农业大学、库车裕万家畜禽养殖农民专业合作社、新疆玉昆仑天然食品工程有限公司、新疆昆仑绿源驴业养殖科技有限责任公司。

本文件主要起草人：祖农江·阿布拉、胡永青、巴哈迪力·巴图尔、操礼军、刘莉、李永青、托乎提·阿及德、开赛尔·艾斯卡尔、马晓燕、梁春明、贾娜、王姗姗、古丽热·吾甫尔、郝建东、税正勇、田方、贺林同、尹庆贺。

本文件实施应用中的疑问，请咨询新疆维吾尔自治区畜牧兽医局、新疆畜牧科学院畜牧业质量标准研究所（奶业研究所）、新疆农业大学、新疆玉昆仑天然食品工程有限公司、新疆昆仑绿源驴业养殖科技有限责任公司、库车裕万家畜禽养殖农民专业合作社。

对本文件的修改意见建议，请反馈至新疆维吾尔自治区畜牧兽医局（乌鲁木齐市新华南路 408 号）、新疆畜牧科学院奶业研究所（乌鲁木齐市南湖西路北一巷 25 号）、新疆农业大学（乌鲁木齐市农大东路 311 号）、新疆维吾尔自治区市场监督管理局（乌鲁木齐市新华南路 167 号）。

新疆维吾尔自治区畜牧兽医局联系电话：0991-8568089；传真：0991-8527722；邮编：830004

新疆畜牧科学院奶业研究所联系电话：0991-4694233；传真：0991-4694233；邮编：830063

新疆农业大学联系电话：0991-8763922；传真：0991-8762329；邮编：830052

新疆维吾尔自治区市场监督管理局联系电话：0991-2818750；传真：0991-2311250；邮编：830004

1. 范围

本文件规定了乳用驴生产性能测定的术语和定义、测定项目、测定对象、测定方法、数据的处理、报告的制作、解读与应用的要求。

本文件适用于新疆维吾尔自治区区域内乳用驴生产性能测定。

2. 规范性引用文件

下列文件中的内容通过文中的规范性引用而构成本文件必不可少的条款。其中，注日期的引用文件，仅该日期对应的版本适用于本文件；不注日期的引用文件，其最新版本（包括所有的修改单）适用于本文件。

GB/T 5009.5—2016 食品安全国家标准 食品中蛋白质的测定

GB 5009.6—2016 食品安全国家标准 食品中脂肪的测定

GB/T5009.8—2023 食品安全国家标准 食品中果糖、葡萄糖、蔗糖、麦芽糖、乳糖的测定 GB 5413.38—2016 食品安全国家标准 生乳冰点的测定

GB 20425—2006 皂素工业水污染物排放标准

NY/T 800—2004 生鲜牛乳中体细胞测定方法

T/CAAA 048—2020 驴生产性能测定技术规范

3. 术语和定义

下列术语和定义适用于本文件。

3.1 生产性能测定 production perfornance test

对乳用驴个体生长、繁殖及乳用性能等经济性状的表型值进行评定的过程。

3.2 胎次 parity

乳用驴已产驹的次数。

4. 测定项目

4.1 生长性能

包括体重、体高、体斜长、胸围、胸宽、胸深、尻长、尻宽、管围等参数，应按照 T/

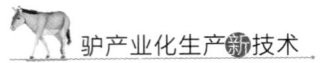

CAAA 048—2020 的要求测定。

4.2 繁殖性能

4.2.1 适配年龄

30 月龄 ~ 36 月龄。

4.2.2 受胎率

一年配种期内，受胎母驴数占受配母驴数的百分比。

4.2.3 成活率

成活驴驹数占出生驴驹数的百分比。

4.3 乳用性能

4.3.1 泌乳期

母驴分娩到干奶期开始的时间，150 d ~ 240 d。

4.3.2 产奶量

在 1 个泌乳期的产奶量，计算见公式（1）。

（1）式中：

M——产奶量，单位为千克 (kg);

m——日挤奶量，单位为千克 (kg);

T——驹驴隔离时间，单位为小时 (h);

D——泌乳天数，单位为天 (d)。

4.3.3 日产奶量

泌乳驴测定 24 h 的挤奶量，不含驴驹采食部分，单位为 kg。

4.3.4 乳质量

包括乳蛋白率、乳脂率、乳糖、非脂乳固体、总固体、体细胞、冰点、尿素氮等。

5. 测定对象

测定对象为泌乳期内日产奶量 ≥ 1 kg，泌乳期 ≥ 150 d 的驴。

6. 测定方法

6.1 基础数据准备

基础数据资料应按照初次参测驴只档案明细表 (参见附录 A 中表 A.1) 和采样记录表 (参见附录 A 中表 A.2) 填写，统一报送。记录可为纸质版或电子版。

6.2 采样

乳样采集应是个体驴 1 个测定日 24 h 内早、晚 2 次的混合样；2 次采样量应按照 6:4 进行混合倒入采样瓶中，充分混匀；每份样品量 ≥ 40 mL。

泌乳期内每月采样 1 次，采样间隔 28 d ～ 30 d,1 个泌乳期采样次数应≥ 5 次。

6.3 样品保存与运输

采样前应在采样瓶中加入专用防腐剂，样品采集后要求详细记录，并做唯一性标识。在 (4 ± 1)℃ 条件下冷藏保存，72 h 内送到乳品实验室测定。

6.4 样品的接收

样品接收时采样记录表和各类资料表格应齐全，奶样无损坏。若奶样变质、奶样量 <30mL 或打翻 >10%，应重新采样、送样。

6.5 乳质量的测定

6.5.1 乳蛋白率测定应符合 GB/T5009.5—2016 的规定。

6.5.2 乳脂率测定应符合 GB 5009.6—2016 的规定。

6.5.3 乳糖应符合 GB/T 5009.8—2023 的规定。

6.5.4 冰点应符合 GB 5413.38—2016 的规定。

6.5.5 体细胞数应符合 NY/T800—2004 的规定。

6.5.6 尿素氮应符合红外光谱仪测定方法的规定。

6.6 可疑乳样的范围

乳脂率 >2% 或 <0.1%; 乳蛋白率 >3% 或 <0.8%; 乳糖率 >9% 或 <3.5%; 体细胞数 <10000 个 /mL。

6.7 可疑乳样的处理

遇到可疑乳样应重新测定。重测时，乳脂率、乳蛋白率、乳糖率和尿素氮含量 2 次测定结果之差 < 0.04%，选用第 1 个结果；若 >0.04%，应继续重测，在 3 个结果中选出 2 个较接近的，然后用上述方法选出结果，在几次测定结果中，若任意 2 个结果之差 >0 . 1%, 此乳样应弃置，需重新采样。

6.8 乳样的弃置

乳样弃置应在处理完可疑样品后，且电脑接收的数据与实际测定数据一致的情况下才可进行 (需留样的不应弃置)。拟弃置的乳样及废液应经无害化处理后排入排水系统，并应符合 GB20425—2006 的规定。

7. 数据的处理

每个参测驴场的数据应保存在系统指定文件夹中，不应更改测定的原始数据，将各个数据文件通过生产性能测定数据处理分析软件导入数据库中，每个参测场的测定结果应打印存档并保存 5 年。每周做 1 次数据库备份并由专人保管。

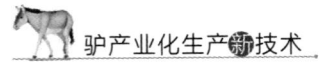

8. 报告的制作、解读与应用

乳样测定完成后,应汇总参测场基础数据报表、乳成分测定记录、体细胞测定记录等(参见附录 A 中表 A.3 ~ A.8),导入生产性能测定数据处理分析软件形成生产性能测定分析报告,送达参测场。

向参测场解读生产性能测定分析报告,指导参测场开展配种繁殖、饲养管理、乳房保健及疾病防治 等方面工作。

附录 A

（资料性）

生产性能测定表

乳样和参测驴场资料报表应同时送抵检测中心，报表内容见表 A.1 ～ A.8。

表A.1 生长性能记录表

养殖场名称：   登记日期：

序号	驴号	性别	月龄	体重	体高	体斜长	胸围	胸宽	胸深	尻长	尻宽	管围

表A.2 采样记录表

养殖场名称：   采样日期：

序号	驴号	产驹日期	胎次	日产奶量	体膘	采样人	联系电话

表A.3 驴只测定明细表

测定场编号：   登记日期：

序号	驴号	胎次	日产奶量	乳脂率	乳蛋白率	乳糖	非脂乳	固体	总固体	体细胞	冰点

表A.4 初次参测驴只档案明细表

测定场编号：   登记日期：

序号	驴号	驴舍号	胎次	上次产驹日期	本次产驹日期	出生日期	父号	母号	祖母号	祖父号	外祖母号	外祖父号

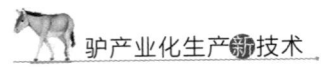

表A.5 驴场参测头胎驴只明细表

测定场编号：　　　　　　　　　　　　　　　　　　　　　　　　　　　采样日期：

序号	驴号	初配日期	配妊日期	配种次数	与配公驴	产驹日期	出生日期	父亲	母亲	备注

表A.6 驴场参测经产驴只明细表

测定场编号：　　　　　　　　　　　　　　　　　　　　　　　　　　　采样日期：

序号	驴号	胎次	初配日期	配妊日期	配种次数	与配公驴	产驹日期	产驹类型	备注

表A.7 驴场参测干奶驴只明细表

测定场编号：　　　　　　　　　　　　　　　　　　　　　　　　　　　采样日期：

序号	驴号	胎次	干奶日期	备注

表A.8 驴场参测淘汰驴只明细表

测定场编号：　　　　　　　　　　　　　　　　　　　　　　　　　　　采样日期：

序号	驴号	胎次	离场日期	备注

ICS　11.220
CCS　B　41

SN

中华人民共和国出入境检验检疫行业标准

SN/T　5485—2022

驴饲养、运输、屠宰动物福利规范

Protocol of animal welfare for donkey during breeding,transport and slaughter

2022-07-07 发布　　　　　　　　　　　　　　　2023-02-01 实施

中华人民共和国海关总署　　发　布

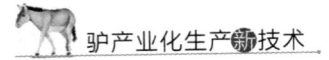

前　言

本文件按照 GB/T　1.1—2020《标准化工作导则　第 1 部分：标准化文件的结构和起草规则》的规定。

本文件由中华人民共和国海关总署提出并归口。

本文件起草单位：中华人民共和国乌鲁木齐海关、中华人民共和国沈阳海关、内蒙古大学。

本文件主要起草人：王科珂、徐军、徐新峰、张达古拉、岳峰、胡都斯·艾尔肯、韩冬艳、王陆宝、郭玺、史博、秦玉炜、白梅花、肖媛媛、陈凯云。

SN/T 5485—2022
驴饲养、运输、屠宰动物福利规范

1. 范围

本文件规定了进口屠宰驴的饲养、运输、屠宰动物福利相关的管理和技术要求。本文件适用于进口屠宰驴的饲养、运输和屠宰过程的基本动物福利管理要求。

2. 规范性引用文件

下列文件中的内容通过文中的规范性引用而构成本文件必不可少的条款。其中，注日期的引用文件，仅该日期对应的版本适用于本文件；不注日期的引用文件，其最新版本（包括所有的修改单）适用于本文件。

GB5749—2022 生活饮用水卫生标准

3. 术语和定义

下列术语和定义适用于本文件。

3.1 动物福利 animal welfare

指动物与其生存和死亡条件相关的身心状态。

3.2 执业兽医 practicing veterinarian

指具备兽医相关技能，依照国家相关规定取得兽医执业资格，依法从事动物诊疗和动物保健等经营活动的兽医。

3.3 运输 transport

指用一种运载方式及相关活动使动物移动，包括装载、卸载、转移和休息，直至到达目的地卸载的全过程。超过8 h 的动物运输为长途运输。

3.4 保定 restraint

指为限制动物活动而实施的任何方法。

3.5 人道屠宰 humane slaughter

减少或降低动物压力、恐惧和痛苦的宰前处理和屠宰方式。

3.6 致晕 stunning

指使动物立即丧失知觉的任何机械、电击、化学或其他方法。

3.7 驴运输应激综合征 transport stress syndrome of donkey

因长途贩运或多种应激源刺激导致机体抵抗力下降、生物因子（病原感染）趁虚而入，引起的呼吸、消化道疾病，乃至全身病理性反应的综合症候群。

4. 驴饲养过程中的动物福利要求

4.1 饲料和水

4.1.1 驴饲料应充足且符合基本营养需求，饲料的每日供应量至少为驴体重的 1.3%，饲料中应包括碳水化合物、蛋白质、脂肪、维生素、矿物质、电解质及粗纤维等。

4.1.2 饲料喂养模式应尽量符合驴的自然习性。

4.1.3 在驴舍、运动场都应当设有饲料池。

4.1.4 饲养驴需要有充足、优质的水供应，定期检查供水设施并对水质进行检测。确保水符合 GB5749—2022 的要求。

4.1.5 每头驴日供水量为其体重的 5% ~ 10%。

4.2 饲养环境

4.2.1 驴舍

4.2.1.1 驴舍的设计应能抵御风、雨、雪、太阳辐射等的影响，保证驴的正常活动。

4.2.1.2 空间需满足驴的起卧、采食等行为，并有足够的空间喂养，最好设置公母舍、肥育舍、待宰圈等相关舍圈。

4.2.1.3 驴舍的建设应根据饲养数量分为单列或双列封闭驴舍，驴床应高出地面 5 cm，保持平缓的坡度为宜，宽度满足驴前躯靠近料槽后壁，后肢接近驴床边缘，粪便能直接落入粪沟内，驴床的建设标准见附录 A 表 A.1。

4.2.1.4 饲槽长度与驴床宽相同，上口宽 60 cm ~ 70 cm，下底宽 35 cm ~ 45 cm，近驴侧槽高 40 cm ~ 50 cm，远驴侧槽高 70 cm ~ 80 cm，底呈弧形，在饲槽后设栏杆，用于拦驴。

4.2.1.5 驴床与通道间设有排粪沟，沟宽 35 cm ~ 40 cm，深 10 cm ~ 15 cm。

4.2.1.6 舍内应有自然通风或者人工通风设备以保障空气的流通性，自然流动空气应具备可控入口。

4.2.1.7 舍内应保障适宜温度、湿度、光照，配备除尘、降噪等设施，驴舍环境控制要求见附录 A 表 A.2。

4.2.2 运动场

4.2.2.1 饲养种驴、犊驴的舍，应设运动场。运动场应设在两舍间的空余地带，四周栅栏围起，将驴拴系或散放其内。

4.2.2.2 每头驴应占面积：成驴 15 m² ~ 20 m²、育成驴 10 m² ~ 15 m²、犊驴 5 m² ~ 10 m²。

4.2.2.3 运动场的地面以三合土为宜，场内设置补饲槽和水槽，布局合理，以免驴争撞。

4.2.3 运输后的饲养

4.2.3.1 在运输过程中，如出现严重的应激，容易导致驴产生运输应激综合征，故需进行过渡期调养。过渡期第 1 周～2 周以粗饲料为主，略加精料，调节肠道微生物菌群平衡为重，少用青贮和酒渣类副产品，第 3 周开始逐渐加料至正常用量。最好喂食抗应激饲料过渡。

4.2.3.2 驴进圈后休息 2 h～3 h，给予适量饮水（2 L/头～3 L/头），饮水中加入葡萄糖、口服补液盐 和电解多维溶液，必要时可加黄芪多糖。冬季忌饮冷水。

4.2.3.3 卸车后至少 6 h 后，才可喂食少量优质干草，切勿让驴暴饮暴食。

4.2.3.4 卸车后可根据情况，全群给予电解质、复合维生素或喂食清热解毒、抗感冒、健胃类中草药，预防驴运输应激综合征。

4.2.3.5 如拴系舍饲，可按大小、强弱对驴分群，同一产地或同一批次最好集中饲养。

4.2.3.6 发现有咳嗽、喘气、流鼻涕、拉稀、跛行等情况，应立即隔离治疗。

4.2.3.7 打耳标和称重宜在卸车后一次完成，减少应激。

4.2.3.8 正常饲喂后，驴舍要保持通风、阴凉、干燥。

4.2.3.9 卸车后的驴应集中在隔离区进行健康观察和饲草料过渡 15 d 以上。应激期过后进行驱虫、保健。

5. 驴运输环节的动物福利要求

5.1 运输原则

运输过程中的福利原则是尽量缩短运输的时间和距离，满足驴在运输期间的基本生理需求。

5.2 运输计划

驴运输前应制订详细的运输计划，包括驴的来源和所有权、出发地和目的地、出发日期和运输时间、装卸设施和人员、运输工具、运输路线、沿途停靠点等信息。

5.3 运输工具

5.3.1 运输工具的设计、制造、维护和使用应避免引起驴的应激和损伤，并与所运驴数量相适应，确保 驴安全。

5.3.2 运输工具需有足够的照明，便于运输期间观察和护理驴。

5.3.3 运输工具各部分构造应易于清洗、消毒，能够为驴提供适宜的通风和活动空间，车辆运输尽量选用单层车而避免双层车。加装侧棚或顶棚，以避免吹风、淋雨、暴晒。车辆护栏高度不低于 1.4 m。

5.3.4 运输工具的地板应采用防滑设计，尽量减少尿液或粪便的渗漏，车厢内铺一层 15 cm～20 cm 左右沙土，或均匀铺垫熏蒸消毒过的干草 20 cm～30 cm，或用草垫防滑。

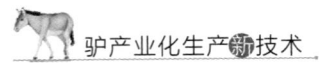

5.4 装卸

5.4.1 兽医应监管整个装卸过程，对驴的运输适应性进行检查，发现应激等病症的驴及时进行针对性治疗。

5.4.2 装车时，用自制钢架装卸台或专业装车台，斜坡坡度不能超过 20°，斜坡面上应设置合适的地面 防滑装置，加装两侧护栏防止下坡过程中驴受伤。装卸的升降台应能够承受和满足驴的体重和体形，配有栅栏防止驴装卸过程中的逃、漏、跑。

5.4.3 装卸期间要有适当的照明，便于观察和处理驴意外事故。

5.4.4 装车后可不拴系而自由活动，也可对驴进行适当固定，以避免开车前和刹车时站立不稳而造成伤害。

5.4.5 禁止用鞭打、刺、电击等方式驱赶驴。

5.5 运输的密度要求

装车密度以半数的驴能自由躺卧为宜，常见驴运输的最低运输空间要求应按照 B.1 执行。最低运 输空间计算公式为：

$A=0.21W0.67$

式中：

A ——最低地面面积；

W—— 驴的体重。

5.6 运输

5.6.1 驴在运输前应由兽医逐头对其检查，进行 10 d 以上的隔离观察，凡有外伤、皮肤病、肢蹄病、发烧、流涕、咳嗽、食欲不佳、精神沉郁等的个体均不得运输，禁止运输不能站立的驴。

5.6.2 驴在运输前 5 h 内须供应饲料和饮水，运输期间 8 h 供应一次饮水，供水量按每头驴体重的 5% 计算。短期运输需禁食，运输长达 28 h 后要卸载驴并提供食物和饮水，在驴休息 5 h 之后继续运输。

5.6.3 在途中如有驴滑倒、扭伤等，宜以消炎、解热、镇痛的原则，采取简单易操作的肌肉注射方式治疗，到达目的地后再针对病症采取适当的治疗措施。

5.6.4 为避免传染病的传播，来自不同地区的驴匹应避免同一批运送。

5.6.5 运输过程中应尽量减少急刹车、急转弯等增加应激的驾驶行为。

5.6.6 到达目的地后，按 5.4.2 中的装驴台，打开车门让驴自行慢走下车，也可采用饲草诱导，忌粗暴赶打。不可选在水塘或污水沟附近卸驴，防止驴由于长途运输口渴而可能跳进水塘或饮污水。

5.6.7 运输前后的运输工具应进行清洗及消毒处理。先用高压水枪冲洗干净，再使用 1% 烧碱消毒，空置干燥 12 h 以上。

5.6.8 运输过程中应携带相关检疫证明，并必须有明确、清楚的标识表明运输的是活体牲畜。减少运输过程中不必要的检查并尽量缩短检查时间。

6.驴屠宰过程中的动物福利要求

6.1 屠宰原则

控制动物进入待宰圈的流量，防止动物在待宰圈中拥挤滞留，等候时间过长。在屠宰过程中，要快速有效地致晕和处死驴，尽量缩短屠宰时间，减少其屠宰过程中的痛苦。

6.2 屠宰计划

根据待宰驴的大小、数量、屠宰目的等方面制订屠宰计划，同时要考虑实施者的专业素质制订日操作数量。

6.3 宰前检验

6.3.1 宰前检验时，工作人员负责监察动物福利，确保驴得到适当的照顾和防止遭不人道的对待。

6.3.2 逐头检查待宰动物，找出受伤动物并进行隔离检验。

6.4 待宰

6.4.1 屠宰场应有数量充足的待宰圈，保障驴不受恶劣天气影响。如果遇超高温天气，应采用必要的措施降温。

6.4.2 屠宰场应为动物提供充足的照明，但要避免刺眼的灯光和阴影。

6.4.3 屠宰场应避免使用嘈杂的液压或气动设备，嘈杂的金属设备需采取消音措施，尽量减少噪音传播到动物屠宰的地区。

6.4.4 屠宰场地应无不平整地面。

6.4.5 屠宰场应充分通风，确保废物气体（如氨气）不会积聚。

6.4.6 动物通道应尽量避免弯曲，以免使动物产生眩晕。

6.4.7 驴在屠宰前休息 12 h ~ 24 h,一般需断食，屠宰前 3 h 停止给水。

6.5 屠宰

6.5.1 机械致晕后放血法

6.5.1.1 适用于大批量驴的屠宰。

6.5.1.2 致晕点为双侧眼耳连线的交叉点，用致晕器械对准驴的枕骨大孔垂直打击。

6.5.1.3 在屠宰过程中，驴的保定、致晕和放血要按照先后次序连续进行。

6.5.1.4 致晕后 20 s 内切断两个颈动脉或开腔放血，以确保驴快速死亡。

6.5.1.5 放血过程如若动物恢复知觉应再次击昏。

6.5.1.6 在放血后 30 s 内不可执行进一步程序，如骨架烫水、整体处理等，必须在所有的脑干反射停止之后方可进行。

6.5.2 枪击法

6.5.2.1 适用于应急处理。

6.5.2.2 枪击法必须由具有相关经验、受过专业培训的工作人员来执行。

6.5.2.3 应当将驴限制于栏中，确保驴没有移动并处于最佳射击角度。

6.5.2.4 采用小口径的枪械，射程应该在 5 cm ~ 50 cm 内。

6.5.2.5 枪击的最佳位置为驴双侧眼耳连线的交叉点正上方 1 cm ~ 2 cm、前部表面直角处。

6.5.2.6 射击后应对动物进行检查，以确保脑干反射消失。

6.5.3 药物注射法

6.5.3.1 适用于必要时对驴实施安乐死。

6.5.3.2 执行的兽医应当经过药物致死的培训并熟知注射药物的使用方法和剂量。

6.5.3.3 注射前对动物进行保定。

6.5.3.4 使用 400 mg/mL 司可巴比妥钠和 25 mg/mL 盐酸辛可卡因，按照 1 mL/10 kg 的标准剂量对驴的静脉注射。也可采用同等效应的药物进行注射。

6.5.3.5 重疾驴在执行注射前需要进行预先镇静，在致死前的 60 min 内给药，但需要注意使用司可巴比妥之前不要用赛拉嗪实施镇静，以免引起剧烈抽搐。镇静剂的使用方法按表 C.1 执行。

7. 驴福利保障的制度建设、人员及其他要求

7.1 制度保障

所有参与驴饲养人员（包括养殖场场主、兽医、饲养员等）、工作人员（包括司机、装卸员）需共同遵守福利保障制度，并就驴饲养管理、疫病诊疗、安乐死、装卸、运输、待宰、保定、击晕、屠宰等活动制订作业规范，并制订驴运输及屠宰计划。

7.2 人员要求

7.2.1 驴兽医应具有 2 年以上相关工作经验，并取得兽医相关部门颁发的兽医资格执业证书，应熟悉驴养殖、疾病控制等领域的相关知识，能从专业角度关注和保护驴的福利。

7.2.2 驴饲养员应具备识别驴行为需求的相关知识，了解驴生理和生活习性，具有相应的从业经验，能够熟练掌握驴饲喂、饮水等需求方面的内容，熟练掌握对驴的处置、捕抓、装运、紧急扑杀等方面的操作，为驴提供有效的管理和良好的福利。

7.2.3 驴运输的组织者和参与者应熟悉运输工具的使用和维护避免引起驴的损伤，保护驴的安全。

7.2.4 屠宰的组织和参与者应具备识别有效致晕和驴死亡的知识，具有相应的从业经验，能熟练应用屠宰器械和限制类药品，有能力使用和维修相关设备，能够在紧急情况下处置驴。选择专业且熟练的屠宰人员是保障人道屠宰的关键因素。

7.2.5 所有参与驴饲养、运输、屠宰活动的工作人员均有保障动物福利的职责，应接受适当的培训，具备一定的知识技能，以保证人道地、有效地完成相关工作，履行其职责。

7.3 记录要求

7.3.1 参与饲养、运输、屠宰环节的所有人员应保留培训记录、考核记录、工作日志等文件。

7.3.2 应记载保存养殖场引入驴的品种、数量、年龄、患病驴治疗病历、死亡记录、紧急扑杀等记录。

7.3.3 相关记录至少应保存 3 年。

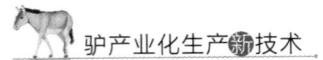

附录 A

(规范性)

驴床的建设和驴舍的环境要求

A.1 驴床的建设要求见表 A.1。

表 A.1 驴床的建设要求

驴床的类别	长	宽
成年母驴驴床	1.8 m～2 m	1.1 m～1.3 m
种公驴驴床	2 m～2.2 m	1.3 m～1.5 m
肥育驴床	1.9 m～2.1 m	1.2 m～1.3 m
6月龄以上育成驴床	1.7 m～1.8 m	1 m～1.2 m

A.2　驴舍的环境要求见表 A.2.

表 A.2　驴舍的环境要求

项目	舍内环境控制要求
温度	成年驴为5 ℃～21 ℃;幼驴为10 ℃～24 ℃
湿度	55%～75%,日常生产≤80%
气流	0.2 m/s～0.3 m/s;温度≥30 ℃时，气流速度可提高到0.9 m/s～1 m/s
有害气体	CO_2浓度≤0.25%;H_2S浓度≤0.001%;NH_3 的浓度≤0.0026 mL/s
光照	驴舍的采光系数为1:16;驴驹舍为1:10～14
噪音	白天≤90 dB;夜间≤50 dB

附录 B

（规范性）

驴的空间要求

驴运输的最低空间要求见表 B.1。

表 B.1 驴运输的最低空间要求

体重/kg	每头驴所需面积/m²
0 ~ 100	0.45
100 ~ 200	0.73
200 ~ 300	0.95
300 ~ 400	1.16
400 ~ 500	1.35

附录 C

（规范性）

驴镇静剂的使用说明

驴镇静剂的使用说明见表 C.1。

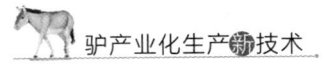

表 C.1 驴镇静剂的使用说明

镇静剂名称	使用方法
乙酰丙嗪	0.03 mg/kg体重，致死前30 min ~ 60 min内静脉注射或肌内注射
非甾体类消炎药	例如：氟尼辛葡甲胺，1.1 mg/kg体重，静脉注射
a–2受体激动剂	例如：地托咪定，0.02 mg/kg体重，静脉注射
阿片类药物	例如：布托啡诺，0.02 mg/kg体重，静脉注射